华中师范大学政治学一流学科建设成果文库

基层与地方治理系列教材
总主编 徐 勇 陈军亚

县域治理

COUNTY GOVERNANCE

主 编 田先红

社会科学文献出版社
SOCIAL SCIENCES ACADEMIC PRESS (CHINA)

华中师范大学政治学一流学科
建设成果文库
总编委会

总编委会负责人　徐　勇　陈军亚
总编委会成员（以姓氏笔画为序）：

丁　文　韦　红　文　杰　田先红
刘筱红　闫丽莉　江　畅　江立华
牟成文　冷向明　张大维　张立荣
张星久　陆汉文　陈军亚　郑　宁
袁方成　徐　勇　徐晓林　徐增阳
唐　鸣　符　平　雷振扬

前　言

　　2013年，党的十八届三中全会提出"国家治理体系和治理能力现代化"的重大命题。2019年，党的十九届四中全会作出了《关于坚持和完善中国特色社会主义制度、推进国家治理体系和治理能力现代化若干重大问题的决定》，对国家治理体系和治理能力现代化进行了全面部署。2024年，党的二十届三中全会决定指出，进一步全面深化改革的总目标是继续完善和发展中国特色社会主义制度，推进国家治理体系和治理能力现代化。国家治理体系和治理能力现代化是中国式现代化的重大战略目标，需要集聚各方面力量努力实现。

　　国家治理体系和治理能力现代化是一个系统工程。它包括多个领域和多个层级。基层与地方治理是国家治理的重要组成部分。2021年，《中共中央 国务院关于加强基层治理体系和治理能力现代化建设的意见》指出，基层治理是国家治理的基石，统筹推进乡镇（街道）和城乡社区治理，是实现国家治理体系和治理能力现代化的基础工程。介于中央和基层之间的地方治理在国家治理体系中居于上下衔接的重要位置。为了更好地贯彻中央精神，让人们更好地理解中央精神，增强理论自觉和行动自觉，我们编写了"基层与地方治理系列教材"，包括《省域治理》《市域治理》《县域治理》《乡域治理》等。

　　华中师范大学的政治学学科在基层与地方治理研究方面起步较早。20世纪80年代，随着农村人民公社体制的废除，国家恢复设立乡政府，实行村民自治，我校的政治学学者便开始基层群众自治研究。90年代末，我校的政治学学者将"治理"引入政治学和农村研究领域。进入21世纪后，城市社区治理成为重要内容。之后，我校政治学的研究领域逐步由村

（社区）向乡镇（街道）、县（区）、市和省扩展，产出了大量研究成果。其中包括编写作为马克思主义理论研究和建设工程重点教材的《地方政府与政治》。

2017年，华中师范大学的政治学学科入选"双一流"建设学科名单。2022年，我校的政治学学科进入第二轮"双一流"建设学科名单，明确了"世界一流　中国特色　华师路径"的学科建设方向，形成"优势突破引领—交叉融合推进—整体发展提升"的总体思路，构建"一个引领、两大支撑、三大基础"的一流学科建设"雁阵布局"。其中，"国家治理体系中的基层与地方治理"确定为优势引领领域。这一领域的成果包括教材、数据库、年度报告等内容。"基层与地方治理系列教材"便是重点内容之一。

基层与地方治理是我们长期研究的领域。如何根据国家治理体系和治理能力现代化的总体要求编写教材，是一项全新的任务。在教材编写中，我们以中央精神为指引，紧密结合我国实际，积极探索，在主编和编写组的共同努力下，本系列教材得以完成。

本系列教材具有开拓性，尚有许多需要进一步完善之处，还请读者批评指正。

"基层与地方治理系列教材"总主编

徐　勇　陈军亚

2024年11月21日

目 录

绪 论 ………………………………………………………… 1

第一章 县域治理的历史演变 …………………………… 10
  第一节 传统中国的县域治理 ………………………… 10
  第二节 近代中国的县域治理 ………………………… 21
  第三节 当代中国的县域治理 ………………………… 28

第二章 县级治理机构 …………………………………… 35
  第一节 县级党委 ……………………………………… 35
  第二节 县级人民代表大会 …………………………… 44
  第三节 县级人民政府 ………………………………… 51
  第四节 县级人民政协 ………………………………… 59

第三章 县域治理关系 …………………………………… 67
  第一节 县域治理的纵向关系 ………………………… 67
  第二节 县域治理的横向关系 ………………………… 74
  第三节 县域治理关系模式的特点和功能 …………… 78

第四章 县域治理体制 …………………………………… 81
  第一节 县域人事体制 ………………………………… 81
  第二节 县域财政体制 ………………………………… 90
  第三节 县域监督体制 ………………………………… 93

第五章　县域政治建设 …… 98
第一节　县域党的政治建设 …… 98
第二节　县域民主政治建设 …… 106
第三节　县域政治建设的意义 …… 113

第六章　县域经济建设 …… 118
第一节　县域经济的内涵与功能 …… 118
第二节　县域经济发展现状与定位 …… 121
第三节　县域经济发展与城乡融合 …… 127

第七章　县域社会建设 …… 133
第一节　县域公共服务建设 …… 133
第二节　县域社会组织建设 …… 139
第三节　县域安全稳定建设 …… 145
第四节　县域民生保障建设 …… 151
第五节　县域城镇化建设 …… 159

第八章　县域文化建设 …… 166
第一节　县域文化建设及其主要内容 …… 166
第二节　县域公共文化服务体系建设 …… 169
第三节　县域文化产业发展 …… 175

第九章　县域生态文明建设 …… 183
第一节　县域自然生态保护 …… 184
第二节　县域人居环境整治 …… 193
第三节　县域绿色发展 …… 199

第十章　县域政治领导机制 …… 207
第一节　党对县域治理的全面领导 …… 207
第二节　县域政治领导的主要方式 …… 213

第三节　县域政治领导的功能 …………………………………… 217

第十一章　县域行政运行机制 …………………………………… 220
　　第一节　县域决策机制 …………………………………………… 220
　　第二节　县域政策执行机制 ……………………………………… 223
　　第三节　县域考核机制 …………………………………………… 226
　　第四节　县域问责机制 …………………………………………… 230

第十二章　县域依法治理机制 …………………………………… 234
　　第一节　县域依法治理的内涵 …………………………………… 234
　　第二节　县域依法治理的方式 …………………………………… 238
　　第三节　县域综合执法体系改革实践 …………………………… 241

第十三章　县域监督监察机制 …………………………………… 244
　　第一节　县域监督监察概述 ……………………………………… 244
　　第二节　县域监督监察作用与原则 ……………………………… 249
　　第三节　县域监督监察机制构成 ………………………………… 252

第十四章　县域治理现代化 ……………………………………… 260
　　第一节　县域治理体系现代化 …………………………………… 260
　　第二节　县域治理能力现代化 …………………………………… 274

参考文献 ………………………………………………………………… 284

后　记 …………………………………………………………………… 302

绪 论

一 县域治理的概念界定

(一) 县域

"'縣,繫也。繫當作系。'古悬挂字皆如此作。"[①]"县"的本义从上面的形体分析,即表示悬挂的意思,是从古代的枭首示众发展而来的文字。"县"后来产生了一个常用义项,即行政区划名称。"县"之所以成为行政区划名称,与其本义"悬挂"相关。在西周时期,中国地方行政建立在所谓"分封制"基础之上,即天子将国家土地的大部分分给他的亲属或功臣,形成众多的所谓"诸侯国"。因而,对于中央之国而言,其名义上的管辖领地包括分封的间接领地和直接管理的领地。相对间接领地来说,直接领地直系于政权,就像悬挂着一样,于是"县"便成为地方行政区划的名称。由此可以看出,作为行政区划含义的县,最初指的是直系于中央政权的领地。

县域,通俗来讲即县及县以下层级的集合。县域内民众的语言、习俗、生活方式相近,由此构成相对统一的地域化文化习俗区域。从村庄到乡域,再到县域,是理解中国基层社会的一种视角。从这个角度来看,县域即在乡域基础上放大的地域社会,构成相对集聚和区隔的社会行动和交往共同体,是中国基层社会所存在的、相对层级化的空间单元,是一定地域化社会的体现。

从治理层级角度来看,县域是县、乡、村三级治理体系的集合。在我

---

① 汤可敬撰《说文解字今释》,岳麓书社,1997,第1218页。

国基层治理体系中，县域指的是县级党委政府主导下的行政体系，包括县级政权和乡镇政权，以及具有行政色彩的村级自治组织。由行政体制所塑造的县域，是体制权力形态的体现。因而，行政层级中的县域，指的是在基层体制权威塑造过程中由县级政权统揽的涵盖县、乡、村的多级权力体系。

对于国家治理体系而言，县域治理主要指相对于国家政治体系而言的基层政治层级及治理形态。在基层，县的体制结构相对较为完整。在某种意义上，乡镇是一级不完备政权，它不仅机构不健全，而且在基层体制结构中从属于县。因而，县域构成了研究基层政治结构和形态的完备层级单元。此外，县是最全面的微观单位，不仅能够全面反映出整个体制的运行和变迁，而且能够集中体现出国家与社会的互动。以县作为一个分析单位对认识和理解中国政治具有重要意义。

（二）治理

治理这一概念兴起于20世纪90年代初期，世界银行在其发布的报告中首次提出了"governance"一词。此后，这一概念逐渐在国际组织、政府和学界中流行开来。治理是新公共管理运动发展到20世纪90年代的一个标志性概念，有其深刻的时代内涵，侧重于对政府主导的公共管理方式和理念的反思，旨在强调政府与市场以及其他社会多元主体间关系的平等化、管理方式的开放化和互动的协调性等方面。治理这一概念提出以后，学界对它进行了多维度、多层次的探讨，不断拓展它的内涵和外延，例如关于元治理、网络治理、协同治理以及整体性治理等概念的阐释及其理论建构。

中国学术界关注到国际话语中"governance"一词始于20世纪90年代中期。对于治理一词在中文语境中的译法，国内学者有过争议。部分学者认为应当将其翻译为"治道"，也有学者主张将其翻译为"治理"。[①] 学者们对治理概念的界定方式多种多样。[②] 国内学界较有代表性的学者将治理界定为"政治管理的过程，它包括政治权威的规范基础、处理政治

---

① 徐勇：《GOVERNANCE：治理的阐释》，《政治学研究》1997年第1期。
② 俞可平主编《治理与善治》，社会科学文献出版社，2000，第1~15页；王诗宗：《治理理论及其中国适用性》，浙江大学出版社，2009，第37~44页。

事务的方式和对公共资源的管理"。① 政治学界在引入治理这一概念的同时，也进一步探索拓展此概念在中国政治实践中的内涵，乡村治理、基层治理等延伸概念开始流行于学界。

（三）县域治理

在前文阐释"县域"和"治理"这两个概念的基础上，本书将"县域治理"作如下界定：它指的是县域的权力主体实现权威、价值和资源分配的过程及互动关系、治理形态等，是县域权力主体主导和支配县域社会秩序建构和公共资源分配的过程及权力实践方式。按照不同层次来理解，县域治理包括治理体系、治理能力、治理机制和治理行为。

县域治理的主体包括县级党委政府、乡镇党委政府、村党支部和村民自治委员会等公共权威组织，也包括社会层面的主体例如企业、社会组织等。县域治理即在县及县以下层级内，县政的治权主体对县域社会进行的治理。县政的特殊性导致县域治理既呈现出国家治理的规范性特点，也呈现出基层社会治理的多样性特点。这一结构张力体现在如下两个方面：一是县域体制在治理过程中呈现出与国家治理体系不尽然相同的逻辑，这是县域体制面对基层治理现实而进行自我调适所带来的结果；二是县域社会治理呈现出体制主导社会、体制塑造社会的治理导向，这是政府与社会关系的直接体现。因而，虽然县域治理体现为县域政府治理和县域社会治理两方面，但二者并无本质性的区别，无论从哪一方面切入，皆可呈现体制与社会的互动关系。本书从县域体制运作逻辑切入，即透过县域政府运作过程来理解体制，而县域政府运作的核心就是各种政策统筹和执行，其对象即县域社会。

县域治理能力指的是县域治理的主体所具备的资源整合和社会动员能力、社会治理和秩序建构的能力等。我们可以借用英国学者迈克尔·曼关于专断性权力和基础性权力的理论框架来理解县域治理能力问题。② 县域治理的专断性权力指的是县域公共权威超越和建构社会秩序的权力；县域治理的基础性权力指的是县域公共权威所拥有和支配的一般性权力。

---

① 俞可平主编《治理与善治》，社会科学文献出版社，2000，第5页。
② 〔英〕迈克尔·曼：《社会权力的来源》（第二卷）上，陈海宏等译，上海人民出版社，2007，第68~69页。

县域治理机制指的是县域公共权力实践过程中协调不同主体进行有效互动、资源分配、利益调节和秩序建构等一系列的制度和规则，以及此种制度和规则所塑造的关联关系的集合。因而，县域治理机制是对县域公共权力运行过程和特征的呈现。从县域治理机制的内容来看，主要包括县域政府治理机制和县域社会治理机制。前者是政府组织运行过程和行为的体现，后者则是县域政府与社会主体互动的规则和秩序的体现。

按照不同的主体类型来看，县域治理行为包括县域政府治理行为、县域社会治理行为以及其他主体参与县域治理过程中表现出来的行为。县域治理行为既体现出政府治理的科层组织逻辑，也体现出政府与社会互动过程中的非正式组织运行的逻辑。这意味着县域政府治理行为由于处在基层社会利益关系网络之中，具备了更多的非正式制度特征。

二　县域治理的特点

（一）县域权力结构的特点

县域权力结构是国家权力结构的微观呈现。在县域权力结构中，党政关系是主轴。在我国，党政体制由党组织体系与政府行政体系两大部分构成。党政关系呈现出以党领政的基本特征。

首先，党组织在广义的行政体系内部有其核心角色和职能。例如县级党委常委会具有县域的最高决策权，能够制定和出台县域的重要政策和方针，统筹和整合资源分配，对全县公务员队伍进行组织管理等。除决策权力外，部分党群组织作为常规科层组织承载重要的职能，构成实际意义上的"县级部门"，例如团委、妇联分别是党群组织中负责青年团队工作和妇女工作的机构。

其次，党组织以制度化形式存在于政府行政部门内部，即行政部门党组。行政部门党组的存在，强化了党对行政部门的领导，也强化了行政部门内部的党委负责制和班子集体责任制。因而，党政关系在条线部门的工作实践中也有所体现，这是以党领政的重要内容。

最后，党的领导与政府行政是县域党政体制权力实践的直接呈现。在县域，县级党委作为决策领导机关，县级政府作为行政机关，构成县域权力的基本架构。党委制定县域发展和治理的方针政策，县政府及其职能部门落实和履行党委制定的政策。

（二）县域治理体系的特点

县域治理体系是县域权力结构和形态的制度化呈现。在党政关系的基础上，县域治理体系呈现以党政体制为核心、多元主体参与的基本形式，主要特点如下。

一是县域党委政府是县域治理体系的主导。作为基层公共权力的主体，县域党委是县域治理体系的核心，具有公共权威的正式身份。此种主体地位体现为县域党政体制在基层政治中具备资源配置和社会管理的主导权，能够围绕县域综合发展和社会治理进行资源统筹和分配、制定相关政策和规则，并协调社会利益，化解矛盾纠纷，回应民众诉求，提供县域公共服务等。县域党委政府是国家政权建设在基层的系统化、组织化和制度化呈现。

二是多元主体是县域治理体系的重要参与者。除县域党政体制之外的重要行动主体还包括市场中的各类经营主体，如不同性质的企业，以及社会中的社会组织与个体等。这些多元主体存在和活动于相对固定的县域空间场域内，不同的社会主体由于利益关系的原因而参与到县域治理的诸多领域。县域党委政府主导和多元主体参与构成县域治理体系的基本架构。

三是纵向层级化是县域治理体系的重要特征。县域是跨层级的集合，这也意味着县域治理体系的架构涵盖了县、乡、村三个层级。不同于横向间的政府与社会互动关系，纵向上的县域层级关系结构属性更为突出。在县域治理体系中，县级党委政府具有权威主导身份，乡镇和行政村作为更低层次的属地管理执行主体而存在。因而，县、乡（村）关系是从上至下的权力委托代理关系。这一纵向层级化关系构成县域治理体系的结构性特征。

（三）县域治理机制的特点

县域治理机制呈现出权力的实践性特征，包括政府治理机制和社会治理机制，前者体现出县域权力和组织实践的逻辑，后者则是政府与社会互动机制的体现。

县域政府治理机制的特点如下。

正式性。县域政府治理机制体现出县域科层组织运行的方式和特征，就其性质而言，政府治理机制呈现出高度的正式性，是正式制度的运行体现，例如县域政府职能法定、依法行政、按编制定编定岗定责等。这些正式的机制是县域政府治理工作得以顺利开展的基础。

非正式性。除正式制度的运行机制外，县域政府治理机制还存在诸多非正式制度的特征，例如政府权责关系的调适性机制、县乡关系的调适性机制以及县域部门之间的组织协调机制等。这些政府治理机制皆是辅助正式的县域科层体制运行的非正式制度和规则，是科层行政方式的体现。

县域社会治理机制的特点如下。

多元主体互动。由于县域社会治理是县域公共权力主体与客体之间的互动，因而，县域社会治理表现为一核（即县党委）多元（即县域社会主体）之间的有效互动。这一互动机制体现出政党引领和建构社会秩序的基本特征，即治理机制是基层体制塑造和作用于基层社会的方式。这也体现出县域社会治理机制是衔接县域治理体制与县域社会的中介和载体，能够将县域治理体制优势转化为治理效能。

塑造县域社会治理共同体特性。在政党引领社会的基本逻辑下，我国基层社会治理的实践路径是党政体制主导和建构基层社会秩序。因而，社会治理机制的价值在于塑造有效的社会关联机制，促进政府与社会的良性互动，从而实现基层（县域）社会治理共同体的建构。

三　县域治理的地位

（一）县域治理与国家治理

"郡县治，天下安。"县域治理在国家治理体系中处于基础地位。基层即指县域这一国家治理体系中最低层域的空间。从县域的行政管辖区域的社会性质上看，县域与乡村基层具有内在一致性。在国家治理体系的层级中，省、市两级为地方，县级及以下为基层。乡村与县域区别在于，乡村更加侧重于对基层社会形态的表述，而县域则侧重县、乡、村跨层级整体性的内涵。

国家治理体系的层级属性，使得县域在代理属地权责基础上具备了相对自主的空间场域。县域治理与国家治理的关系呈现出整体与局部、一统性与具体性的统一。从国家治理体系来看，县域治理的基础性地位体现为县域是国家战略和政策目标落地的关键。在中国，国家与乡村关系体现为国家统揽和主导乡村发展的基本逻辑。国家战略和政策目标决定了基层的一系列制度建设和社会发展规划布局。而县域治理的重要职能即服务于国家战略和政策目标落地。正是由于这一点，县域治理构成了国家治理的基石。县域治理的效能和水平，直接关系到国家大政方针的落地和实施、关系到国计民生的保障。

（二）县域治理与农村社会治理

如前所述，县域治理指的是县域权力主体主导和支配县域社会秩序建构及公共资源分配的过程及权力实践方式。农村社会治理指的是农村公共权力机构以及其他社会主体对基层社会进行的治理，包括社会秩序建构、社会规则塑造和社会利益调节等方面。在农村基层，县域治理与农村社会治理在内容上有一定的重合。

从治理价值来看，县域治理与农村社会治理具有内涵和价值的一致性。从权力主体与客体的关系来看，权力主体对县域社会的治理体现出行政化的基本特征，即政府治理社会。而从治理有效性的角度来看，县域治理抑或农村社会治理皆致力于寻求资源分配和社会秩序建构的有效性。

农村社会治理是县域治理的重要内容。由于县域治理是直接面对和处理农村地区民意诉求，提供农村地区基本公共服务的基本方式，因而，县域治理的重要导向在于实现农村社会的有序和善治。

（三）县域政府治理

县域政府治理相较于县域治理，其内涵更加侧重于对县域体制性权力和科层组织运行的呈现。县域政府治理体现县域党政体制内部进行权威分配、组织管理和过程监管的过程，是政府组织管理和处理行政事务行为的展示。基于县域政府治理的历时性变迁，我们能够理解我国县域政府治理在不同时段的转换逻辑和行为特征。

就广义的县域政府而言，它是县域党政体制多层级关系的体现，包括县域党政关系、条块关系和县乡（村）多个层面的内容。因而，县域政府治理展现了县域体制性权力实践的多维度特性。从横向上来看，党委和政府互动是政府治理的重要内容，体现出以党领政的基本逻辑。从纵向上来看，县域政府治理是县级党委政府统揽乡镇、行政村进行政府行政管理的实践过程。同时，从政策过程的角度来看，县域政府治理包括政策决策、政策执行、政策监督和政策反馈等环节。从不同层级来看，县域政府治理包括县级政府治理、乡镇政府治理，以及村级治理。

四　县域治理的学习意义与方法

（一）县域治理的学习意义

一是具有理论意义，即在县域中理解中国之治。

其一，县域治理实践为理解中国之治提供了基础。县域治理实践是国家治理和基层治理的重要体现，是认识和了解中国国家治理逻辑的窗口，是认识基层政治实践的窗口。学习和理解县域治理的特征、规律，有助于增进对我国政府治理的认知，并用于观察和分析县域治理的一些现象。

其二，认识县域治理的特殊性。县域治理在国家治理体系中有着基础性的作用，是对国家治理的呈现。但是，除国家治理的一般特征之外，县域治理也具有特殊的功能定位，使得县域治理呈现出独特性。县域治理的特殊性体现在县域这一层级的"接点"区位方面，县域治理既要满足国家政策执行的需求，也要主导县域社会治理。此种双重角色和身份，意味着县域治理在层级结构中处于承上启下的关键位置。

其三，认识县域治理的内在规律。县域治理是县域空间场域内公共权力实践的展示，学习和了解县域治理有助于理解其客观内在规律性，即认识县域治理的实践逻辑。此种规律性一方面具有时代特征，即县域治理是对历时过程中县级权力运作的呈现；另一方面县域治理的规律性也体现出县域权力实践过程中呈现出来的普遍特征。认识和理解县域治理的内在规律，需要探究县域权力结构和形态的丰富面向，探究县域治理的静态制度和动态过程特征，并将县域治理纳入基层社会的时空场域内进行观察和理解。

二是具有实践意义，即能够指导和推进县域治理现代化。

其一，指导县域治理现代化实践。对县域治理的学习有助于指导解决县域治理实践中所遇到的一些难题。县域治理现代化是我国在推进和实现国家治理现代化过程中提出的重要实践路径。县域治理现代化的实践探索需要认识和遵循县域治理的一般规律，包括县域权力形态、县域治理结构、县域治理机制以及县域政府行为等方面的规律，以更好地指导和优化县域治理，推进县域治理现代化。

其二，优化县域治理的机制和过程。机制创新是优化县域治理的重要路径，县域治理机制需要不断优化和完善，以适应和匹配现实的县域治理需求，并在县域治理现代化的价值目标下，推动提升县域治理的效能。

其三，加强县域治理过程中政府与社会的互动，实现基层社会善治。县域治理的重要内容在于县域政府与社会多元主体的互动，并在互动过程中建构县域社会秩序、协调利益关系，实现县域善治。

（二）县域治理的学习方法

一是理论与实践相结合。认识和理解县域治理不仅要从理论层面加以探究和分析，也要融合实践层面的经验。县域治理理论为学习县域治理提供了工具，例如党政体制的理论等是指导我们认识和学习县域治理的重要理论资源。在借鉴和学习西方政治学、行政学相关理论时，需注意到理论的中国适应性，警惕一些带有意识形态争议的理论，对一些基于西方中心立场的中国县域治理研究的一些观点，要抱有批判意识。同时，要坚持从实际出发，坚持田野调查，挖掘县域治理实践的丰富内涵，在县域基层理解中国之治。县域治理实践为我们学习和理解县域治理提供了具体的经验事实，呈现出实践的丰富性、复杂性和情境性特征。

二是历史与现实相融通。县域治理处在不断变化发展的过程之中，也是国家治理实践的重要内容。因而一定时间段内县域治理形态，是对所处时代的县域治理样态的集中表达。学习和理解县域治理，需要结合历史与现实，通过对比观察来理解不同时代县域治理的特征，以及历史演进的规律、变迁的逻辑等。

三是国内与国外相比较。国别比较的视角能够为学习和理解我国县域治理提供参照，尤其是不同类型国家、不同发展程度国家和不同社会文化基础的国家，县域或基层治理的制度、形式、程序和方式等的差异性，能够为我们理解和认识中国基层县域治理提供参考和借鉴。但同时，学习者也需要注意到国体政体差异、情境差异、文化差异对县域治理的影响，更加客观地认识我国县域治理特征和规律。

第一章　县域治理的历史演变

古往今来，"县"在整个国家政治体系运作过程中都具有举足轻重的地位，县的设立更是已有上千年的历史。作为国家治理的基础部分，"县"也成为政治学、社会学、经济学等学科的重要关注对象。在5000年中华文明发展过程中，尤其是自秦朝建立"郡县制"以来，尽管不同时期进行了一系列的改革，但"县制"一直沿袭保留到今天。"郡县治，天下安"，从侧面说明"县"对传统中国政治稳定和发展的重要作用。

在当代中国，"县"是一级比较完整的基层政权，同样，"县域"作为一个政治、经济、文化和社会的地域性统一体，能够集中体现出国家与社会的互动关系，因此也构成了我国最基本的治理单元，被视为现代中国政治的基础。这意味着，国家治理"成也在于县，败也在于县"，特别是在强调国家治理体系和治理能力现代化的今天，县域治理在整个国家治理体系中起着"稳定器"和"平衡器"的作用。

第一节　传统中国的县域治理

"县"作为一级行政建制，自春秋战国时期产生至现在已有2000多年的历史，是中国政治结构中非常稳定的层级。[①] 通过对历史的详细考究和梳理便可知"县制"的产生并非机缘巧合，更不是在秦朝时期的短期改革中所创立，而是与传统宗法制度的解体以及诸侯的"争霸战"息息相关，有着深刻的经济与政治根源。

---

① 王元俊、朱侗荣、陈奋林、顾善祥：《中国县域政治学》，南京出版社，1989，第25页。

一 古代中国"县制"的起源

在西周以前,"县"通常指的是天子都城边陲还未或准备分封的土地——"悬"。《说文解字》中指出,"自专以县为州县字,乃别制从心之悬挂,别其音,县去悬平"。[1] 由此可见,"县"后来逐渐被区分出来,最终演变为行政区划的专用名称。

关于中国"县制"的起源,虽然学界众说纷纭,但也形成了一定的基本共识,那就是"县制"起源于春秋,形成于战国,而全面推行于秦始皇统一天下时期。春秋战国时期,县的形成与发展大致经历了三个阶段:县鄙之县、县邑之县与郡县之县。[2] "县鄙之县"即将国都以外的地域称为"县鄙",这从结构意义上划分出了国都与边野(陲)之地。"县邑之县"是在"楚国灭国为县"的背景下形成的,此时的县与邑一样也是一个可数的行政单位。"郡县之县"形成于战国时期,这时的县已经是国君的直属地,长官可以随时更换,划定了固定的管辖范围,同时县以下还存在乡里等基层组织,此阶段"县制"逐渐成形并不断发展成熟,这从体制上奠定了古代中国基层行政体系的基础。

因此,"县制"最早可以追溯到西周时期中央对边陲地带的管理方式,这与"县"的古代含义相同,而县的性质在春秋时期开始发生变化,这种变化可以从楚国看出。春秋时期的楚国最早设置"县"级管理单位,[3] 这时的县就被赋予了行政区划的含义和功能。《左传·庄公十八年》曾记载:"初,楚武王克权,使斗缗尹之。以叛,围而杀之。迁权于那处,使阎敖尹之。"[4] 这里的"尹"是指治县的官员,"权"则是楚国之县,这是县制设立的标志。

值得注意的是为何楚国在"采邑制度"之外又重新建立了新的县制,对这一问题的回答构成了县制形成的原因。根据相关记录,春秋初期秦、

---

[1] 许慎撰《说文解字注》,段玉裁注,上海古籍出版社,1981,第423页。
[2] 周振鹤:《县制起源三阶段说》,《中国历史地理论丛》1997年第3期。
[3] 吴国成主编《县域治理史》(古代卷),长江出版社,2019,第36~37页。
[4] 杨伯峻编著《春秋左传注》,中华书局,1981,第208~209页。

楚、晋、齐等大国都设置了县制。① 当时，这些大国吞并弱小、开疆扩土，国土面积不断变大，为了方便管理，于是就设置了县这一新的管理单元。春秋时期县制的诞生，不能简单归因于用于维系国家统一和社会稳定的传统宗法制与分封制的分崩离析，其有着更深层的经济与政治根源。

从经济层面来看，县制的产生在当时具备一定的经济基础。进入春秋时期，农业经济得到大幅度的发展，这主要体现在铁器牛耕的应用、水利工程的兴修、耕地面积的扩大等方面，农业生产工具的改进使春秋时期的农业生产力大大提升。据文献记载，"美金以铸剑戟，试诸狗马；恶金以铸鉏、夷、斤、劚"。② 这说明，铁器牛耕的广泛应用使得农民有余力开垦新田，井田制名存实亡，而且劳动工具的改进也使得劳动效率和土地使用价值提高，社会生产力进一步发展。随着人口增长，土地价值的升值，各诸侯国之间争夺土地的现象经常发生，土地被大规模兼并。在这样的背景下，原来的分封制和采邑制已经不适应经济发展和兼并战争的需要，因此各诸侯国在灭掉一国之后就开始依土地范围、人口数量划定行政管辖单位，设置县由君主直接控制。

从政治层面来讲，县制是诸侯国实现集权统治目标的产物。随着兼并战争的发展，各诸侯国纷纷崛起，"溥天之下，莫非王土"已成为过去。到了战国时期，"战国七雄"的格局正式形成，这些不断扩张的诸侯国为了保证在"争霸战"中夺得胜利，就需要改变分封制条件下一盘散沙的社会管理模式，需要对人、财、物等要素资源进行整合，并采用高度集权的体制，最终形成一种有效社会管理模式。③ 于是，各诸侯国纷纷变法改革，将扩大了的疆土划分成若干区域，并设置郡县两级管理体制，郡县制由此诞生。县级长官由君主直接任免不再世袭，食俸禄而不再享有封地，这使得县成了中央直接管辖地方的一级机构设置。

总的来说，郡县制的形成历经了400多年的时间，春秋时期县制出现萌芽，战国时期形成了郡县两级管理体制，到了秦朝时期郡县制得到全面

---

① 杨宽：《从分封制到郡县制的发展演变》，载《杨宽古史论文选集》，上海人民出版社，2003，第89页。
② 左丘明撰《国语》，齐鲁书社，2005，第603页。
③ 宋亚平：《中国县制》，中国社会科学出版社，2013，第71页。

推广。郡县制的诞生加速了分封制的分崩离析，强化了国家统治者的集权力量，同时也标志着中国历史上国家组织形态和权力结构关系的根本转型，是传统行政管理体制与运行机制的重大改革创新。[①]

二 古代中国县域治理的制度根基

郡县制的产生与演变，为以后大一统的中央集权制奠定了体制和社会基础，构成了古代中国县域治理的制度根基，对以后的国家治理和基层治理都产生了深远的影响。

（一）郡县制：古代中国县域治理的制度基础

厘清中国县域治理结构与传统中国之间的内在联系，需要从"制度"入手，其原因在于制度的生命力比王朝更强大，它贯穿于整个历史进程。秦汉时期，中国首次形成了大一统的政治格局，确立了古代中国县域治理的基本行政制度——郡县制。

公元前221年，秦始皇统一中国后，废除分封制并全面推行郡县制，为强化中央皇权统治最终形成了"海内为郡县，法令由一统"的管理格局。在郡县制下，将全国划分为三十六郡，郡是地方最高的政权机构，由王朝中央直接管辖和统治。郡以下设置县，县下还有乡、里和亭。至此，以郡县制为核心的基本管理框架被建立起来，既保证了中央对地方的有效统治，又实现了地方的有效治理。

郡县制是秦汉以降历代王朝基本的行政制度，在维护与巩固大一统的过程中起着重要作用，其为中国现代国家的建构提供了重要的制度资源和基础。在古代中国，郡县制作为基本制度框架，在维护中央统治的同时，还承担着社会管理、文化教化、协调发展的责任。

第一，郡县制是维护和强化中央集权的制度根基。郡县制的核心要义在于巩固中央集权制度，巩固皇权统治。县制的特点是与官僚君主制相配合，对全国范围内的人力、物力等各种资源进行统一调配，化零散为一统，"天下之事无小大皆决于上"，所有权力包括臣子的生杀大权都向皇

[①] 宋亚平：《中国县制》，中国社会科学出版社，2013，第71页。

权聚集，最终形成了"事在四方，要在中央，圣人执要，四方来效"① 的集权统治格局，最大限度地保证了国家治理的一统性。

第二，郡县制是调节国家与社会关系的制度资源。唐代柳宗元认为"郡县制"优于"封建制"的重要原因在于，"郡县制"可以实现国家与民众关系的调节。② 根据史料记载，商鞅变法"集小（都）乡邑聚为县，置令、丞，凡三十一县，为田开阡陌封疆，而赋税平"。③ 可见，郡县制还建立了完备的人口管理、土地分配和赋税征纳制度，使得中央能够详细掌握各地土地、人口、赋税、治安等情况，从而实现对资源的征收与调配。同时，《续汉书·百官志五》还记载，"（县）皆掌治民，显善劝义，禁奸罚恶，理讼平贼，恤民时务，秋冬集课，上计于所属郡国"。④ 这说明，县作为基层行政单位，还负责地方上的民政、治安、刑狱等事务，肩负着维护社会稳定和保障人民安全的职责。

总的来说，郡县制成为古代中国县域治理的制度根基，它的建立以及有效运作，不仅可以更好地维护中央集权统治以实现大一统国家的发展，还可以有效调节国家与社会的关系进而实现社会的稳定发展，最终为现代国家的形成与建立提供坚实的制度基础，实现"县集而郡，郡集而天下，郡县治，天下无不治"。

（二）古代中国县域治理的制度变迁

自秦汉时期推行郡县制以来，郡县制历经各个朝代的改革与变迁，虽然在地方行政管理层级上，各个朝代的设置有所差异，有的朝代实行两级制，有的朝代实行三级或四级制，但县一级始终没有被取消或替代，一直是古代中国的基础性地域层级单元，"郡县制"的制度底色并没有随着改革或朝代的更替而发生根本性的改变。

1. 秦汉至两晋时期的"郡县制"

秦朝初期，秦始皇采纳丞相李斯的建议，在全国推广郡县制，将天下分为36个郡，郡下设立县，郡大于县，县以下设乡、里和亭。据史料记

---

① 宋亚平：《中国县制》，中国社会科学出版社，2013，第97页。
② 柳宗元：《封建论》，载《柳宗元集》，中华书局，1979，第69~76页。
③ 司马迁：《商君列传》，载《史记》（第四册），中华书局，1982，第2232页。
④ 司马彪：《续汉书》，中华书局，1965，第3622~3623页。

载,当时秦朝拥有县的数目超过1000个,每个郡下辖的县大约20个。①汉代在秦制基础上进行了一系列调整。汉代初期创立了"郡国并行制",县属于郡和国之下的行政单位。到了西汉末年,共有103个郡,所辖的县级区域有1587个。同时,为了加强中央集权,保证政令畅通,纠举污吏,汉武帝在郡以上设十四部,每部置一刺史,用来监察地方长官。②东汉末年,"刺史"更名为"州牧",原来的刺史变成了掌握军、政、民管理大权的地方行政长官——州牧,刺史地方的行政层级从原来的"郡—县"两级制演变为"州—郡(国)—县"三级制。到了三国时期,"州—郡(国)—县"三级制成为正式制度,沿用至隋朝以前。根据史料记载,到了西晋前期,共有19个州管辖172个郡,172个郡辖1232个县,平均每个州辖8~9个郡,每个郡辖7~8个县③。

2. 隋唐宋时期的"州县制"

隋朝建立之后,为了继续加强中央对地方的控制,隋文帝采取"存要去闲,并小为大""罢天下诸郡"的方案,将"州—郡(国)—县"三级制中的"郡"一级去掉,以州直管县,建立了"州县制",使得地方区划又重新回到两级制。但庞大数量的州和县,使中央管理的难度极大,于是在大业三年(607年)隋炀帝下令合并州县,随后又把州改称为郡。经过这次调整,到了大业五年(609年),全国变为了190个郡管辖1255个县,地方行政机构得到大幅度精简。唐朝初期,又把郡改为州,恢复了隋朝初期的州县制。随着"贞观盛世"的到来,州的数量快速增长。贞观元年(627年),唐太宗下令,将全国分成关内、河南、河东、河北、山南、陇右、淮南、江南、剑南、岭南等10道,派遣巡察使到各道去负责监察地方的官员。因此,唐朝中后期逐渐形成了"道—州—县"三级制,后面的五代时期基本沿用了这一制度。宋朝时期,地方行政区划主要是两级制,即府、州、军、监为一级,县为一级。后来吸取了唐朝藩镇割

---

① 参见司马迁《秦始皇本纪》,载《史记》(第一册),中华书局,1982,第235~239页;周振鹤《中国行政区划通史·总论》,复旦大学出版社,2009,第48页。
② 王成、谢新清:《中国地方政府发展史》,山东大学出版社,2011,第27~44页。
③ 《地方政府与政治》编写组编《地方政府与政治》(第二版),高等教育出版社,2017,第16~17页。

据的教训，为了继续加强中央集权，又在州之上设置"路"，形成了"路—州（府、军、监）—县"三级制。根据史料记载，到了宋仁宗时，全国共有18路、222个州、1262个县。① 辽、金、西夏的行政区划基本上都是州（府）、县两级。

3. 元明清时期的"行省制"

元朝出现了"行省制"，行中书省是地方最高一级行政管理机构，省下设路、州（府）、县三级。元朝的行政区划较为混乱，府和州有的归路管，有的归省管，还有的州归府管，但总体上形成了"行省—路—州（府）—县"四级制。据统计，元朝共设置11个行中书省，辖185路、33个府、359个州、1127个县。② 明朝基本沿袭了元朝的行省制，洪武九年（1376年）改行省为承宣布政使司，承宣布政使司下设府和直隶州，府以下有县和属州，各直隶州以下有县，形成了"省—府—州—县"四级制与"省—州—县"三级制并存的大体格局。清朝幅员辽阔，地方行政管理机构同样沿袭了行省制度，通常划分为"省—道—府（州、厅）—县"四级。省是地方最高的行政机构，并设置巡抚、总督作为省的长官，当时共计18个省。省下面是道，道下面是府和直隶州、直隶厅，再下面是县，府除了管辖县外，还管辖相当于县级的散州和散厅。

总的来说，郡县制历经了各朝代无数次的改革与调整，但无论行政区划和行政层级如何变化，县作为帝国行政体系的基石，地位始终稳固。

（三）古代中国的县级组织结构

中国自秦朝推行郡县制以来，"县"一直是国家管理体制的基本行政单元。在县一级也形成了比较完善的行政组织体系，从纵向组织结构来看，古代县域内组织体系大概可分为两级，县域内最高行政组织机构为县衙，县之下通常还设置乡里。从人员结构来看，主要有官员、胥吏和非官方力量三类。

---

① 王元俊、朱侗荣、陈奋林、顾善祥：《中国县域政治学》，南京出版社，1989，第34~35页。

② 王元俊、朱侗荣、陈奋林、顾善祥：《中国县域政治学》，南京出版社，1989，第34~35页。

1. 县衙与乡里

县衙是古代县级常设的行政管理机构，为了对应中央政府的六部，县衙内还设置了"六房"作为主要办事机构，附于乡公堂左右，分别为礼房、户房、吏房、工房、刑房、兵房。

礼房，主要负责祀神、祭孔、庆典、教育等事项；户房，执掌民事、财政，凡涉及结婚、田土、征税、纳粮、赈济灾荒等的事务皆由其办理；吏房，吏房是"六房"之首，执掌本衙门所有吏员的选用、补调、考勤、考核、褒奖等事项，并负责登记本县进士、举人，管理乡绅等事宜；工房，掌管各项工程、工匠、屯田、水利、交通等政令，以及对应的工程建设等工作；刑房，主要负责堂事、勘验、票稿、文牍和案件档案管理等事项；兵房，主管全县兵丁、马匹征集，另外负责驿站、铺兵、城防、剿匪等事宜。

乡里是中国古代社会重要的基层行政组织，在管理和教化民众方面发挥着重要作用。秦朝推行郡县制时就建立了"乡里制度"，即在县级以下设置了基层社会组织单位——乡、亭、里。乡设有"三老""有秩""啬夫""游徼"。根据史料记载，三老掌教化，有秩和啬夫负责听讼、征税，游徼负责缉拿贼盗。① 里设里正，掌握百家，里下百家按照什伍组织编制户籍，即"五家为伍，十家为什，百家为一里，十里为一亭，十亭为一乡"。秦汉以后，许多朝代的乡里制度结构基本采用"三级制"，如北魏的三长制，隋初的"族、闾、保"，宋代的"牌、甲、保"，以及明清两代的"乡、都、图"。②

2. 官员与胥吏

县官通常包括知县（县令）、县丞、县尉、主簿和胥吏（掾、啬夫、令史、佐史等）。知县是县衙的最高行政长官，掌管全县赋税征收、决断刑狱、劝农稼穑、赈济灾粮、锄奸除霸、兴善之教、贡士、读法、祭神等事项，采取县令负责制。知县通常为正七品官员，一般由进士、举人、贡生等群体经吏部选授产生。县丞和县尉是知县的辅佐官，通常为正八品官

---

① 班固：《史记·百官公卿表》，中华书局，2000，第625页。
② 项继权：《中国乡村治理的层级及其变迁——兼论当前乡村体制的改革》，《开放时代》2008年第3期。

员，皆由中央任免，县丞主文书、仓库和监狱，县尉专管武事。主簿是知县的佐贰官，主要负责全县文书、户籍办理等事项。主簿一般为正九品，由中央任命，属于朝廷命官，拥有正式的职级和编制，除主簿之外其他县官一律不在朝廷的正式编制之内，而是由知县根据县域行政实际需要和县级财政能力来组织。

在县级政权中，除了拥有正式编制的县官之外，还有一个由低级行政人员构成的胥吏群体。最常见的是县"六房"中每一房都有典吏1人，他们通常被称为"胥吏""攒点""书吏""书役"等。根据记录，秦汉时期的县属吏分为官乡有秩、令史、狱史、官乡啬夫、牢监、尉史、游徼、官佐、乡佐、亭长等12类。① 这些胥吏通常没有俸禄和工食银，他们的收入主要依赖于纸笔费、抄写费、饭食费等，因此也产生了很多谋取私利的现象。实践中，尽管胥吏是古代县级行政执行的主要力量，但也常常被贬作奸诈狡猾和贪得无厌的恶棍，被视为"官之爪牙"。②

3. 非官方力量

古代中国县域治理，并非单纯依靠政府力量。实际上，古代县衙也会吸纳民间力量（如宗族力量、有识之士和绅士等）参与到基层治理之中。正如梁启超所说，"吾中国社会之组织，以家族为单位，不以个人为单位"。③ 宗族这一小型的社会单元，能够直接参与并承担部分县域管理和服务功能，特别是传统乡村社会秩序主要是依靠家族和绅士来承担，秦晖将此概括为"皇权不下县，县下惟宗族，宗族皆自治，自治靠伦理，伦理造乡绅"。④ 然而，这里说的自治，更多的是指"官督绅办"或"官督绅治"体制，官府透过乡绅对乡村社会实行控制。⑤ 而官府与乡绅在长期

---

① 张德美：《皇权下县：秦汉以来基层管理制度研究》，清华大学出版社，2017，第20~21页。
② 〔美〕白瑞德：《爪牙：清代县衙的书吏与差役》，尤陈俊、赖骏楠译，广西师范大学出版社，2021，第1~3页。
③ 梁启超：《新大陆游记》，载《饮冰室合集·专集》（第五册），中华书局，1989，第40页。
④ 秦晖：《传统十论——本土社会的制度、文化及其变革》，复旦大学出版社，2013，第39页。
⑤ 项继权：《中国乡村治理的层级及其变迁——兼论当前乡村体制的改革》，《开放时代》2008年第3期。

的交往之中已达成一种默契,即乡绅有配合官府治理乡村的义务和责任,并以各种方式参与到基层行政管理当中,二者共同发挥着重要作用。

三 古代中国县域治理的运行特点

古代县域治理不仅与国家治理具有统一性,又具有相对自主性。纵观中国历史,县一直以来都是重要的治理单元,具有维护国家统治、保障百姓民生等重要治理功能。自郡县制诞生以来,古代县域治理就形成了独特的运作模式。

(一)"县"成为独立且稳定的治理单元

在古代中国社会,"天下分久合,合久分",伴随改朝换代,行政体制也历经了多次改革与调整,然而县作为一级的行政区划和治理单元一直比较稳定。

一般而言,在古代中国,县这一单元的设置和划定通常需要满足三个基本条件:[1] 一是需要保证县级政府能及时了解和处理县域内每天发生的社会事务;二是需要考虑山川、地形、河流等自然地理因素和语言、文化、习俗等人文因素;三是需要考虑人口户数的多少和经济水平的高低。如果县域面积太大,人口户数也太多,社会事务太繁,县级政府是很难对地方实施及时有效的行政管理的。《汉书·百官公卿表》说:"县大率方百里。其民稠则减,稀则旷。"《库法》里也讲过,"大县百里,中县七十里,小县五十里。大县二万家,中县万五千家,小县万家"。这意味着,县级行政单元的设置,需要保证政令的下达、信息的反馈都可以在一天之内实现,便于施行统治。同时,农民缴纳实物税,养官兵的粮食、喂官马的草料等也都可以在一两天内送达县衙,保证县衙以及整个国家机器的运转。

县的设置逐渐成为中央集权国家的一个有机组成部分,并且是中央到地方基层一整套国家机器中具有相对独立性且稳定的一个治理单元,如人口的户籍、征收的粮食都以县为单位保管,地方的武装也以县为单位编制,徭役也以县为单位征发,等等。

---

[1] 宋亚平:《中国封建社会的县域治理》,《决策与信息》2008年第9期。

(二) 建立低成本且理性化的行政管理体系

中国古代县域治理结构十分简约，机构设置少，人数编制少，管理成本低，职责明确，从某种程度上来说，暗合近代西方政治学家们所追求的"小政府、大社会模式"。①《光绪会典》中记载，县一级政府官员的编制数一般为5~7人，吏员12~14人。由知县主持全面工作，副职最多只设置县丞和主簿，而且只有那些面积较大、人口较多的大县才有设置，一般中小规模的县没有资格设置副职。县一级在古代皇权统治和社会治理中极为重要，但县级行政运行的成本却非常低。一方面，县一级机构精简、官吏人员数少，使其财政负担低，能够长期维持基本不变的格局。另一方面，县域内很大一部分的社会事务被宗族、绅士等社会力量所承担。总的来说，简约的治理结构较好地适应了古代农耕社会的生产力发展水平，又与社会"宗法自治"紧密结合，从而维护了古代基层社会的长期稳定。

"郡县制"的创立不仅意味着古代中国建立了统一和多层次的官僚行政机构，还象征着古代中国的治理体制正在从宗法体制转向现代官僚体制，一套科学且理性化的行政官僚体系被建立起来，被赋予了现代国家的色彩。县级行政的理性化则主要表现在选拔用人制度上，早期县官也不再是依靠分封世袭产生，而是由国君指定或撤换，后来随着科举制度的出现，县官需要通过统一考试选拔，这无疑提升了行政体系的理性化、非人格化水平。

(三) 形成"皇权不下县"的权力结构

自秦汉时期创立"郡县制"以来，古代中国国家的政权只设置到县这一级，县成为国家最基层的正式管理单位，由此便形成了"皇权不下县"的权力结构特征。费孝通将这一权力结构称为"双轨政治"，即包含中央集权和地方自治两层，二者分别形成自上而下和自下而上的"双轨"政治轨道。② 在"双轨政治"格局下，形成了"县上"和"县下"两种不同的治理模式，县以上通过建立科层式的官僚机构进行直接管理，中央任命各级地方官员，并赋予其统治和管理社会的权力，直到县一级为止。

---

① 宋亚平：《封建时代的县域治理及其历史启示》，《江汉论坛》2006年第5期。
② 吕文浩编《中国近代思想家文库·费孝通卷》，中国人民大学出版社，2015，第96~102页。

县级衙门是整个官僚体系的最基层，自上而下的权力（皇权）到县级衙门就停止，知县成为直接和人民群众发生关系的皇权代表。而对县以下则借助绅士、宗族力量等非官方力量进行间接统治，从而缓解了古代中国县域治理中行政资源不足的困境。

总而言之，古代中国"皇权不下县"的权力结构下形成了中央集权和地方自治的两种治理格局。这是我国几千年封建社会政治结构和政治制度得以有效运行的重要原因，与我国传统封建社会小农经济和儒家文化具有高度适应性。

第二节　近代中国的县域治理

近代以来，中国开启了民族国家建构的历程，进行了"国家政权建设"的现代化改革，即强化国家的行政体系，并向基层社会扩张。在国家权力下沉、渗透社会的过程中，县域治理结构也随之发生改变。这一改变主要体现为：伴随着国家（中央）权力向基层延伸的改革，县级行政建制的规模得到极大扩充、其动员资源的能力不断强化。

一　近代中国的县制改革：县域治理现代化的开端

进入清朝末年，中国传统县制出现诸多弊端，同时国家又面临严重的民族危机，在西方现代文明的影响下，中国县域治理开启了艰难而复杂的现代化改革进程。

（一）县制改革的内因

1. 国家体制的衰弱

古代中国的郡县制，虽然有助于加强中央集权和巩固皇权统治，但整体上来看，反而削弱了地方和民间社会的能力，导致国家本身的凝聚力被弱化。正如陈邦瞻所言，郡县制有助于形成强大的统治能力，实现"朝廷以一纸下郡县，如身使臂，如臂使指，无有留难，而天下之势一矣"，然而"主势强而国势反弱矣"。[①] 由此，在郡县制体制下形成了"强政权，

[①] 陈邦瞻撰《宋代纪事本末》，中华书局，1977，第10~12页。

弱国家"治理状态,① 国家作为各地区和所有民众组成的共同体,其主要依赖中央政权的支撑,一旦中央政权衰落,国家就面临瓦解。在晚清中央政权衰落后,国家共同体立即瓦解,出现了所谓的"天下震动,有土崩之势"。

近代以来,随着经济建设的快速发展和社会事业的不断进步,传统的"小政府,大社会"的县制模式已经在组织体系、权力结构、职能安排、机构设置、人事任用等方面都无法适应社会发展的要求,传统的县级管理体制逐渐衰落。尤其是到了清朝末年,随着县域管辖面积的扩张,以及人口数量的增加,传统的县级管理模式越来越难以适应。"知县掌一县治理,决讼断辟、劝农赈贫、讨猾除奸、兴养立教,凡贡士、读法、养老、祀神,靡所不综",② 致使"州县以一身辗转于催科、词讼、簿书、期会之间,事如猬集,应接不暇,八面受敌,神耗力竭,犹不足以胜之"的局面,③ 因而必须有"代官出治""佐官出治"来处理各种事务,最终也产生了大量的贪污腐败问题,县级体制逐渐被拖垮。

2. 基层政权的无序

清代末年,县以下的非正式乡里组织包括两类:一是由宗族和乡绅自发建立的各种会、社等临时性组织;二是包括里甲、乡地等定制性职役组织以及适应形势要求成立的保甲、团练等组织。然而这些非正式组织成员素养较低、缺乏规范管理,容易与胥吏相勾结,利用职权徇私舞弊、贪污中饱、欺压百姓。冯桂芬认为:"今天下有大弊三,吏也、例也、利也,任吏挟例以牟利,而天下大乱于乎尽之矣。"④ 在这一背景下,乡里组织难以承担县域基层社会的行政职能,县级官员只能借助宗族和乡绅等社会势力。随着宗族组织权力的扩大,它们逐渐成为地方政权的破坏者,甚至与国家相抗衡。

总的来说,到了清朝末年出现了大量的胥吏把持县政、牟利弄权的现

---

① 曹正汉:《"强政权、弱国家":中国历史上一种国家强弱观》,《开放时代》2019年第2期。
② 赵尔巽等撰《清史稿》卷一一六,中华书局,1977,第3357页。
③ 袁守定:《图民录》,载裴传永主编《为官思想录》,中共中央党校出版社,2005,第351页。
④ 刘彦波主编《中国县域治理史》(近代卷),长江出版社,2019,第9页。

象，同时县域社会也缺乏有效的社会治理机制，而被具有权势地位的地方社会力量控制，这些问题最终导致基层政权呈现无序与混乱状态。

（二）县制改革的外因

1. 民族危机的爆发

进入 20 世纪初期，经历了义和团和八国联军入侵双重打击的清朝政府陷入统治危机。自鸦片战争战败后，清朝在西方列强后续的侵华战争中一再失利，民族危机不断加深。面对内外交困，清朝统治者意识到，不改变传统统治方式，其统治将难以为继。此外，社会各界的能人志士也认为民族危机产生的根源在于传统政治体制机制已经明显的陈旧落后和腐败无能，于是纷纷公开提出必须学习西方的制度文明，倡言民主与民权，呼吁维新变法，要求改革君主专制，实施县制改革与推行地方自治。

2. 自治思潮的传入

甲午战争的失败，让人们意识到传统中央集权制度的腐朽程度已经非常严重，为了挽救民族危机，中国社会涌现出了各种旨在反对列强瓜分、奋力救亡图存的改良、改革或革命的思潮，在这些思潮的影响和指导下，出现了一批政治团体。他们在西方民主、民权、民生与地方自治的思想理论与实践经验影响下，不断呼吁开民智、伸民权、阜民财、振民气，并开启了中国县域治理的现代化改革进程。

二 近代中国县制改革的实践探索

20 世纪初，如何建立科层化的县乡组织，完成基层政权建设，进而实现县域行政的法治化、民主化，构成了近代中国县制改革与建设的主题。

（一）"官治"与"民治"：清代末年的两大改革路径

从 1901 年开始到 1911 年辛亥革命为止，清政府在十年间连续颁布了一系列"新政"，相继成立了一系列专门机构，也推行了一系列改革的具体举措。但总的来说，近代县政改革基本围绕着"官治"与"民治"两大路径展开。所谓"官治"就是为了维护中央集权统治，而继续完善和修补传统郡县体制，其中包括扩充和健全县域行政体系，以及建立乡镇一级行政组织，从而将县域各类事务都纳入国家正式的行政管理体系。所谓的"民治"就是围绕以民主、民权、民生为核心的自治思想，在县域内建立起和西方相似的地方自治体系，即以"以本地人士、本地财力，办本地事务"为主要特征的地方自治制度。

清政府在 1907~1910 年颁布了《直省官制通则》《城镇乡地方自治章程》《城镇乡地方自治选举章程》《府厅州县地方自治章程》《钦定府厅州县地方自治章程暨选举章程》等文件，从这些文件中可以看出清政府采取的是一种"官治"与"民治"相融合的改革模式。在"官治"方面，清政府进行了创新县官选拔路径、强化县官职业培训、完善县官考核制度、淘汰胥吏与差役等一系列改革探索。[①] 在"民治"方面，其改革措施如下。一是划分和厘清"官治"与"民治"的所辖事务。例如，将赋税、司法、警政等划为"官治"事务，而将教育、卫生、道路交通、实业、慈善救济、公共营业等划为"民治"事务。二是设立民选的州县一级地方自治议决机构——议事会和参事会。三是创建乡镇一级地方自治行政机制，选举产生城镇、乡议事会作为自治议决机构，以及选举产生城镇董事会和乡董、乡佐以作为城镇、乡自治执行机构。四是改革县级公署，使其具备"官治"与"民治"的双重性质。县级公署不仅要负责"官治"职权内的事务，还要执行议事会和参事会的"民治"决议。县官一方面作为由国家任命的行政首领，另一方面又作为地方自治系统的首领，担任州县参事会会长。[②]

辛亥革命爆发后，上述改革措施被搁置。到了北洋政府时期，中国县域行政体系又回到了"官治"与"民治"并行的双轨制。县级公署仅仅属于"官治"机构，通常任命外籍人员担任知县，在县衙办公并负责赋税和司法等事务。同时，县级以下的地方也涌现出各种被称为"地方公益组织"和"法团"的地方性局、所、团，后逐渐演变为民政、财政、建设、教育四局。这些地方公益组织和团体属于地方自治性质的机构，由地方推举本籍人士担任首领，身份属于"绅"而不是"官"，主要负责地方性教育、实业、警务、财务、保卫等事务。[③]

---

① 宋亚平：《中国县制》，中国社会科学出版社，2013，第 346~350 页。
② 魏光奇：《官治与自治：中国近代的县乡行政体制》，《中国改革》2002 年第 11 期。
③ 魏光奇：《官治与自治：中国近代的县乡行政体制》，《中国改革》2002 年第 11 期。

（二）县级自治：民国时期的现代化改革措施

1912年中华民国临时政府在南京成立，结束了中国2000多年的君主专制，建立了民主共和国。受西方民主化思潮的影响，南京国民政府也开启了探索县级自治的道路。孙中山认为，"盖无分县自治，则人民无所凭借，所谓全民政治必无由实现。……当知中华民国之建设，必当以人民为基础，而欲以人民为基础，必当先行分县自治"。[①]

1928年，南京国民政府颁布了《县组织法》，以孙中山关于地方自治的思想为指导设计县乡行政体制。在县级层面，一是统一县的建制，全国的县统一划分为三个等级，并且废除县官旧称，实行县长制。二是废除"县知事公署"，改为"县政府"，县政府采取委员会制。三是统一县的组织和职权，县政府设县长1名，由省政府任命，县府机构分三等设置，一等设4科，二等设3科，三等设2科，各科设置科长1人，科员若干，员额由省民政厅规定，科长由县长呈请民政厅委任，科员由县长委任。县还设公安（后改为警察局）、财政、建设、教育四局，必要时增卫生局、土地局，各局分设局长1人，各科、局由县政府统率，受县长的指挥监督。在县级之下，设置区、乡（镇）并实行自治制度，区长、乡（镇）长直接由民选产生；区和乡（镇）自治事项包括民政、文教、卫生体育、保卫、实业、教化、救济、公共设施建设和管理、公共营业、公共财务等。

1939年，南京国民政府公布《县各级组织纲要》，实行"新县制"。具体的措施如下。一是完善县级行政组织，县政府内设置民政、财政、教育、军事等各"科"，除县长之外还设置秘书、科长、指导员、科员等。同时，县级还设置"县参议会"作为决议机关，设议长、副议长各1人，县参议员由乡镇民代表大会选举产生。二是在新县制下区署成为县级政府的辅助机构，代表县政府督导各乡镇办理行政和自治事务。三是县下设置乡镇公所，置乡镇长1人、副乡镇长1~2人，均由选举产生，并在乡镇公所内设置民政、警卫、经济、文化四"股"，各"股"设1个主任和多个干事。乡镇民代表大会是乡镇的议事机构，其代表由保民大会选举产

[①] 孙中山：《中华民国建设之基础》，载陈旭麓、郝盛潮主编《孙中山集外集》，上海人民出版社，1990，第35~36页。

生。四是乡镇以下实行保甲制度。设保办公处，保长1人，受乡镇长指挥监督，办理本保有关自治事务和执行县及乡镇委办事项；设副保长1人；没干事2~4人，分掌民政、警卫、经济、文化等事务。保民大会是保的议事机构，由本保每户推举1人组成。甲为地方自治的基本组成部分，设甲长1人，由户长会议选出。

总的来说，1939年的《县各级组织纲要》将县定位为法人单位，在法律上保证了县级的自治权益，县级行政单位不再是上级行政机关的代理机构，而是法律上独立的个体，使得民国时期的县级自治比清末时期的地方自治更加成熟。

三　近代中国县制改革的特点

从清末直至民国时期，传统的县制经历了一个逐步改良的过程，其中最具现代意义的改革就是推行县级自治和建立参议会制度，建立了现代性质的县行政组织。与古代县制相比，近代县制改革具有现代政治发展的特征，是中国县域治理历经千年后的一大进步。同时也面临一系列问题，带给我们今天的县域体制改革和建设一些重要启示。

（一）国家权力下移

近代中国县制的改革发展，整体特征是向着"全能主义"县域治理模式过渡，即要实现国家权力可以随时地进入和控制社会每一个阶层和每一个领域。[①] 进入20世纪，中国面临严重的内忧外患，如何将"一盘散沙"的中国社会整合起来并建立现代型的民族国家，离不开"国家政权建设"，即需要建设一个强大的现代政府，并将现代化的行政体系向基层社会扩张和强化。总体而言，近代中国县级政权随着"国家权力下移"的改革而获得制度化或"正规化"的支持，而改革的目的是加强国家的财税汲取能力和社会整合、动员能力。

清末以来，中国县制的各种基本模式相继得到试验，县级自治成为这一时期"县制改革"的核心思想。但值得注意的是县制改革的背后，实

---

① 刘义强、陈明：《中国县政的断裂与政治科层化风险分析》，《领导科学》2010年第26期。

际上也反映出了南京国民政府企图通过地方自治的"名声",增强对县域社会的渗透和控制,达到"迂回增加行政管治效率、加速提高国家专制统治权威之目的"。① 因此,近代县制改革也形成了两大基本特征。一是近代县制改革打破了传统的县级"官治"机构属性,国家权力借助县级行政体系开始渗透到广大的县域社会,其目的是实现国家政权对县域基层社会的控制。二是近代县制改革完善了传统的县级职能,推动县级官僚机构从传统单一的政治、军事统治职能向社会性职能扩展,县级官僚机构职能的扩展也说明了国家权力的不断下移,开始逐渐向县域社会的各个层面延伸。

(二) 乡镇的官僚化

乡镇作为一级正式的政权组织,是从"清末新政"开始,以地方自治的名义产生的,但这时的乡镇还未完全纳入县域行政体系之内。② 实际上,乡镇被正式纳入县域行政体系是在民国时期完成的,南京国民政府进行过以"乡村建设运动"为标志的社会动员努力,使得国家权力不断向乡镇扩展,推动乡镇实现官僚化,这在一定程度上增强了国家的施政能力和税收汲取能力。但总的来说,尽管乡镇成为县域行政体系中的一级正式机构,但其发挥的作用非常有限。一方面,当时乡镇一级政权不够完善,行政效率低下,很难完成汲取财税和社会动员的任务。另一方面,乡镇最低一级官僚及其代理人和古代县衙中的"胥吏"一样出现了大量贪污腐败、掠夺财产,将农民推入水深火热生活境地的情况,县域社会中各利益主体间的矛盾日益尖锐。总而言之,虽然南京国民政府通过县制改革,实现了乡镇一级的官僚化,但始终没有改变清末以来基层政权的无序状态,并没有将县域基层社会整合进以国家权威为中心的政治统一体中。

(三) 政权建设的内卷化

20世纪初进行的县制改革,主要是希望通过现代化的"政权建设"来强化国家统治能力,在改革的过程中往往是依赖增设机构、人员和增加税种的方式。然而,这些机构人员又没有被很好地监督,以致不同的利益

---

① 王春英:《民国时期的县级行政权力与地方社会控制——以1928—1949年川康地区县政整改为例》,博士学位论文,四川大学,2004,第30页。
② 周庆智:《县政治理:权威、资源、秩序》,中国社会科学出版社,2014,第43页。

集团间产生了冲突，机构增多，人员成本增加，但中央政府所收到的税并没有成相应比例增加。① 其后果就是伴随着"赢利型经纪人"贪污受贿的增加，出现了"国家政权的内卷化"。

杜赞奇借用克利福德·格尔茨的观点认为"内卷化"是一种社会或文化模式在某一发展阶段达到一种确定的形式后，便停滞不前或无法转化为另一种高级模式的现象。② 在政权的内卷化过程中，政权的正式与非正式机构同步增长，尽管正式的国家政权可以依靠非正式的机构来推行自己的政策，但它无法控制这些机构。进一步说，政权的内卷化是指国家机构不是依靠提高旧有或新增机构的效益，而是靠复制或扩大旧有的国家与社会关系，如中国旧有的赢利型经纪体制，来扩大其行政职能，这也意味着20世纪初期开展的县域"政权建设"最终走向失败。

第三节　当代中国的县域治理

中国共产党通过革命的手段，推翻了帝国主义、封建主义和官僚资本主义的统治，夺取了新民主主义革命的胜利，彻底铲除了"国家经纪人"体制，完成了国家政权建设的任务。特别是新中国成立后，随着国家权力进一步向基层延伸，县域治理在国家治理体系中的功能与地位不断提升。

一　当代中国县域治理的形成

1949年，经过多年的浴血奋战，中国共产党领导人民建立了人民当家作主的新中国。新中国成立之后，百废待兴，如何把一个高度分散的社会重新凝聚起来，并实现现代国家制度体系从无到有、从旧到新的建构，成为新中国政权建设面临的首要问题。这需要在行政制度和组织体系等方面持续探索。1949年《县各界人民代表会议组织通则》、1950年《县人民政府组织通则》、1954年《宪法》和《中华人民共和国地方各级人民

---

① 〔美〕杜赞奇：《文化、权力与国家——1900—1942年的华北农村》，王福明译，江苏人民出版社，1996，第52~76页。
② 〔美〕杜赞奇：《文化、权力与国家——1900—1942年的华北农村》，王福明译，江苏人民出版社，1996，第66页。

代表大会和地方各级人民委员会组织法》、1982年《宪法》等法律文件的出台，标志着作为中国国家治理体系重要组成部分的县域治理基本框架逐步建立起来。

新中国成立后，地方各县的名称基本上保持不变，但其性质已经发生变化。虽然行政区划出现多次调整，但大体上是保持"省—市（自治州）—县—乡"四级制，县一级分别属于省、直辖市、自治州或市。具体来看，中国县一级行政机构经历了县人民政府委员会、县革命委员会再到县人民政府三个阶段最终才得以成形。

一是新中国成立初期的县人民政府委员会。1949年12月中央人民政府委员会第四次会议通过的《县各界人民代表会议组织通则》以及1950年1月政务院第十四次政务会议通过的《县人民政府组织通则》分别对各县人民行使国家权力机构如县各界人民代表会议、县人民政府等的产生、组织、机构职能作出了详细的规定。县各界人民代表会议的代表由选举产生，人数在100~500人。县各界人民代表会议经省人民政府批准，可代行县人民代表大会的如下职权：听取与审查县人民政府的工作报告；审查与通过县人民政府的预决算；建议与决议有关县政的兴革事宜；向人民传达并解释县各界人民代表会议决议案，并协助县人民政府动员人民推行之；选举县人民政府县长、副县长、委员，组成县人民政府委员会。县人民政府委员会一般设四类机构：第一类是民政、财政、教育、公安等科或局；第二类是县人民监察委员会；第三类是县人民法院；第四类是县人民检察署。1950年，全国共有县级行政单位2182个，除了西藏等少数地区外，绝大多数地区建立了以县人民代表大会和县人民政府委员会为核心的县域治理基本框架。[1]

二是"文革"时期的县革命委员会。1966~1976年"文革"期间，原来的县人民政府委员会被调整为县革命委员会，成为集党、政、军于一体的地方权力机关。按照1975年通过的《宪法》，县革命委员会既是县人民代表大会的执行机关和常设机关，同时又是县级人民政府，通常由主任、副主任、委员若干人组成，由本级人民代表大会选举或罢免，并对县

---

[1] 周庆智：《县政治理：权威、资源、秩序》，中国社会科学出版社，2014，第52~53页。

人民代表大会和省级机关（省革命委员会）负责并报告工作。实际上，县人民代表大会工作在"文革"期间基本处于停滞状态。

三是改革开放以后的县人民政府。1980年，县革命委员会正式改为县人民政府。按照1982年通过的《宪法》，县级人民代表大会是地方国家权力机关，由选民直接选举产生，每届任期三年。县级人民代表大会常务委员会由主任、副主任若干人和委员若干人组成，对本级人民代表大会负责并报告工作。县级人民代表大会选举并且有权罢免本级人民政府的县长和副县长、人民法院院长、人民检察院检察长。县级人民政府是县级国家权力机关的执行机关，是县级国家行政机关，实行县长负责制，其职责包括"管理本行政区域内的经济、教育、科学、文化、卫生、体育事业、城乡建设事业和财政、民政、公安、民族事务、司法行政、监察、计划生育等行政工作，发布决定和命令，任免、培训、考核和奖惩行政工作人员"。

此外，新中国成立以来，县的下辖行政单位为乡或镇，乡镇成为我国最低一级的行政区划。

二 当代中国县域治理的发展

中国县域治理经历了由建立巩固到发展完善的阶段，县域治理模式演变的主要方向是由一元化的治理模式向多元化的治理模式转变，并不断向现代化和规范化方向发展。

（一）第一阶段（1949~1978年）：全能主义型县域治理

1949~1978年，中国建立了与社会主义国家性质相符合，与计划经济体制相适应的全能主义型的县域治理模式。新中国成立初期，为了巩固新生政权，恢复社会经济秩序，需要着眼两个方面：一是社会控制和动员能力；二是财政汲取能力。在此背景下，国家需要通过全能主义的政治统治来使国家权力深入基层社会各个领域。在这一过程中，县作为距离基层社会最近的一级完整治理单元，其功能与作用不断凸显出来。

"1949年新中国成立至1978年改革开放以前，中国在政治上组织和领导体制高度一元化，经济上则实行单一的命令型计划经济体制，公与私、国家与社会、政府与民间融为一个高度统一的整体",① 形成资源和权力高度集中的"总体性社会"。② 这一时期，县域内同样呈现一种高度集中的体制，其权力的核心是县党委，即所谓的"党的一元化领导"，形成了党政一体化、权力单一中心和权力运行单向度的全能主义型县域治理模式。这一模式在加强基层社会管理和经济建设，稳定县域乃至整个国家秩序，以及为我国建立完善的工业体系和实现现代化奠定物质基础等方面起到了重要作用。③ 但在"全能主义"政治统治模式下，社会缺乏活力，县域治理也缺乏自主性和创新性。

（二）第二阶段（1978~2013年）：经济导向型县域治理

1978~2013年，中国逐步建立了与中国特色社会主义制度相符合、与社会主义市场经济体制相适应的经济导向型的县域治理模式。1978年实行改革开放以后，党和政府的工作重心转向经济建设。这期间，促进经济发展成为县域治理的主要任务，党和政府开始通过各种方式推动经济增长。同时，县政府的主体地位也在1982年通过的《宪法》中被恢复，县域治理的新政治结构基本确立。县域治理被深深卷入市场活动当中，县级政府也具备了经营性组织的特征，由此经济导向型的县域治理模式逐步确立。

为了推动县域经济的快速发展，县域治理的过程中也形成了一系列独特的激励机制和治理机制，用以调动县级政府推动经济发展的积极性，主要包括如下几类。一是"压力型体制"，即地方各级党委、政府组织为了实现经济赶超和其他目标，采取任务数量化分解和高度物质化奖惩相结合的治理方式，它的基本运行方式就是用政治的手段来推动经济的增长以及其他工作的完成。④ 二是"晋升锦标赛"模式，上级政府为下级政府设计

---

① 俞可平等：《中国公民社会的兴起与治理的变迁》，社会科学文献出版社，2002，第204页。
② 孙立平、王汉生、王思斌等：《改革以来中国社会结构的变迁》，《中国社会科学》1994年第2期。
③ 宋勇刚：《中国共产党执政以来的县域治理研究》，博士学位论文，中共中央党校，2018，第30页。
④ 荣敬本等：《从压力型体制向民主合作体制的转变：县乡两级政治体制改革》，中央编译出版社，1998，第28~29页。

一套可度量的经济社会发展指标,并依据完成指标完成情况对下级政府进行评比。① 三是采用"行政包干制",即县级党委通过党委会议的形式,将县域经济发展等重要的治理事务转化为政治任务,从而在较短时间内集中资源和力量以完成政治任务。② 总的来说,在经济导向型的县域治理模式下,县域被赋予了相当多的发展自主性,县域经济社会发生了翻天覆地的变化,经济持续快速增长,社会环境和治理面貌得到较大改善。

(三) 第三阶段(2013年至今):多元共治型县域治理

2013年至今,国家按照完善和发展中国特色社会主义制度、推进国家治理体系和治理能力现代化的要求全面深化行政体制改革,逐步形成了多元共治型的县域治理模式。2013年11月,党的十八届三中全会通过的《中共中央关于全面深化改革若干重大问题的决定》首次提出"推进国家治理体系和治理能力现代化"的改革目标。县域治理是国家治理的基础,没有县域治理体系和治理能力的现代化,就不可能有国家治理的现代化。面对中国县域治理现代化面临的困境,如治理主体单一、社会力量参与不足、政府与社会合作水平低,以及治理规范化程度有待进一步提高等,县域治理在实践中不仅改革不适应实践发展要求的体制机制、法律法规,还不断构建新的体制机制、法律法规,使各方面制度更加科学、更加完善,实现县域治理的多元化、制度化和规范化,最终推动县域治理向多元共治型治理转变。

这一时期的县域治理,整体上出现了两方面的变化。一是县域治理逐渐走向规范化。随着国家现代化建设的不断推进,县域治理逐渐转向"技术治理",③ 精细化、规范化、程序化的技术治理体系逐渐建立,同时县域治理过程呈现出更加明显的"过程管理"色彩,越来越强调治理过程的规范化。④ 二是县域治理中的多元共治格局逐渐形成。自党的十九大

---

① 周黎安:《中国地方官员的晋升锦标赛模式研究》,《经济研究》2007年第7期。
② 杨华、袁松:《行政包干制:县域治理的逻辑与机制——基于华中某省D县的考察》,《开放时代》2017年第5期。
③ 渠敬东、周飞舟、应星:《从总体支配到技术治理——基于中国30年改革经验的社会学分析》,《中国社会科学》2009年第6期。
④ 田先红:《从结果管理到过程管理:县域治理体系演变及其效应》,《探索》2020年第4期。

报告提出"打造共建共治共享的社会治理格局"之后，构建起共建共治共享的多元化现代县域治理格局也成为一种共识。在这一背景之下，多元化治理，诸如参与式治理、合作治理、协商治理、协作治理等，在包括县域治理在内的各个层面展开。总的来说，相对于原来传统的统治与管理方式，治理具备多主体、多中心、去结构化等特点，同时也涵盖了两大核心要义：一是反思以政府权力为代表的一元化治理方式；二是强调社会利益协调主体的多元性。在这一转变过程中，县域治理体系不断得到优化，适应现代化要求的县域治理能力也得到显著的提升。

三 当代中国县域治理的基本特征

县域治理在整个国家治理体系中占据着特殊且重要的地位，扮演着独特的角色，发挥着不可或缺的作用。当代中国县域治理具有以下特征。

（一）县域治理的系统性：包括了国家治理的全部对象和内容

县是一个完整的社会，"麻雀虽小，五脏俱全"。新时期，县域治理呈现出"五位一体"的系统性，包括了国家治理的全部对象和内容，能比较全面地统筹推进县域经济建设、政治建设、文化建设、社会建设、生态文明建设。县域治理的系统性也使得县域治理结构呈现出复杂性，并呈现典型"锥体"特征，纵向形成"县级—乡级—村级"金字塔式结构层级，三者之间有着法理或事实上的隶属关系，依靠"命令—服从"机制运行；横向形成"党委—国家机关—人民团体与社会组织"的同心圆式结构，圈层之间由内向外确立"领导—被领导"的联结机制和"决策—执行"的运行方式。因此，县域治理是国家治理的具象化展现，是国家纵向治理结构中的基层力量，其拥有完整的社会生态系统和国家治理功能，是一个完整的、系统性的治理单元。

（二）县域治理的基础性：中国之治的"接点"

在我国治理体系中，县域治理是国家治理的重要基石，具有不可替代的地位和作用。从国家治理视角来看，没有县域的稳定，难有整个国家的稳定；没有县域的发展，难有国家整体的发展。从县级政治看，县级行政是国家上层与地方基层、中央领导与地方治理、权力运作与权力监控的

"接点"部位,[①]发挥着承上启下的关键作用。县域是国家（省市）大一统的政策、体制、制度与复杂多样的基层治理生态实现有效对接的重要转化空间。从县域社会看，县域是城市与乡村、传统与现代、中心与边缘地带的"接点"部位，是国家与社会的交汇点，是实行社会治理的第一线。总的来说，正是县域权力"接点"、战略"接点"和政策"接点"的特殊地位，使其成为发展经济、保障民生、维护稳定、促进国家长治久安的重要基础。

（三）县域治理的根本性：中国现代化的主战场

党的二十大报告指出，中国共产党的中心任务就是团结带领全国各族人民全面建成社会主义现代化强国、实现第二个百年奋斗目标，以中国式现代化全面推进中华民族伟大复兴。中国是农业大国，绝大部分国土在县域，绝大部分人口在县域，因此县域是推进中国式现代化的核心与主战场。县域作为我国经济发展、新型城镇化建设、乡村振兴等重大决策实施和推进的基本单元和前沿阵地，其兴衰关系着发展全局和诸多发展战略举措的实施。当前，无论是脱贫攻坚成果的巩固拓展、"三农"问题的解决，还是城乡公共服务一体化与城乡协调发展的实现，抑或新型工业化、信息化、城镇化和农业现代化的推进，重点与难点都在县域。因此，县域治理在中国式现代化进程中同时肩负着推动发展和维护稳定两项根本性的责任与使命。没有县域的现代化，就难有中国的现代化。

---

① 徐勇：《"接点政治"：农村群体性事件的县域分析——一个分析框架及以若干个案为例》，《华中师范大学学报》（人文社会科学版）2009年第6期。

第二章 县级治理机构

县级治理是国家治理体系中的重要环节，县的"接点"角色和地位，使得县级治理机构呈现出与中央和上级政府契合贯通却又不尽相同的特点。县级党委、县级人民政府、县级人民代表大会、县级人民政协构成了县级主要治理机构，其领导成员是县域治理中的"四套班子"，共同塑造了县级政治权力结构。在县级党委的全面领导下，获得县级人大授权的县级人民政府履行各项法定职能，并接受县级人民政协的监督，分工协调、有序运行的县级治理机构共同实现对县域社会的有效治理。本章将对这四种治理机构的组织体制和职能配置进行逐一分析，展现这些县级治理主体的制度基础、内在属性和功能特点。

第一节 县级党委

一 党的县级组织体系

（一）党的县级组织在党的组织体系中的定位

在中国共产党的组织体系中，县域的党组织是党的地方组织，主要包括党的县级代表大会、党的县级委员会及其常务委员会和纪律检查委员会。根据《中国共产党章程》的规定，党的县级领导机关，是党的县级代表大会和它所产生的委员会。党的下级组织必须坚决执行上级组织的决定。

（二）党的县级代表大会

党的县级（县、旗、自治县、不设区的市和市辖区）代表大会，每五年举行一次。党的县级代表大会由同级党的委员会召集。在特殊情况下，经上一级委员会批准，可以提前或延期举行。党的县级代表大会代表的名额和选举办法，由同级党的委员会决定，并报上一级党的委员会批准。党的县级代表大会的职权有：听取和审查县级委员会的报告；审查县级纪律检查委员会的报告；讨论县域的重大问题并作出决议；选举县级党的委员会，选举县级党的纪律检查委员会。

（三）党的县级委员会及其常务委员会

党的县级委员会，每届任期五年。这些委员会的委员和候补委员必须有三年以上的党龄。党的县级代表大会如提前或延期举行，由它选举的委员会的任期相应改变。党的县级委员会的委员和候补委员的名额，分别由上一级委员会决定。党的县级委员会委员出缺时，由候补委员按照得票多少依次递补。党的县级委员会全体会议，每年至少召开两次。党的县级委员会在代表大会闭会期间，执行上级党组织的指示和同级党代表大会的决议，领导本地方的工作，定期向上级党的委员会报告工作。

党的县级委员会全体会议选举党的县级常务委员会和书记、副书记，并报上级党的委员会批准。党的县级委员会的常务委员会，在委员会全体会议闭会期间，行使委员会职权；在下届代表大会开会期间，继续主持日常工作，直到新的常务委员会产生为止。党的县级委员会的常务委员会定期向委员会全体会议报告工作，接受监督。

在党的县级代表大会和党的县级委员会全体会议闭会期间，权力更多集中在县级常委会，其成为县级一切工作的实际领导核心。在民主集中制下，作为"一把手"的县党委书记往往拥有支配性的权力，[①] 主持县委全面工作。大部分县的党委书记和副书记按照"一正两副"的要求配备，县级党委常委职数一般为 9~11 名。县级党委以县党委书记为核心，一名副书记兼任县长，另设一名专职副书记，或者由副书记兼任常务副县长或政法委书记。除县委书记和两名副书记外，其他县级党委常委的排序基本依据个人资历和进入常委班子的时间，排序先后一定程度上与其在常委班子里的权力大小呈正相关。

[①] 景跃进、陈明明、肖滨主编《当代中国政府与政治》，中国人民大学出版社，2016，第207页。

党委书记主持党的县级委员会全面工作，组织常委会活动，协调常委会委员的工作，对党委工作负主要责任。担任政府正职的党委副书记主持政府全面工作，组织政府党组活动。不担任政府职务的党委副书记主要协助书记抓党的建设工作，同时可以根据需要协调和负责其他方面工作。常委会其他委员根据分工负责有关工作，履行分管领域从严治党责任。[1]

（四）党的县级纪律检查委员会

党的县级纪律检查委员会是党内监督专责机关，在同级党的委员会和上级纪律检查委员会的双重领导下进行工作。党的县级纪律检查委员会每届任期和县级党的委员会相同。党的县级纪律检查委员会全体会议，选举常务委员会和书记、副书记，并由同级党的委员会通过，报上级党的委员会批准。

党的县级纪律检查委员会的主要职责是：维护党的章程和其他党内法规，检查党的路线、方针、政策和决议的执行情况，协助党的委员会推进全面从严治党、加强党风建设和组织协调反腐败工作，推动完善党和国家监督体系。党的县级纪律检查委员会向同级党和国家机关全面派驻党的纪律检查组，按照规定向有关国有企业、事业单位派驻党的纪律检查组。纪律检查组组长参加驻在单位党的领导组织的有关会议。他们的工作必须受到该单位党的领导组织的支持。

二 县级党委的机构设置与职能

（一）县级党委的机构设置

为了保证党中央方针政策和国家法律法规的有效实施及县级党委对同级组织的领导，县级党委的机构设置基本遵循职责同构、归口管理的原则，即县级党委在机构设置和职能配置上一方面与市级党委基本对应，另一方面根据县域国家和社会事务的工作性质统筹设置，领导相应的行政机构和事务。县级党委的主要机构有县委办公室、县委政法委、县委组织部、县委宣传部、县委统战部和县委武装部等。

---

[1] 参见《中国共产党地方委员会工作条例》。

1. 县委办公室

县委办公室是县委综合办事机构,负责县委全面日常工作。其主要职责是协助县委领导作出重大决策,督促检查县委各项决策的落实情况,协调各项工作与各个部门,及时向县委领导汇报决策执行过程中出现的情况与问题等。

2. 县委组织部

县委组织部是县级党委主管人事、党建方面工作的综合职能部门。其主要职责是:①在党中央以及县级党委领导下,具体负责落实党的组织工作路线方针政策和决策部署,按照权限和分工制定、起草组织工作党内法规和规范性文件,推进组织制度贯彻落实;②研究组织工作重要理论和实践问题,提出完善制度机制的政策建议,为党中央以及县级党委决策提供参考;③负责党的组织体系建设,加强基层党组织和党员队伍建设等。[1]

3. 县委政法委

县委政法委是县级党委领导和管理政法工作的职能部门,是实现党对政法工作领导的重要组织形式。其主要职责任务是:①贯彻习近平新时代中国特色社会主义思想,坚持党对政法工作的绝对领导,坚决执行党的路线方针政策和党中央重大决策部署,推动完善和落实政治轮训和政治督察制度;②贯彻党中央以及上级党组织决定,研究协调政法单位之间、政法单位和有关部门、地方之间有关重大事项,统一政法单位思想和行动;③加强对政法领域重大实践和理论问题调查研究,提出重大决策部署和改革措施的意见和建议,协助党委决策和统筹推进政法改革等各项工作等。[2]

4. 县委宣传部

县委宣传部是县级党委主管意识形态方面工作的职能部门,是社会主义精神文明建设的牵头协调部门。其工作职责主要包括:①贯彻落实党对宣传工作的方针政策和决策部署,拟订宣传工作重要政策和事业发展规划;②统筹协调意识形态工作,组织协调意识形态工作责任制落实情况日

---

[1] 参见《中国共产党组织工作条例》。
[2] 参见《中国共产党政法工作条例》。

常监督检查，结合巡视巡察工作开展专项检查；③指导协调理论研究、学习、宣传工作等。①

5. 县委统战部

县委统战部是县级党委主管统一战线工作的职能部门，是党委在统一战线工作方面的参谋机构、组织协调机构、具体执行机构、督促检查机构，承担了解情况、掌握政策、协调关系、安排人事、增进共识、加强团结等职责。②

6. 县委武装部

县委武装部是军事领导指挥机关，也是县级党委的军事工作部门和政府的兵役工作机构，受上级军事机关和县级党委政府的双重领导。县委武装部负责县域内的军事工作，主要是民兵和兵役工作。

在实践中，不同的县会根据当地情况和发展需求，在机构限额内对县级党委的机构和职能作出调整，主要有如下情况。

第一，合署办公。党的有关机构可以同职能相近、联系紧密的其他部门统筹设置，实行合并设立或者合署办公。③例如有些县的县委办公室和县政府办公室合署办公，成为"两块牌子一套人马"的党政办公室；县委的群众工作局与县政府的信访局合署办公。

第二，机构撤并。有些县在机构改革中，将一些单设的正科级建制部门并入重要的县委机构中，并且在原部门加挂办公室的牌子。例如将县档案局和县委保密机要局并入县委办，将县机构编制委员会办公室并入县委组织部，将县精神文明办并入县委宣传部，将县民宗局并入县委统战部，等等。

第三，成立临时机构。县级党委可以根据本级阶段性工作重点，抽调现有职能部门人员，临时设置办公室，工作完成后解散。例如县新冠疫情防控指挥部办公室、县脱贫攻坚领导小组办公室等临时机构。

---

① 参见《中国共产党宣传工作条例》。
② 参见《中国共产党统一战线工作条例》。
③ 参见《中国共产党机构编制工作条例》。

(二) 县级党委的职能

"党政军民学，东西南北中，党是领导一切的，是最高的政治领导力量。"[1] 在由县级党委、县级人大、县级政府和县级政协等四大治理机构组成的县域党政体制中，县级党委是领导核心，对县域经济建设、政治建设、文化建设、社会建设、生态文明建设等各方面工作进行全面领导。从领导职能涉及的范围来看，县级党委的领导职能可以概括为政治领导、组织领导和思想领导。

第一，政治领导。一是县级党委在县域发展建设中坚决贯彻落实党中央的政治目标、政治任务、政治方向和路线方针政策。县级党委和领导干部带头坚决维护党中央权威和集中统一领导，坚决做到"两个维护"，始终在政治立场、政治方向、政治原则、政治道路上同以习近平同志为核心的党中央保持高度一致。[2] 二是县级党委坚持在县域治理过程中发挥"总揽全局、协调各方"的领导核心功能。通过在县级国家政权机关、人民团体中设立党组，保证党的路线方针政策和重大工作部署得到贯彻执行；通过法定程序使党的主张成为国家意志，使党组织推荐的人选成为县域国家政权机关的领导人员，运用民主集中制原则维护中央权威和县级党委的全面领导地位。

第二，组织领导。一是坚持党管干部、党管人才。县级党委要根据《中国共产党组织工作条例》《党政领导干部选拔任用工作条例》等有关规定，结合县域实际情况确定选人用人标准，统筹县域领导班子和干部队伍建设，统筹县级党政机关、人民团体、国有企业和事业单位干部队伍建设，建设忠诚干净担当的高素质专业化干部队伍。[3] 二是坚持抓基层、打基础。加强县域乡镇和基层党组织建设、党员队伍建设，充分发挥基层党组织战斗堡垒作用和党员先锋模范作用，把党的路线方针政策和重大工作部署落实到基层。

第三，思想领导。县级党委要坚持不懈用马克思列宁主义、毛泽东思

---

[1] 习近平：《论坚持党对一切工作的领导》，中央文献出版社，2019，第9页。

[2] 耿洪彬：《始终坚持党的政治领导》，人民网，http://theory.people.com.cn/n1/2019/1025/c40531-31421001.html。

[3] 参见《中国共产党组织工作条例》。

想、中国特色社会主义理论体系武装县域各级党组织、教育县域人民群众。在县级党委的领导下，县委宣传部、县委统战部等县委部门组织，积极开展意识形态领域的斗争，通过形式多样的宣传工作、舆论引导工作、思想政治工作，广泛深入宣传党的理论和路线方针政策，牢牢把握和巩固马克思主义在意识形态领域的指导地位。运用人民群众喜闻乐见的方式方法，开展科学文化教育、道德教育、精神文明创建活动，引导县域人民树立起正确世界观、人生观、价值观，成为有理想、有道德、有文化、有纪律的社会主义公民。①

三 县级党委领导职能的实现方式

县级党委领导职能的实现方式大体上可以分为两类。一类是可以由县级党组织直接实施并起决定作用，包括把控县域发展的政治方向、进行思想宣传、发挥县域党组织和党员作用。另一类是县级党委不能直接实施，而是要按照宪法和相关法律，通过某些具体机制来实现，比如县级国家机关干部的选拔产生、县域具体治理事务。前一种职能实现方式是县级党委作为县域的领导核心，调动党的各级组织实现对国家和社会的领导，后者是县级党委作为执政党的地方组织对同级国家政权实施的领导。在县域治理的实践中，县级党委领导职能的主要实现方式如下。

（一）干部人才管理

党管干部、党管人才是党的组织工作原则和实现县级党委组织领导功能的重要途径。② 首先，县级党委（党组）掌握本级其他国家政权机关重要领导职务的推荐权和决定权。县级党委和其他国家政权机关的领导干部选拔任用标准都适用《党政领导干部选拔任用工作条例》，县级国家政权机关的重要领导职务，均由县级党委向上级党组织、同级人大或人大常委会推荐，按照干部管理权限由党委（党组）集体讨论作出任免决定，或者决定提出推荐、提名的意见。属于上级党委（党组）管理的，县级党委（党组）可以提出选拔任用建议。

---

① 杨安琪：《怎样理解党的领导主要是政治、思想和组织的领导》，共产党员网，https://fuwu.12371.cn/2016/05/13/ARTI1463091363777267.shtml。

② 参见《中国共产党组织工作条例》。

其次，县级党委作为县级组织人事工作的领导机构，在干部的考察培养、选拔任用、从严管理、考核激励等环节发挥领导和把关作用，把政治标准放在首位，由县级党委集体讨论决定干部的人事变动，从而实现对干部的有效管理。

最后，根据坚持党管人才的原则，县级党委还可以设立人才工作领导（协调）机构，由县委组织部门牵头抓总，统筹协调县域人才工作和人才队伍建设。通过以上方式，实现察人、选人、用人权力专属于县级党委，保证向县域各国家机关和社会组织输送的人才符合党的要求、服从党的意志、执行党的决定，实现县级党委对县级政权和县域社会的领导。[①]

（二）设立党组

根据《中国共产党章程》和《中国共产党党组工作条例》，县级党委可以在县级国家机关、人民团体、经济组织、文化组织和其他非党组织的领导机关中成立党组，发挥领导作用。党组是党对非党组织实施领导的重要组织形式。[②] 县级党组是县级党委在非党组织中的派出机关，县级各党组成员的任免一般由批准设立党组的县级党委决定。党组和批准其设立的党委之间是上下级关系，党组必须服从批准其设立的党委的领导。[③] 在实践中，县党委副书记可以兼任县政府党组书记、县委常委可以兼任县政府党组的副书记和成员。因此，县级党委可以通过党组实现对县级其他国家机关和群团组织的常态化指导。

具体来说，县级各类党组的任务主要是负责贯彻执行党中央的路线、方针、政策；加强对本单位党的建设的领导，履行全面从严治党责任；讨论和决定本单位的重大问题；做好干部管理工作；讨论和决定基层党组织设置调整和发展党员、处分党员等重要事项；团结党外干部和群众，完成党和国家交给的任务；领导机关和直属单位党组织的工作。

（三）党委常委兼任

除了掌握人事权和设立党组外，县级党委还可以通过常委兼任的方式

[①] 景跃进、陈明明、肖滨主编《当代中国政府与政治》，中国人民大学出版社，2016，第24页。

[②] 参见《中国共产党党组工作条例》。

[③] 李君如：《"党的全面领导"是一种全新的领导体制和领导方式》，光明网，https：//theory.gmw.cn/2022-06/14/content_35810352.htm。

实现对县级其他国家机关的领导，这也是县域党政体制的重要特征之一。在实践中，党委常委的兼任可分为以下两种情况。

一是常态化兼任。例如县级党委的副书记兼任县长，县级党委常委兼任常务副县长、副县长、县委秘书长、县委统战部部长、县委武装部部长等同级其他国家机关的领导职务，纪委书记兼任县级监委主任，等等。这些县级党委常委兼任的安排，大多有党的相关工作条例规定，有助于县级党委加强对同级机关的政治领导。

二是临时兼任。这种兼任往往与领导干部培养需求和县域工作需要有关。例如，从地市机关到区县任职的县委常委，可能由于缺少乡镇工作经历，需要在担任县委常委具体职务的同时，兼任县域某乡镇的党委书记；又如，县域重要乡镇的党委书记被提拔进入县委常委后，仍兼任该乡镇党委书记，工作重心仍然在乡镇，目的是向该乡镇分配更多的资源和话语权，推动重点乡镇更好发展。

（四）设置临时机构

设置临时机构，让县级党委可以暂时性地直接介入县域治理和发展，实现县级党委对县域治理事务的有效领导。在县域党政体制下，县级党委超越科层组织的逻辑，采用政治动员的方式，整合与协调县级政府部门和社会资源，优先完成县域治理的中心工作或非常规任务。[①] 这一工作模式的组织载体，通常是县级党委主导设置的临时机构，包括领导小组、指挥部、工作专班等。[②] 临时机构往往由县党委书记或副书记牵头挂帅，在权力和资源层面拥有来自县级党政领导及分管领导提供的政治支持，这使得其具备较强的协调能力；在工作开展层面，县级党委抽调相关部门工作人员和基层干部，组成专班，并配套设立临时的办公室。临时机构不改变现有的机构设置和人员编制，但是会配套专门的考核与激励机制。当阶段性的中心工作完成后，临时机构随之解散。

[①] 杨华、袁松：《中心工作模式与县域党政体制的运行逻辑——基于江西省 D 县调查》，《公共管理学报》2018 年第 1 期。

[②] 周望：《领导小组组成部门的职责履行：方式归类、动力系统与优化策略》，《行政论坛》2023 年第 5 期；李娉、杨宏山：《工作专班如何落实非常规任务？——重构科层制治理的一个分析框架》，《政治学研究》2023 年第 4 期。

第二节 县级人民代表大会

一 县级人民代表大会的组织体系

(一) 县级人民代表大会的制度基础

人民代表大会制度是我国的根本政治制度，是中国人民民主专政政权的组织形式。人民代表大会既是我国各级人民代表会议的名称，又是依照宪法和法律行使国家和地方权力的各级国家权力机关。[①]《宪法》第2条规定："中华人民共和国的一切权力属于人民。人民行使国家权力的机关是全国人民代表大会和地方各级人民代表大会。"从中央到地方，人民代表大会共有五级，即全国人大、省级人大、市级人大、县级人大和乡镇级人大，它们共同构成了我国的国家权力机关体系。人民代表大会的层级越高，组织越完善。县级人民代表大会与上级人民代表大会之间的关系不存在领导关系，而是存在法律上的监督关系、业务上的指导关系和工作上的联系关系。[②]

(二) 县级人民代表大会的组织结构

县级人民代表大会是根据我国人民民主专政的国家性质和人民代表大会政治制度，按照行政区域的划分建置的地方国家权力机关。[③] 县级人民代表大会由选民直接选举代表组成。县级人民代表大会每届任期为五年，人民代表大会代表名额和代表产生办法由选举法规定。

县级人民代表大会设有常务委员会，它是县级人民代表大会的常设机关和县级人民代表大会闭会期间的县级国家权力机关。县级人民代表大会常务委员会由本级人民代表大会在代表中选举主任、副主任若干人和委员若干人组成。县级人民代表大会常务委员会的组成人员不得担任其他国家机关的职务。

---

① 蔡定剑：《中国人民代表大会制度》（第四版），法律出版社，2003，第25页。
② 蔡定剑：《中国人民代表大会制度》（第四版），法律出版社，2003，第250~257页。
③ 王元俊、朱侗荣、陈奋林、顾善祥：《中国县域政治学》，南京出版社，1989，第117页。

根据第六次修正后的《地方组织法》① 第 33 条，县级人民代表大会根据需要，可以设法制委员会、财政经济委员会等专门委员会。各专门委员会受本级人民代表大会领导；在大会闭会期间，受本级人民代表大会常务委员会领导。

（三）县级人大代表的产生和构成

县级人大代表是县域人民行使国家权力的代表，是县域国家权力机关的组成人员。根据《选举法》②，县级人大代表以由选民直接选举的方式产生。县级人大代表的选举产生主要包括以下环节：设立选举委员会，主持县级人大代表选举工作，选举委员会受县级人大常委会的领导；划分选区，分配名额；选民登记；确定选举日期；介绍代表候选人的情况；确定和公布正式代表候选人名单；投票选举；确定选举结果是否有效，公布当选代表名单。

根据我国的国家性质，县级人大代表的身份构成主要有工人、农民、知识分子和国家干部，人民解放军的代表也占相当比例。根据中国共产党领导的多党合作和政治协商制度，中共党员在县级人大至少占 60%，各民主党派代表在正常情况下要达将近 20%。③ 在县级人大代表结构调整方面，为解决人大代表选举中妇女代表较少的问题，1995 年全国人大修改选举法，明确规定全国人大和地方各级人大代表中，应当有适当数量的妇女代表，逐步提高妇女代表的比例。为解决人大代表中党政领导干部、企业家所占比例过高，基层代表偏少的问题，2010 年全国人大修改选举法，规定全国人大和地方各级人大代表应当具有广泛的代表性，应当有适当数量的基层代表，特别是工人、农民和知识分子代表。④

---

① 指根据第十三届全国人民代表大会第五次会议通过的第六次修正的《中华人民共和国地方各级人民代表大会和地方各级人民政府组织法》。本章后续提及的《地方组织法》，均为此版本。
② 指根据第十三届全国人民代表大会常务委员会第二十二次会议通过的第七次修正的《中华人民共和国全国人民代表大会和地方各级人民代表大会选举法》。
③ 蔡定剑：《中国人民代表大会制度》（第四版），法律出版社，2003，217 页。
④ 参见《地方人大及其常委会的组织建设情况》，中国人大网，http：//www.npc.gov.cn/npc/c12434/2020nrdgzyjhb/202106/t20210603_311657.html。

二　县级人民代表大会及其常委会以及代表的职权

《宪法》第 96 条规定："地方各级人民代表大会是地方国家权力机关。"县级人民代表大会是县级国家权力机关，县级人大及其常委会职权的法律依据主要是《宪法》和《地方组织法》。

（一）县级人民代表大会的职权

根据《地方组织法》，县级人民代表大会的主要职权可以归纳为：在县域内保证法律和决定的实施；决定县域内各领域的重大事项；组织县域的国家机关选举领导人；对县级人大常委会和县域其他国家机关的监督权；维护县域的公共利益，保护公民权利。

县级人大的具体职权如下。

（1）在县级行政区域内，保证宪法、法律、行政法规和上级人民代表大会及其常务委员会决议的遵守和执行，保证国家计划和国家预算的执行。

（2）审查和批准本行政区域内的国民经济和社会发展规划纲要、计划和预算及其执行情况的报告，审查监督政府债务，监督本级人民政府对国有资产的管理。

（3）讨论、决定本行政区域内的政治、经济、教育、科学、文化、卫生、生态环境保护、自然资源、城乡建设、民政、社会保障、民族等工作的重大事项和项目。

（4）选举本级人民代表大会常务委员会的组成人员。

（5）选举县长、副县长，区长、副区长。

（6）选举本级监察委员会主任、人民法院院长和人民检察院检察长；选出的人民检察院检察长，须报经上一级人民检察院检察长提请该级人民代表大会常务委员会批准。

（7）选举上一级人民代表大会代表。

（8）听取和审议本级人民代表大会常务委员会的工作报告。

（9）听取和审议本级人民政府和人民法院、人民检察院的工作报告。

（10）改变或者撤销本级人民代表大会常务委员会的不适当的决议。

（11）撤销本级人民政府的不适当的决定和命令。

（12）保护社会主义的全民所有的财产和劳动群众集体所有的财产，保护公民私人所有的合法财产，维护社会秩序，保障公民的人身权利、民主权利和其他权利。

（13）保护各种经济组织的合法权益。

（14）铸牢中华民族共同体意识，促进各民族广泛交往交流交融，保障少数民族的合法权利和利益。

（15）保障宪法和法律赋予妇女的男女平等、同工同酬和婚姻自由等各项权利。

此外，县级人民代表大会有权罢免本级人民政府的组成人员、本级人民代表大会常务委员会的组成人员和由它选出的监察委员会主任、人民法院院长、人民检察院检察长。罢免人民检察院检察长，须报经上一级人民检察院检察长提请该级人民代表大会常务委员会批准。

（二）县级人大常委会的职权

县级人大常委会在县级人大闭会期间经常性地开展工作，行使县级人大的部分职权，讨论决定县域内除应当由县级人大讨论决定以外的其他重大问题。县级人大常委会的主要职权有：保证县域的法律法规实施；对县域各领域重大事项的决定权；对县域"一府两院"和乡镇人大工作的监督权；行使部分县级人大的人事任免权。

县级人大常委会的具体职权如下。

（1）在县级行政区域内，保证宪法、法律、行政法规和上级人民代表大会及其常务委员会决议的遵守和执行。

（2）领导或者主持本级人民代表大会代表的选举。

（3）召集本级人民代表大会会议。

（4）讨论、决定本行政区域内的政治、经济、教育、科学、文化、卫生、生态环境保护、自然资源、城乡建设、民政、社会保障、民族等工作的重大事项和项目。

（5）根据本级人民政府的建议，审查和批准本行政区域内的国民经济和社会发展规划纲要、计划和本级预算的调整方案。

（6）监督本行政区域内的国民经济和社会发展规划纲要、计划和预算的执行，审查和批准本级决算，监督审计查出问题整改情况，审查监督政府债务。

（7）监督本级人民政府、监察委员会、人民法院和人民检察院的工作，听取和审议有关专项工作报告，组织执法检查，开展专题询问等；联系本级人民代表大会代表，受理人民群众对上述机关和国家工作人员的申诉和意见。

（8）监督本级人民政府对国有资产的管理，听取和审议本级人民政府关于国有资产管理情况的报告。

（9）听取和审议本级人民政府关于年度环境状况和环境保护目标完成情况的报告。

（10）听取和审议备案审查工作情况报告。

（11）撤销乡镇级人民代表大会不适当的决议。

（12）撤销本级人民政府的不适当的决定和命令。

（13）在本级人民代表大会闭会期间，决定副县长、副区长的个别任免；在县长、区长和监察委员会主任、县人民法院院长、人民检察院检察长因故不能担任职务的时候，根据主任会议的提名，从县人民政府、监察委员会、人民法院、人民检察院副职领导人员中决定代理的人选；决定代理检察长，须报上一级人民检察院和人民代表大会常务委员会备案。

（14）根据县长、区长的提名，决定本级人民政府秘书长、局长、委员会主任、科长的任免，报上一级人民政府备案。

（15）根据监察委员会主任的提名，任免监察委员会副主任、委员。

（16）按照人民法院组织法和人民检察院组织法的规定，任免人民法院副院长、庭长、副庭长、审判委员会委员、审判员，任免人民检察院副检察长、检察委员会委员、检察员，批准任免下一级人民检察院检察长。

（17）在本级人民代表大会闭会期间，决定撤销个别副县长、副区长的职务；决定撤销由它任命的县级人民政府其他组成人员和监察委员会副主任、委员，人民法院副院长、庭长、副庭长、审判委员会委员、审判员，人民检察院副检察长、检察委员会委员、检察员的职务。

（18）在本级人民代表大会闭会期间，补选上一级人民代表大会出缺的代表和罢免个别代表。

(三) 县级人大代表的职权

县级人大代表的职权包括在县级人大会议开会期间的职责和闭会期间的工作。在县级人大会议期间，县级人大代表的主要职权包括：依法提出和表决议案；提出建议、批评和意见；提出询问和质询案；对会议议题进行讨论和发言的审议权；参加选举和决定人选，参加选举和批准任免县级国家机关领导人以及其他组成人员的权利；行使罢免权，对县级人大代表选举产生的国家机关领导人员提出罢免案；行使调查权。

在县级人大闭会期间，县级人大不能行使职权，但是仍要为开会期间的履职做准备，主要工作有参加代表小组活动、统一和分散视察、列席县级有关会议、联系群众、提议临时召集县级人大会议等。[1]

三 县级人民代表大会的职权实现

(一) 开好县级人民代表大会会议和常委会会议

县级人民代表大会的职权主要通过开会行使。县级人民代表大会会议由本级人民代表大会常务委员会召集，每年至少举行一次，有 2/3 以上代表出席，才可举行。经过全体代表 1/5 以上提议，可以临时召集县级人大代表大会会议。由于县级人大代表均为兼职，所以县级人民代表大会会议会期较短。2015 年《中共全国人大常委会党组关于加强县乡人大工作和建设的若干意见》中要求县级人民代表大会会议会期不少于 2 天。[2]

县级人民代表大会会议举行前一天要召开预备会议，选举本次会议的主席团和秘书长，通过本次会议的议程和其他准备事项的决定。正式会议流程主要包括主席团会议、大会全体会议、代表团会议、小组会议，会议由主席团主持。会议的主要内容有：听取和审批同级人大常委会和"一府两院"的工作报告、计划和预算案；审议和通过人大代表提出的议案，处理建议、批评和意见；任免本级国家机关领导人。[3]

县级人大常委会贯彻民主集中制的原则，实行合议制，通过会议形式

---

[1] 陈斯喜：《人民代表大会制度概论》，中国民主法制出版社，2008，第 144~145 页。
[2] 席文启：《人民代表大会工作十五讲》，红旗出版社，2016，第 294 页。
[3] 周平主编《当代中国地方政府与政治》，北京大学出版社，2015，第 95~96 页；蔡定剑：《中国人民代表大会制度》（第四版），法律出版社，2003，第 437~441 页。

集体行使职权,行使职权的法定形式是定期召开例会,会议由常委会主任召集并主持,每两个月至少举行一次。常务委员会全体组成人员过半数出席,始得举行。县级人大常委会会议的内容主要有:听取、审议和质询"一府两院"和监察委员会的阶段性工作报告或专题报告;审议职权范围内的议案和通过决议;听取并审议关于本级人大会议闭会期间的人大组织工作报告;人事任免;安排下一次常委会会议的议题。[1]

(二)推动县级人大代表更好履职

县级人大代表的责任重大,需要加强对代表的系统培训、提供相应的保障条件,让他们更好地行使代表权利、履行代表职责。第一,增强县级人大代表的履职能力。一方面要组织代表履职学习。由于兼职代表和广泛代表的特点,他们的履职能力与履职要求往往存在差距。根据《代表法》,县级人大常委会要有计划地组织代表履职学习,提高人大代表的素质。[2] 另一方面要提升代表的责任意识。文化水平和工作能力只是代表履职的基础,人大代表还要有体察民情、为民请命、勇于发言的精神和态度。县级人大要在代表选举中充分发扬民主,选出代表民意的代表,在会议中鼓励代表直言。

第二,县级人大代表自觉接受监督。人大代表作为国家权力的执行者和人民利益的代言人,要自觉接受选区选民的监督,主要有三个途径:一是代表采取多种方式经常听取人民群众对代表履职的意见;二是代表回答原选区选民或原选举单位对代表工作和代表活动的询问;三是由选民直接选举的代表以多种形式向原选区选民报告履职情况。

第三,落实县级人大代表的保障权。除了审议权、提案权、建议权和批评权、询问权和质询权等职权外,人大代表还有发言表决免究权、人身特别保护权,并享有相应的配套服务。

(三)健全县级人大办事机构和工作机构

着眼于为地方人大常委会履行职权提供保障,2015年,《地方组织

---

[1] 周平主编《当代中国地方政府与政治》,北京大学出版社,2015,第96~97页;蔡定剑:《中国人民代表大会制度》(第四版),法律出版社,2003,第443~448页。
[2] 许安标主编《新编人大代表履职工作手册》(第三版),中国法制出版社,2020,第181~182页。

法》新增规定，县级人民代表大会常务委员会可以在街道设立工作机构，健全地方人大组织和工作制度。各地县级人大依据《地方组织法》，结合当地实际情况探索，逐渐建立健全县本级人大办事机构和工作机构。

在办事机构方面，县级人大常委会均设有办公室，为县级人大及其常委会依法行使职权发挥重要参谋助手作用。在工作机构方面，国内多地县级人大在县级设置了人大代表工作室，在乡镇街道和社区、村分别设置人大代表联络站与联络点，丰富了新时代县级人大代表联系群众的内容和形式，更好接地气、察民情、聚民智，同时自觉接受人民监督，发挥好党和政府密切联系人民群众的桥梁纽带作用。

第三节　县级人民政府

一　县级人民政府的组织构成

（一）县级人民政府的组织定位

在我国政府层级体系中，县级人民政府属于地方人民政府，是地市级政府之下、乡镇级政府之上的一级政府。县级人民政府是国务院统一领导下的地方国家行政机关，服从国务院。县级人民政府类别很多，包括县、自治县、不设区的市、市辖区、旗、自治旗及林区、特区人民政府等，[①]它们均指县级行政区建制的国家行政机关。其中，县一般是以农村为主的行政区域，以城市为主要辖区的县级行政单位通常称为市或市辖区；自治县、旗是少数民族聚居地方的县级行政单位。[②]

作为县级国家权力机关的执行机关和县级国家行政机关，县级人民政府对县级人民代表大会和上一级国家行政机关负责并报告工作。在县级人民代表大会闭会期间，对县级人大常委会负责并报告工作。县级人民政府分别由县长、副县长，市长、副市长，区长、副区长和局长、科长等组成。县级人民政府实行行政首长负责制，由县长主持县级人民政府的工

---

① 本书对县级人民政府的论述范围主要是县、不设区的市和市辖区人民政府。
② 《地方政府与治理》编写组编《地方政府与治理》（第二版），高等教育出版社，2017，第155页。

作。县级人民政府每届任期五年，与同级人大代表会每届任期相同。

（二）县级人民政府的机构设置

根据《宪法》和《地方组织法》，县级人民政府机构包括县级地方人民政府和其所属的职能部门。虽然全国不同地区县情差异较大，加之存在县、县级市、区、省直管县的区别，各地的县级政府机构设置不尽相同，但是多数机构大同小异，可以大致分为五类。

一是县级政府组成部门。县级政府组成部门的负责人是局长或主任，均由县级人大常委会任命，能够参加政府办公会和常务会议且有发言权，接受县委常委的归口领导。通常包括县政府办公室（党政办公室）[①]、发展和改革委员会、农业农村局（乡村振兴局）、商务局、财政局、民政局、司法局、教育局、科学技术局、文化广电和旅游局、体育局、公安局、医疗保障局、交通运输局、人力资源和社会保障局、自然资源和规划局（林业局）、水务局、统计局、住房和城乡建设局、退役军人事务局、应急管理局等。

二是直属机构。县级政府直属机构的负责人由县级政府发文任免，无须县级人大通过，可以列席县政府的办公会议和常务会议，但没有发言权。除县级政府组成部门以外的县级政府工作部门，都是县级政府直属机构。一般包括中小企业局、机关事务管理局、城市管理执法局（综合行政执法局）等，不同县的直属机构设置存在差异。

三是事业单位。县级政府下属的事业单位主要有两种。一种是政府直属事业单位，包括县供销社、县行政学院（在县委党校加挂牌子）、县公积金中心等。还有一种是由政府组成部门和直属单位管理的下属事业单位，包括政务服务中心（属县政府办公室或行政审批局）、广电中心（属县委宣传部）、人才交流中心（属人社局）、招生办（属教育局）等。另外，有些事业单位还会参公管理。

四是垂直管理部门。垂直管理是指上级政府的职能部门直接管理一些行政机关单位和部门，这些单位的人员由上级政府职能部门直接任命，

[①] 县政府办公室或党政办公室内设多个科室，主要负责不同层级政府间的政令与公文的上传下达，为县政府领导的各类管理活动做好服务。

财、物及业务也都由上级政府职能部门管理。① 县域设置的垂直管理部门主要有税务局、邮政局、烟草专卖局、市场监督管理局、中国人民银行支行、供电公司等。

五是派出机构。根据《地方组织法》，县、自治县的人民政府在必要的时候，经省、自治区、直辖市的人民政府批准，可以设立若干区公所，作为它的派出机关。市辖区、不设区的市的人民政府，经上一级人民政府批准，可以设立若干街道办事处，作为它的派出机关。从县域治理实践看，多数县级政府的派出机关是街道办事处。

在县级政府机构调整方面，县级人民政府的局、科等工作部门的设立、增加、减少或者合并，由本级人民政府报请上一级人民政府批准，并报本级人民代表大会常务委员会备案。县级人民政府的办公室设主任，在必要的时候可以设副主任。各局、委员会、科等工作部门分别设局长、主任、科长，在必要的时候可以设副职。县级各工作部门受县级人民政府统一领导，依照法律或者行政法规的规定受上级人民政府主管部门的业务指导或者领导。县级人民政府还可以根据应对重大突发事件的需要，建立跨部门指挥协调机制。

二 县级人民政府的职能与特点

（一）县级人民政府的职能

县级人民政府的职能，是指县级人民政府及其所属各层级的组织机构、部门，依据国家有关法律制度，中央人民政府制定的方针、政策，上级人民政府的有关要求，依法对县域内各项事务进行具体管理时具有的职责和发挥的作用。②

依据《宪法》和《地方组织法》的规定，县级人民政府的具体职能包括：执行县级人民代表大会及其常务委员会的决议，以及上级国家行政机关的决定和命令，规定行政措施，发布决定和命令；领导所属各工作部门和下级人民政府的工作；改变或者撤销所属各工作部门的不适当的命

---

① 周振超：《当代中国政府"条块关系"研究》，天津人民出版社，2009，第32页。
② 《地方政府与政治》编写组编《地方政府与政治》（第二版），高等教育出版社，2017，第158页。

令、指示和下级人民政府的不适当的决定、命令；依照法律的规定任免、培训、考核和奖惩国家行政机关工作人员；编制和执行国民经济和社会发展规划纲要、计划和预算，管理本行政区域内的经济、教育、科学、文化、卫生、体育、城乡建设等事业和生态环境保护、自然资源、财政、民政、社会保障、公安、民族事务、司法行政、人口与计划生育等行政工作；保护社会主义的全民所有的财产和劳动群众集体所有的财产，保护公民私人所有的合法财产，维护社会秩序，保障公民的人身权利、民主权利和其他权利；履行国有资产管理职责；保护各种经济组织的合法权益；铸牢中华民族共同体意识，促进各民族广泛交往交流交融，保障少数民族的合法权利和利益，保障少数民族保持或者改革自己的风俗习惯的自由，帮助本行政区域内的民族自治地方依照宪法和法律实行区域自治，帮助各少数民族发展政治、经济和文化的建设事业；保障宪法和法律赋予妇女的男女平等、同工同酬和婚姻自由等各项权利；办理上级国家行政机关交办的其他事项。

从职权法定的角度看，可以根据以上法律规定将县级政府的权力归纳为执行党的方针和上级国家行政机关决定的执行权、管理县域各领域事务的管理权、对本级政府部门和下级政府的领导权和监督权，以及保护县域公民的合法权利与财产的保护权。需要注意的是，县级人民政府没有行政立法权，无权制定地方性法规或规章。

在实践中，还可以根据当前县域治理和发展需求的新变化，将县级政府的职能大致概括为五个方面。第一，发展县域经济。县域经济是中国经济发展的重要载体，在乡村振兴战略和共同富裕目标实施过程中具有重要作用。县级政府不仅落实中央与上级政府的政策，还通过编制县域经济发展规划、制定县域产业政策、积极招商引资、调整县域产业结构、发展中心镇经济等途径，调控县域经济，推动县域经济良性发展。

第二，市场监督管理。县级政府的市场监督管理职能体现在完善县域市场、培育良好营商环境方面，县级政府通过加强对市场准入的监管、规范市场主体经营行为、打击经济违法活动，推动县域市场与地区和全国市场的融合。

第三，提供县域公共服务。县级政府是靠近基层的一级地方政府，县域是连接城市与乡村的重要枢纽和实现城镇化的空间。县级政府需要根据县域的发展阶段和社会需求，提供更为微观和地方性的公共服务，统筹城乡公共服务体系，在城乡基础设施建设、义务教育、县域养老、基本医疗卫生和社会保障体系等方面发挥服务职能。

第四，完善县域社会治理。县域社会治理是推进基层治理体系与治理能力现代化的重要环节，县级政府要对县域社会不同层级的治理单元、不同领域的社会群体进行组织、引导和监督，调整不同社会群体之间的利益关系，化解矛盾、减少社会冲突，通过网格化管理、志愿服务积分制和政务服务便民热线等多样化创新机制完善县域社会治理体系，提高社会治理能力。

第五，领导县域乡村振兴。实施乡村振兴战略，是解决新时代我国主要矛盾的必然要求。乡村振兴的主战场在乡村，一线指挥部在县域。县委书记要当好乡村振兴"一线总指挥"，下大力气抓好"三农"工作。[①] 县级政府要明确主体责任，依托完整的机构设置和部门职能，在县域乡村振兴中发挥规划协调作用，落实分类推进乡村发展、实现产业兴村强县、建设生态宜居美丽乡村、繁荣发展乡村文化、健全乡村治理体系、保障和改善农村民生、完善城乡融合发展政策体系等工作。

（二）县级人民政府的特点

根据县级人民政府机构设置和职能，可以看出县级人民政府具有如下特点。

一是完整性。在我国政府层级体系中，县级人民政府是功能完备、机构完整的一级政府。一方面，除了立法权、外交权外，县级政府的职权范围基本与上级行政机关相同，在纵向职责配置和机构设置上与上级各级政府"上下对口，左右对齐"。[②] 另一方面，县级政府的职能涵盖了县域政治建设、经济建设、文化建设、社会建设、生态文明建设等各个方面。因此，县级人民政府是权、责、能相对一致的完整政府。

二是双重性。在逐级发包的地方政府行政体系中，县级政府既是政策

---

① 参见《乡村振兴战略规划（2018—2022年）》。
② 朱光磊、张志红：《"职责同构"批判》，《北京大学学报》（哲学社会科学版）2005年第1期。

执行者，又是行政任务发包方。一方面，县级政府作为五级政府管理体制中靠近基层的一级，要执行上级政府的政策，接受上级政府的考核激励。另一方面，县政府是乡镇人民政府的上级行政机关，可以通过分解任务、制定考核目标等方式，动员乡镇和村级组织落实政策，完成行政任务。这种依托属地管理和行政发包制完成行政任务的科层制组织结构，① 塑造了县级政府的双重性。

三是灵活性。县级政府的灵活性来自两方面。一方面是提高行政和治理效率的需要。我国不同地区的县域社会发展千差万别，县级政府需要在坚持依法行政和执行上级决策的前提下，对政策进行因地制宜的细化，将其转化为更加具体的决策、方案和管理活动，监督乡镇政府贯彻落实。在此过程中，县级政府会形成一些创新工作机制，比如行政包干制②、多中心工作模式③等。另一方面是县级政府相对自主的组织性质。除了机构和功能完整外，县级政府在分税制改革后依然拥有财政权，是独立的财政核算单位，④ 独立性和自主性较强，可以根据本级政府的税收利益规划发展、制定政策。县级政府的灵活性构成了基层治理体系的活力来源，但也伴随诸如形式主义、地方保护主义等治理风险。

三　县级人民政府的职能定位与职能转变

（一）县级人民政府的职能定位

县级人民政府的职能定位是指根据国家的有关法律法规，依据县级人民政府的层级位置，定位县级政府的角色，明确县级政府承担的职能和发挥作用的过程与行为。⑤

---

① 周黎安：《转型中的地方政府：官员激励与治理》（第二版），格致出版社、上海三联书店、上海人民出版社，2017，第36~37页。
② 杨华、袁松：《行政包干制：县域治理的逻辑与机制——基于华中某省D县的考察》，《开放时代》2017年第5期。
③ 杨华：《多中心工作与过程管理：县域治理结构变革的内在逻辑》，《政治学研究》2022年第6期。
④ 徐勇：《县政、乡派、村治：乡村治理的结构性转换》，《江苏社会科学》2002年第2期。
⑤ 《地方政府与政治》编写组编《地方政府与政治》（第二版），高等教育出版社，2017，第86页。

1. 县级人民政府职能定位的原则

（1）职能法定原则。职能法定是指县级政府行使职权必须依据法律规定，不得超越法律的授权，这为县级政府的各项履职活动设定了边界。县级政府必须坚持"法定职责必须为、法无授权不可为",[①] 做到履职但不越权。

（2）精简统一效能原则。这是党和国家对机构编制工作的一贯要求。县级政府要依法设置部门机构，严格控制机构编制，定员、定岗、定编，由此通过规范部门职能、合理设置机构、优化人员编制，提高机构编制资源的配置效率，降低行政运行成本，形成权责一致、分工合理、决策科学、执行顺畅、监督有力的县域行政管理体制。

（3）权责统一原则。权力和责任的配置情况是县级人民政府履职能力的约束条件。权大责小、权轻责重等权责不匹配问题会诱发县级政府的避责行为。[②] 这要求县级政府要在上下级关系中明确本级政府的责任和权力，在本级政府内部协调各类部门的权责利关系，减少推诿卸责与盲目扩张职能，提升县级政府的行政能力，坚守行政伦理。

2. 县级人民政府职能定位的途径

（1）法律途径。《宪法》第 107 条、《地方组织法》第 59 条和第 61 条都对县级政府的职能作了基础性规定。此外，还有其他单行法律、行政法规和其他规范性文件，对县级政府的具体职能作了规定，比如地方税收方面的《税收征收管理法》《国务院关于实行分税制财政管理体制的决定》，国家治理现代化方面的《法治政府建设实施纲要（2021—2025年）》等。

（2）中国共产党会议通过的报告、决定和各级编办的"三定"（定机构、定职能、定编制）方案。县级政府的职能定位受到党和国家的中心工作、经济社会发展等因素的影响。县级政府的职能定位大多是根据中国共产党重要会议的决议精神，以及相关的机构改革方案和"三定"方案

---

① 参见《中共中央 国务院印发〈法治政府建设实施纲要（2021—2025 年）〉》，中国政府网，https://www.gov.cn/zhengce/2021-08/11/content_5630802.htm。

② 田先红：《属地管理与基层避责：一种理论解释——基于理性选择制度主义的分析》，《广西大学学报》（哲学社会科学版）2021 年第 2 期。

确定下来的。例如，2013年11月《中国共产党第十八届中央委员会第三次全体会议公报》中指出，地方政府职能转变和机构改革关键在落实，要采取切实有效措施，将各项改革要求落到实处。2015年3月中共中央办公厅、国务院办公厅印发了《关于推行地方各级政府工作部门权力清单制度的指导意见》，要求地方各级政府全面梳理现有行政职权、大力清理调整行政职权、建立健全权力清单动态管理机制、强化权力监督和问责。

（二）县级人民政府的职能转变

1988年第七届全国人民代表大会通过的《政府工作报告》指出政府"机构改革主要着眼于转变职能"，此后，政府职能转变成为建设地方各级政府行政管理体制的重要目标。《宪法》和《地方组织法》仅对县级政府的职能进行了原则性的规定，实际上县级政府的职能并非一成不变。由于我国不同区域的县情不尽相同，县级政府均会根据国务院和各省政府的机构改革方案，结合当地经济社会发展的阶段性需求调整政府机构和职能。不过，总体来看县级政府的职能转变大多数聚焦于以下几个方面。

第一，调整政府部门设置与职能。县级政府的职能设置要适应县域经济发展和社会治理的需要，既要从过多干预县域经济转向市场监督管理，又要精简机构控制编制、节约政府行政成本，实现简约有效的县域治理。比如县级政府为了强化属地的市场监管职能，将工商管理局、食品药品监督管理局、质量监督局合并为市场监督管理局。整合民政部门、人力资源和社会保障部门等的职能，组建县民政局、县人力资源和社会保障局。[①] 又如行政审批制度改革，通过将多部门的行政审批职能集中在窗口，实现"一窗受理、集成服务""最多跑一次"，推进县级政府简政放权、放管结合、优化服务改革。[②] 再如县级行政执法体制改革，县级政府通过统筹配置行政处罚职责和执法资源，加大跨部门跨领域综合行政执法力度，完善县乡行政执法统筹指挥机制和执法体系。

[①] 参见《精简机构编制 一个人口小县的机构大改革》，光明网，https://politics.gmw.cn/2022-09/01/content_35993918.htm。

[②] 参见《我县全面实施机构改革 共设县级党政机构33个》，景宁畲族自治县人民政府网站，http://www.jingning.gov.cn/art/2019/1/17/art_1376115_29568370.html。

第二，转变县级政府职能重心。一是从注重经济建设转向注重提供公共服务。改革开放后，许多县级政府的首要任务是发展县域经济，更多关注 GDP 增长和汲取本级财政，打造政绩，成为"发展型政府"，[1]但与此同时相对忽视了生态环境保护、公共物品投入和公共服务的均等化，带来一系列民生问题。这使得县级政府开始向"服务型政府"转变，在注重效率的同时兼顾公平。特别是对一些经济发展空间有限的中西部县级政府，提供基本公共服务和市场化服务成为其首要职能。[2]二是坚持人民主体地位。通过推进县级政府权责清单制度改革，公开县级政府的行政许可内容和办理流程，更好服务于县域个体和市场主体。通过在决策、执行、管理、服务等环节持续推动县域政务公开，扩大县域公众参与和社会监督，回应社会关切。

第三，转变县级政府职能行使方式。政府资源的有限性决定了政府提供的公共服务在数量和质量方面的有限性。因此，县级政府从服务生产者转向委托方，以作为消费者的公众为公共服务中心，越来越多采用政府采购、公共服务购买等方式与其他社会组织合作提供服务。[3]

第四节 县级人民政协

一 县级人民政协的组织体制

（一）县级人民政协的制度基础

中国共产党领导的多党合作和政治协商制度是我国的一项基本政治制度，是中国共产党统一战线的组织形式和制度形式。[4]政治协商是指在中国共产党领导下，中国共产党同各民主党派和各界代表人士围绕党和国家大政方针、经济社会发展重要问题以及其他重要事项开展的协商。政治协

---

[1] 郁建兴、高翔：《地方发展型政府的行为逻辑及制度基础》，《中国社会科学》2012 年第 5 期。
[2] 贺雪峰、卢青青、桂华：《扩权赋能与县域发展的定位》，《社会发展研究》2023 年第 2 期。
[3] 竺乾威：《国家治理体系现代化与政府职能转变》，《求索》2023 年第 4 期。
[4] 林尚立：《协商政治：对中国民主政治发展的一种思考》，《学术月刊》2003 年第 4 期。

商会议是中国共产党领导的多党合作和政治协商制度的重要组成部分，是社会主义协商民主的重要形式，是凝聚智慧、增进共识、促进科学民主决策的重要途径。

县级人民政协作为最基层的政协组织，是县级治理机构的重要组成部分，是县域社会主义协商民主的重要渠道和专门机构，是沟通县域党委政府和人民群众的桥梁纽带，是实现中国共产党领导的多党合作和政治协商制度在县域的重要机构。在化解县域社会矛盾、凝聚县域社会共识、维护县域社会稳定、促进县域社会和谐、推动县域社会发展方面发挥着不可替代的作用。

（二）县级人民政协的组织结构

根据《中国共产党政治协商工作条例》和《中国人民政治协商会议章程》（以下简称"政协章程"），中国人民政治协商会议设全国委员会和地方委员会。经过70多年的发展，人民政协的组织体系形成了由全国政协、省直辖市自治区政协、市政协和县政协构成的四级组织网络。上级人民政协委员会对下级政协组织的关系是指导关系，非直接的隶属关系，上级政协对下级政协没有人事处置权和工作安排决定权。县级政协委员会在县级党委领导下独立自主、因地制宜地开展工作。[1]

县级政治协商会议委员会每届任期五年，设主席、副主席（若干名）和秘书长。县级党委向县级政协设置党组，通常由政协党组书记担任政协主席，党组副书记担任常务副主席或秘书长。每届县级政协委员会的参加单位、委员名额和人选及界别设置，经上届县级委员会主席会议审议同意后，由常务委员会协商决定。县级政协委员会设常务委员会主持会务。

县级政协常委会由委员会主席、副主席、秘书长和常务委员组成，其候选人由参加县级政协委员会的各党派、团体、各民族和各界人士协商提名，经全体会议选举产生。县级政协委员会的主席、副主席、秘书长组成主席会议，处理常务委员会的重要日常工作。主席会议受常务委员会的委托，主持下一届第一次全体会议预备会议。

---

[1] 张平夫主编《人民政协概论》，中央编译出版社，2008，第272页。

县级政协委员会的工作机构的设置，按照县域实际情况和工作需要，由县级政协常委会决定。在实践中，不同地区县级政协的工作机构设置的差异较大。一般是科室或室委并存，由科室承担若干专门委员会的日常工作；或者一室多委，由办公室承担各专门委员会的日常工作。

县级政协的组成原则主要有按界别组成、协商产生、赞成政协章程、体现统战性。[1] 第一，县级政协委员有鲜明的党派色彩、精英化特点。他们主要是县域各党派、主要社会团体和县域社会各界的界别代表，在各自的界别中有代表性，有社会影响力和参政议政能力。第二，县级政协的参加单位、委员名额和人选，均以协商的方式产生。县级政协委员从酝酿人选、协商推荐，到讨论表决，都需要经过县委统战部和县级党委的把关。第三，县级政协委员必须遵守和履行政协章程，拥护党对政协工作的集中统一领导。第四，县级人民政协委员的组成还具有统战性，不仅要囊括县域各界别的代表人物，还要保证党外人士多于党内人士的委员结构（各级政协委员中，中共党员通常占40%，非中共党员占60%），保障政协内部的中共党员委员和其他民主党派各界委员的平等。

二 县级人民政协的职能

（一）县级人民政协组织的职能

县级人民政协的主要职能有政治协商、民主监督、参政议政。

第一，政治协商。政治协商是县级人民政协最基本，也是层次最高的职能，其他两项职能都是在政治协商职能的基础上发展起来的。县级人民政协政治协商的主要内容是：县级的大政方针和政治、经济、文化、社会生活中的重要问题，各党派参加人民政协工作的共同性事务，政协内部的重要事务以及有关爱国统一战线的其他重要问题。县级人民政协政治协商的主要形式有：政协全体会议，常务委员会会议，主席会议，常务委员专题协商会，县级政协党组受县级党委委托召开的座谈会，秘书长会议，各专门委员会会议，根据需要召开的由政协各组成单位和各界代表人士参加的内部协商会议。

---

[1] 张平夫主编《人民政协概论》，中央编译出版社，2008，第262~263页。

第二，民主监督。民主监督是我国社会主义监督体系的重要组成部分，是在坚持四项基本原则的基础上通过提出意见、批评、建议的方式进行的政治监督。它是县级人民政协的各党派团体和各族各界人士通过县级政协组织对同级国家机关及其工作人员的工作进行的监督，也是党的县级组织在政协中与各民主党派和无党派人士之间进行的互相监督。县级人民政协民主监督的主要内容是监督县域宪法、法律和法规的实施，重大方针政策的贯彻执行，国家机关及其工作人员的工作，以及参加政协的单位和个人遵守政协章程和执行政协决议的情况。县级政协民主监督的主要形式有：县级政协全体会议、常委会会议、主席会议向党委和政府提出建议案；各专门委员会提出建议或有关报告；委员视察、委员提案、委员举报、大会发言、反映社情民意或以其他形式提出批评和建议；参加党委和政府有关部门组织的调查和检查活动；政协委员应邀担任司法机关和政府部门特约监督人员等。

第三，参政议政。参政议政是县级政协的重要职能，也是县级党政领导机关听取参加人民政协的各民主党派、人民团体和各族各界人士的意见和建议，切实做好工作的有效方式。县级人民政协的参政议政的方式是对县域政治、经济、文化和社会生活中的重要问题以及人民群众普遍关心的问题，开展调查研究，反映社情民意，进行协商讨论，通过调研报告、提案、建议案或其他形式，向同级党和国家机关提出意见和建议。

县级政协要围绕团结和民主两大主题履行职能，把加强团结和发扬民主贯穿于政协工作的各个方面，推进政治协商、民主监督、参政议政的制度化、规范化和程序化，实现社会整合和民主参与。

（二）县级人民政协会议的职能

召开会议是县级人民政协履行职能的主要形式。县级人民政协的会议主要有：政协委员会全体会议、常务委员会会议、主席会议、秘书长会议、专门委员会会议等。各地的县级人民政协还可以根据形势、任务和工作需要，召开各种形式的协商座谈会、情况通报会、意见听取会、研讨会等。从县级政协的工作实际情况看，全国各县的政协全体会议和常委会会议召开的频率普遍稳定且规范化程度较高。

县级政协委员会全体会议每年至少举行一次。每届第一次全体会议由预备会议选举产生的主席团主持。政协章程没有对县级政协委员会全体会议的会期作出明确规定，某些地方县级政协委员会全体会议的会期存在先于同级人大会议召开、与人大会期不重叠的情况。根据政协章程，县级政协委员会全体会议主要行使如下职能：选举县级政协委员会的主席、副主席、秘书长和常务委员，决定常务委员会组成人员的增加或者变更；听取和审议常务委员会的工作报告、提案工作情况报告和其他报告；讨论并通过有关的决议；参与对国家大政方针和县域事务的重要问题的讨论，提出建议和批评。县级政协常务委员会执行县级政协委员会全体会议的决议，并且在全体会议闭会期间，审议通过提交县级人民代表大会及其常务委员会或人民政府的重要建议案。

县级人民政协常务委员会会议是全体会议闭会期间履行政治协商、民主监督、参政议政职能的主要形式。常务委员会会议一般每季度举行一次，必要时可以临时举行。常务委员会会议必须有全体组成人员的 2/3 多数出席方能举行。根据政协章程，县级政协常务委员会行使下列职能：召集并主持县级政协委员会全体会议；每届第一次县级政协委员会全体会议前召开全体委员参加的预备会议，选举第一次全体会议主席团，由主席团主持第一次全体会议；组织实现政协章程规定的任务和全国委员会所作的全国性的决议以及上级地方委员会所作的全地区性的决议；执行县级政协委员会全体会议的决议；县级政协委员会全体会议闭会期间，审议通过提交县级人民代表大会及其常务委员会或人民政府的重要建议案；协商决定县级政协委员会委员等。

三　县级人民政协的职能实现

县级人民政协作为社会主义协商民主的重要渠道和专门协商机构，具有集协商、监督、参与、合作于一体的特点。县级政协开门就是群众，出门就是基层，处于"一线中的一线"。习近平总书记特别指出，"重点解决市县政协基础工作薄弱、人员力量薄弱的问题"。[①] 根据中共中央关于

---

① 习近平：《在中央政协工作会议暨庆祝中国人民政治协商会议成立 70 周年大会上的讲话》，《求是》2022 年第 6 期。

加强和改进人民政协工作的相关意见，结合各地县级人民政协的工作实践，更好实现县级人民政协职能的主要途径如下。

（一）健全县级政协机构功能和工作制度

第一，明确县级政协机构的职能责任。明确县级人民政协作为专门协商机构的职能责任，更好发挥政协组织协商平台的作用。加强专门协商机构制度建设，践行党的群众路线和民主集中制，宣传党和国家的政策法规，深化思想沟通，把政治协商纳入决策程序，就县域的重要问题在决策之前和决策执行过程中进行充分协商交流、民主监督，即广集良策促进决策优化，广聚共识推动决策实施。

第二，丰富县级政协的协商内容和形式。在协商内容上，县级政协要围绕政协职能明确协商内容、确定协商议题。把协商放在重要位置，围绕县级党委和政府工作的重点、群众生产生活的难点、社会治理的焦点，每年安排若干次专题协商活动。民主监督议题应有一定比例，围绕贯彻落实党和国家重要决策部署情况开展民主监督。县级党委和政府有关部门就有关议题在同级政协听取相关界别委员意见建议。在协商形式上，完善以县级政协委员会全体会议为龙头，以专题议政性常务委员会会议和专题协商会、协商座谈会等为重点的县级政协协商议政格局。增强网络议政、远程协商实效，探索县级政协协商同县域社会治理相结合等新形式，扩大政协协商参与面，扩大界别群众工作覆盖面。

第三，完善政协履职工作制度。县级政协作为基层政协组织，工作制度不完善不规范是常见问题。县级政协应建立健全会议组织及履职活动等规则。完善县级党委和政府领导同志出席政协委员会全体会议、常务委员会会议，听取大会发言，参加会议分组讨论协商等工作规范。健全政协办公室、专门委员会向主席会议报告工作，主席会议向常务委员会会议报告工作等制度。强化提案工作质量导向，健全视察调研、社情民意反映、新闻宣传、理论研究等经常性工作制度。

（二）强化县级政协委员责任担当

第一，强化政治责任。县级政协委员作为县域社会各界别的精英和代表人士，要旗帜鲜明讲政治，把坚决维护习近平总书记党中央的核心、全党的核心地位，坚决维护党中央权威和集中统一领导，作为责任担当的首要任务。坚定不移走中国特色社会主义政治发展道路，在重大原则问题上立场坚定、敢于发声，在关键时刻靠得住、站出来。

第二，强化身份认同，提升履职能力。县级政协委员要积极参加政协教育培训，准确把握履职方式方法，全面增强履职本领，提高建言建在需要时、议政议到点子上、监督监在关键处的水平。县级政协委员要自觉遵守宪法法律和政协章程，自觉做党的政策宣传者、群众利益维护者、社会和谐促进者，积极主动联系服务界别群众，反映诉求、排忧解难，担负起反映群众意见和呼声、宣传党和国家方针政策的责任，团结界别群众跟党走。

第三，为政协委员履职尽责创造良好环境。县级政协组织要把引导委员强化责任担当作为政治任务，支持委员依照政协章程履行职责，为委员行使权利、履行职责、担当责任提供保障。加强委员学习培训，注重培养其协商民主专业能力，建设高素质委员队伍。建立健全委员联络机构，完善多层次联络服务委员制度。落实委员履职工作规则，建立健全委员履职档案及委员履职评价与激励机制。

（三）加强党对县级政协工作的领导

第一，县级党委要高度重视人民政协工作。坚持县级党委常委会会议定期听取政协党组工作、政协常务委员会工作情况汇报制度，对政协党组织执行党的路线方针政策等情况进行督促检查。县级党委主要负责同志要参加政协重要会议活动，带头做党的统战政协工作；县委统战部部长兼任同级政协党组副书记。进一步规范县级政协职责任务、履职方式等，加强分类指导，增强工作实效。选优配强政协领导班子，重点解决县级政协"两个薄弱"问题。

第二，政协党组担当党领导人民政协的政治责任。政协党组是县级党委在县级政协组织中设立的领导机构，要在政协工作中发挥把方向、管大局、保落实的政治领导作用。加强思想政治工作，引导各党派团体、各族各界人士更加紧密地团结在党的周围，同以习近平同志为核心的党中央保持高度一致。健全以党组理论学习中心组学习为引领的学习制度体系，加强党的创新理论武装。支持派驻政协机关纪检监察组履行监督责任，落实政协党组按程序对拟继续提名的政协委员人选提出意见的责任。

第三，形成加强和改进人民政协工作的合力。县级纪检监察机关和组织、宣传、统战等部门，要在县级政协党的建设、委员队伍建设、干部队伍建设、新闻宣传等方面提供支持和保障。县级政府及其有关部门要密切同政协及其专门委员会的沟通协作，积极参加政协协商活动，在政务公开、转化履职成果等方面提供支持和帮助。政协委员所在单位要支持其参加政协活动，保障其各项待遇不因参加政协活动而受到影响。

第三章　县域治理关系

本章主要围绕县域治理关系进行分析。县域治理关系是指在一个特定地理区域内（通常为一个省域行政区域内），县级政府与不同层级政府、党委、政府内部部门之间建立的协同合作和互动关系，以实现有效的地方治理和公共事务管理。[①] 县域治理关系具有纵向与横向两个层面，对县域治理关系的研究有助于改进地方治理机制，实现更好的县域公共服务与社会发展。

第一节　县域治理的纵向关系

县域治理的纵向关系主要体现在县级政府与上级政府、县级政府与下级政府之间的权责分配和协调合作。[②] 这种纵向关系对于保障政策的有效实施、提高行政效率、提升县域治理的有效性具有重要意义。

一　省县关系

在探讨县域治理关系时，我们首先关注县级政府与省级政府之间的关系。县级政府与省级政府之间的关系在中国政治体制中是典型的下级与上级关系，[③] 但其独特性主要体现在县级政府的角色定位上。在我国的政治体制中，县级政府是省级政府的下级行政单位。省级政府对县级政府的政

[①] 王国红、瞿磊：《县域治理研究述评》，《湖南师范大学社会科学学报》2010 年第 6 期。
[②] 田先红：《中国基层治理：体制与机制——条块关系的分析视角》，《公共管理与政策评论》2022 年第 1 期。
[③] 刘炳辉、熊万胜：《县城：新时代中国城镇化转型升级的关键空间布局》，《中州学刊》2021 年第 1 期。

策制定具有指导和监督作用。同时,县级政府在执行省级政府的政策决策时,需要结合本地实际情况,进行适当的调整和创新。① 相较于省级政府,县级政府更具有接地气的特点,更贴近基层,因此其关系的独特性主要体现在以下几个方面。

(一) 角色定位

县级政府在省县关系中通常扮演着政策执行者的角色。省级政府通常颁布政策法规,而县级政府需要在实践中贯彻执行这些政策。② 这使得县级政府在县域治理中具有特殊的责任和任务。这意味着县级政府需要积极地理解、传达和执行上级政府的政策。第一,县级政府需要进行本地化的政策创新。在执行上级政府政策时,能够结合本地实际情况进行相应的政策调整。③ 不同地区存在着差异,因此县级政府有责任根据当地的特点,对政策进行定制化的改进。这有助于政策更好地适应地方需求。第二,县级政府更具基层性,并通过相关政策吸纳社会参与。县级政府位于政治体制的基层,因此更贴近基层社会,④ 与社会组织、居民互动密切这种接地气的特点使得县级政府能够更好地理解和回应基层社会的需求和意见,更好地代表和服务本地群众。

(二) 地位差异

县级政府地位相对较低,受制于省级政府的领导和监督。这种地位差异意味着县级政府需要在顶层设计的框架下积极行使权力,同时也需要依赖省级政府的资源支持。⑤ 第一,省级政府对县级政府的政策制定和执行具有指导和监督作用,这种上下级领导关系确保政策的一致性。第二,县级政府在财政、资源和政策支持上通常依赖于省级政府。由于财政资源分配体制,许多县级政府的财政收入较为有限,因此需要依赖省级政府的资金支持,以满足基本的行政和公共服务需求。第三,政策实践中的挑战。

---

① 丁志刚、陆喜元:《论县级政府治理能力现代化》,《甘肃社会科学》2016 年第 4 期。
② 郑才法:《深化县域行政执法体制改革的对策与建议》,《中国行政管理》2015 年第 10 期。
③ 邓博:《当代中国县级政府权力配置研究》,博士学位论文,云南大学,2011,第 120~121 页。
④ 折晓叶:《县域政府治理模式的新变化》,《中国社会科学》2014 年第 1 期。
⑤ 王国红、瞿磊:《县域治理研究述评》,《湖南师范大学社会科学学报》2010 年第 6 期。

省县政府的地位差异也会给政策实践带来挑战。县级政府需要在执行政策时应对政策制定者未能充分考虑的实际问题，同时要避免过度依赖省级政府的支持。①

(三) 功能协调

在县域治理中，省县关系需要保持适度协调。县级政府能够积极向省级政府反馈情况，协调解决可能出现的问题，以确保政策的贯彻执行。② 第一，县级政府能积极向省级政府反馈情况，特别是在政策实施中遇到的问题和困难。这有助于省级政府及时了解情况，作出必要的政策调整。第二，省县政府能以协调方式解决问题。在县域治理中，问题和挑战是不可避免的。县级政府和省级政府需要建立协作机制，以共同解决可能出现的问题。③ 第三，政策解释与宣传。县级政府具有解释和宣传省级政府政策的职能，确保政策能被群众理解和接受。这需要县级政府建立有效的宣传机制，以便向社会传达政策的目的和效益。④

总的来说，省县关系在中国政治体制中具有独特性，这主要体现在县级政府的角色定位、地位差异和功能协调等方面。县级政府既是政策执行者，又能结合本地实际情况进行政策创新，但其地位相对较低，需要依赖省级政府的支持。同时，县级政府和省级政府需要建立协作机制，以确保政策的无缝衔接，实现县域治理的有效性和协调发展。

二　市县关系

县域治理的另一个重要的纵向关系是县级政府与市级政府之间的关系。在我国的政治体制中，县级政府是市级政府的下级行政单位。⑤ 市级政府对县级政府的指导和监督作用主要体现在政策执行、公共服务提供、

---

① 欧阳静：《县域政府包干制：特点及社会基础》，《中国行政管理》2020年第1期。
② 樊红敏、刘晓凤：《模糊性治理：县域政府社会冲突治理运作逻辑》，《中国行政管理》2019年第10期。
③ 杨华：《县域治理中的党政体制：结构与功能》，《政治学研究》2018年第5期。
④ 史云贵、孟群：《县域生态治理能力：概念、要素与体系构建》，《四川大学学报》（哲学社会科学版）2018年第2期。
⑤ 谢小芹：《市域社会治理现代化：理论视角与实践路径》，《理论学刊》2020年第6期。

经济发展等方面。① 同时，县级政府在执行市级政府的政策决策时，也需要结合本地实际情况，进行适当的调整和创新。市县关系的独特性在于县级政府在市县体制下的运行和协调。以下是市县关系的显著特征。

（一）市县协同体制

县级政府是市级政府的下级行政单位，这一体制为市县关系的运行奠定了基础。首先，市级政府在政策制定和执行方面具有更大的权力。由于市级政府属于地级行政单位，其决策对整个地区的发展具有重要影响。② 因此，市级政府在制定政策时需要充分考虑本地区的实际情况和发展需求，以确保政策的有效性和针对性。这种权力分配使得市级政府能够在全市范围内协调各县的发展，同时县级政府需要在市级政策框架内运作。其次，市级政府在资源配置方面具有更大的优势。作为地级行政单位，市级政府拥有更多的财政资源和人力资源，③ 可以更好地支持本地区的经济社会发展。而县级政府在资源配置方面相对较弱，需要依靠市级政府的指导和支持来推动本地的发展。④ 最后，市级政府在协调区域发展方面承担责任。由于市级政府需要统筹管理整个地区的经济社会发展，因此其在协调区域发展方面承担着更大的责任。而县级政府在推动本地发展的同时，也需要与市级政府保持密切的沟通和协作，⑤ 以确保本地区的发展与整个地区的发展战略相协调。

（二）区域差异

不同县在市县关系中可能面临不同的挑战，因为各县的资源、社会经济状况和发展需求各异。因此，市县关系需要根据具体情况进行灵活调整，以满足各县的需求。⑥

首先，区域差异使得市县关系更加复杂。由于各地区的实际情况和发

---

① 陈成文、陈静等：《市域社会治理现代化：理论建构与实践路径》，《江苏社会科学》2020年第1期。
② 徐汉明：《市域社会治理现代化：内在逻辑与推进路径》，《理论探索》2020年第1期。
③ 王锡锌：《地方治理的"在地化"与国家治理能力建设》，《中国法律评论》2016年第1期。
④ 叶敏：《增长驱动、城市化战略与市管县体制变迁》，《公共管理学报》2012年第2期。
⑤ 马斌：《政府间关系：权力配置与地方治理——以浙江省、市、县政府间关系为研究案例》，博士学位论文，浙江大学，2008，第113~114页。
⑥ 徐汉明：《市域社会治理现代化：内在逻辑与推进路径》，《理论探索》2020年第1期。

展需求不同，市级政府在制定政策时需要充分考虑各地区的特点，[1]而县级政府在执行市级政策时，也需要根据本地的实际情况进行调整和创新，这增加了市县关系的复杂性。例如，不同地区的经济发展水平差异明显，市级政府需要考虑如何协调各县的发展，促进各县经济均衡增长，减少区域发展不平衡问题；各县拥有不同的文化和社会特点，存在一定的文化和社会差异，这影响着政策的制定和执行，县级政府需要在遵循市级政策的前提下，考虑本地的文化和社会需求；自然资源在不同县之间也分布不均匀，这同样会影响经济和环境政策的执行，市级政府和县级政府均需要考虑如何合理利用和保护这些资源。[2]

其次，区域差异影响了市县之间的信息传递和沟通。由于各地区的实际情况和发展需求不同，市级政府在制定政策时需要充分了解各地区的信息。而县级政府在执行市级政策时，也需要向市级政府反馈本地的实际情况和发展需求。[3]这就要求市县之间建立有效的信息传递和沟通机制，以确保政策的顺利实施。

（三）发展策略

市级政府通常会制定年度发展战略，而县级政府需要在这一战略框架下有针对性地制定自身发展策略。在我国的政治体制中，市级政府和县级政府分别负责不同层次的经济社会发展工作。[4]这使得市县关系在发展策略制定方面具有一定的独特性。首先，由于市级政府需要统筹管理整个地区的经济社会发展，因此其在制定发展策略时需要充分考虑本地区的优势和劣势，以实现发展的可持续性和协调性。[5]例如，不同县可能有不同的产业特点与产业结构，市级政府需要协调各县的产业发展，促进产业互补

---

[1] 陈成文、张江龙、陈宇舟：《市域社会治理：一个概念的社会学意义》，《江西社会科学》2020年第1期。

[2] 樊红敏、张玉娇：《县域社会治理评价体系：建构理路与评估框架》，《河南师范大学学报》（哲学社会科学版）2017年第1期。

[3] 杨磊、许晓东：《市域社会治理的问题导向、结构功能与路径选择》，《改革》2020年第6期。

[4] 胡萧力、王锡锌：《基础性权力与国家"纵向治理结构"的优化》，《政治与法律》2016年第3期。

[5] 郑才法：《深化县域行政执法体制改革的对策与建议》，《中国行政管理》2015年第10期。

和协同发展。还有一些县可能处于快速发展阶段,而另一些县域可能相对滞后,市级政府需要平衡不同县的发展速度,确保整体发展的可持续性。另外,教育、医疗、社会福利等社会服务在不同县之间也存在差异。市县关系需要关注如何提高社会服务的均等性,确保每个县的居民都能享受到基本的社会保障。① 而县级政府在执行市级发展策略时,需要结合本地实际情况,对市级发展策略进行适当的调整和优化。

三 县乡村关系

县域治理不仅涉及县级政府与市级政府、省级政府的关系,还涉及县级政府与基层政府(乡镇政府)之间的合作与协调。在我国的政治体制中,县级政府是乡镇政府的上级行政单位。②

(一)基层治理

县级政府与乡镇政府构成了基层治理的主要力量,其协作关系对于基层社会治理至关重要。③ 县级政府作为上级行政单位,需要支持和监督乡镇政府的工作,确保基层治理的有效性,并进行指导和监督,确保政策的有效执行。同时,乡镇政府在执行县级政府的政策决策时,也需要结合本地实际情况,进行适当的调整。④ 这种基层治理模式有利于充分发挥乡镇政府的作用,提高政策执行的效果。

首先,此县乡关系模式有助于使政策执行有效。县级政府在制定政策时,需要充分考虑乡镇的实际情况,以确保政策的有效性。而乡镇政府在执行政策时,也需要结合本地的实际情况,进行适当的调整和执行。这有助于提高政策的针对性,使其更好地满足乡村社会发展的需求。乡镇政府在县级政府的指导下,享有一定的自主管理权。这使得乡镇政府能够更好地满足本地需求,制定适合本地实际的政策,提高政策的灵活性。

其次,此关系模式有助于提高政策的执行力。县级政府对乡镇政府的

---

① 丁志刚、陆喜元:《论县级政府治理能力现代化》,《甘肃社会科学》2016 年第 4 期。
② 樊红敏、周勇振:《县域政府动员式社会治理模式及其制度化逻辑》,《中国行政管理》2016 年第 7 期。
③ 杜春林:《农村公共服务项目制供给"碎片化"研究》,博士学位论文,南京农业大学,2016,第 201~202 页。
④ 肖唐镖:《基层治理亟待走向系统性改革》,《国家行政学院学报》2015 年第 4 期。

指导和监督，可以促使乡镇政府更加重视政策执行工作，确保政策的有效实施。[1] 同时，乡镇政府在执行政策过程中，也可以及时发现问题，向县级政府反馈，以便县级政府及时调整政策，提高政策的执行力。

最后，此关系模式有助于提高公众对政策的满意度。县级政府在制定政策时，需要充分听取乡镇政府的意见和建议，使政策更加符合乡村的实际需求。而乡镇政府在执行政策时，也需要关注群众的反馈，及时调整政策，以提高公众对政策的满意度。[2] 乡镇政府更容易接触和了解基层民众的需求和问题。这种近距离互动有助于问题的快速解决，促进政府与民众的互动。

（二）资源分配

作为上级行政单位，县级政府需要在县乡村治理过程中合理分配资源，包括财政资源、公共服务等，以满足其可持续发展需求。首先，合理的资源分配有助于促进乡村经济发展。县级政府通过对乡镇政府资源的优化配置，为乡村提供必要的财政支持、人力资源等，从而推动乡村经济的发展。[3] 从财政分配角度，县级政府是资源的主要调配者，它从中央政府、省级政府、市级政府获得资金，将其分配给乡镇政府，满足不同地区的需求。其次，合理的资源分配有助于改善乡村公共服务。县级政府通过对乡镇政府的资源分配，为乡村提供教育、卫生、交通等公共服务的支持。[4] 最后，合理的资源分配有助于保障乡村社会稳定。县级政府通过对乡镇政府的资源分配，为乡村提供必要的社会保障，促进社会和谐。

（三）协作机制

县级政府与乡镇政府之间建立了基本的协作机制，以促进信息共享和政策协调。协作机制是县乡村关系的重要保障，有助于基层治理更加高效

---

[1] 徐双敏、宋元武：《协同治理视角下的县域社会治理创新路径研究》，《学习与实践》2014 年第 9 期。
[2] 折晓叶：《县域政府治理模式的新变化》，《中国社会科学》2014 年第 1 期。
[3] 郑风田、李明：《新农村建设视角下中国基层县乡村治理结构》，《中国人民大学学报》2006 年第 5 期。
[4] 赵成福：《社会转型中的县域农村公共服务供给机制研究——以河南省延津县为表述对象》，博士学位论文，华中师范大学，2008，第 197~198 页。

和有序地运行。① 这种协作机制包括信息沟通、行动协调、资源共享等方面。首先，信息沟通是协作机制的基础。县级政府与乡镇政府之间通过建立畅通的信息沟通渠道，及时交流政策、资源需求等信息，以便于双方了解彼此的需求和期望，为协作提供基础。其次，行动协调是协作机制的关键。县级政府与乡镇政府之间通过加强行动协调，确保行动的一致性和协同性。② 例如，在面临自然灾害、紧急事件或突发状况时，县乡村之间通过迅速响应，共同采取行动，来应对挑战。最后，资源共享是协作机制的保障。县级政府与乡镇政府之间通过建立资源共享机制，实现资源的优化配置和高效利用。这包括财政资金、人力资源、技术资源等方面的共享。

总的来说，我国的县域治理关系是一种复杂的多元关系，涉及省、市、县、乡、村五级之间的相互关系。在这种关系中，地方各级政府都有其独特的角色和功能，它们通过有效的协调和合作，实现治理目标。③ 县级政府在这些关系中扮演着协调者和执行者的双重角色，既要贯彻上级政策，又要协调下级政府，以实现县域治理现代化的目标。

第二节　县域治理的横向关系

县域治理的横向关系是指在县域范围内，县级党政、条块等不同主体之间在政策制定、资源配置、公共服务等方面的协同互动关系。它的良性运行是实现县域治理现代化的重要保障，有助于提高政策执行效率，优化资源配置，提升公共服务水平，维护社会稳定和公共安全，促进县域经济发展和社会进步。

一　县级党政关系

党政关系是我国重要的政治关系之一，是党与政府的关系，也就是政

---

① 刘义强：《从基层民主到地方民主：县域政治生态重构》，《探索》2008 年第 5 期。
② 曹任何：《治理的兴起与政府合法性重建》，博士学位论文，吉林大学，2004，第 92~93 页。
③ 孙成军：《转型期的中国城乡统筹发展战略与新农村建设研究》，博士学位论文，东北师范大学，2006，第 44~45 页。

治与行政的关系。① 县级党政关系主要强调的是县级党委和县级政府之间的关系。这一关系的独特性主要在于政治领导和行政管理的结合，主要有以下几个方面的内容。

(一) 党政体制

县级党政体制是指在县级行政区域内，县级党委和政府共同负责实施国家政策、法律法规，推动经济社会发展和维护社会稳定的一种组织形式。在政治领导和行政管理中，党的领导地位与政府行政职能相互融合、相互支持。② 在县级治理中，县级党委作为领导核心，对政府的工作进行全面领导。县级政府在执行党委决策时，充分发挥行政职能，确保政策的顺利实施。县级党政体制有利于提高政策执行的效率，保证政策的连贯性和稳定性。

首先，这种关系模式决定了县域治理必须坚持县级党委的领导。在县域治理的党政体制中，县级党委是最高领导机构，负责制定县级行政区域内的发展战略、政策和重大决策。县级党委作为同级政府的领导核心，负责制定政策、决策和战略。其政治领导确保了政府工作方向与党的总体方向一致。③ 县级政府是政策的执行机构，负责具体的政府管理、公共服务提供和法规执行，在党的领导下推动政策的具体实施。

其次，党政体制有助于促进党委和政府之间的协同合作，县级政府可以更好地理解和传达党的政策，从而履行好各项职能，包括制定和执行经济社会发展规划、预算和政策；提供社会保障、教育、卫生等基本服务；维护社会稳定，保障人民生命财产安全；推动行政体制改革创新，提高治理能力和水平等。

最后，政府在党的领导下运作，政权体系相对稳定。政府不太容易受

---

① 余宜斌：《关于党政关系内涵的再思考》，《当代世界与社会主义》2009年第4期，第120~123页。
② 易小燕、陈印军、向雁、王恒：《县域乡村振兴指标体系构建及其评价——以广东德庆县为例》，《中国农业资源与区划》2020年第8期。
③ 欧阳静：《政治统合制及其运行基础——以县域治理为视角》，《开放时代》2019年第2期。

到政策变更或领导层更替的冲击，有助于政治的稳定性。①

(二) 政治引领

政治引领是指县级党委通过发挥党的领导作用，引导县级政府按照党的总体工作方向和政策决策开展工作。在县域治理中，县级党委需要关注县域内的经济、社会、文化等各方面的发展，制定相应的政策措施。② 县级政府在执行这些政策措施时，要紧密围绕党委的工作部署，确保政策的落地生根。这种政治引领的关系强调政治因素在政府工作中的关键性作用，确保政府决策与党的意图一致，有利于提高政策的针对性和实效性，推动县域治理水平的不断提升。

在实践中，县级政府公务人员需要遵守党的政治纪律，在履行职责过程中贯彻党的意志，③ 同时需要接受党的政治教育，以加深对党的理念和领导的理解。此外，县级党委对政府的工作进行监督，确保政府行为符合党的政策和纪律。

(三) 政治稳定

县级党委与政府之间的横向关系有助于维护政治稳定，确保政策的一贯性和有效性。县级政府和党委的密切合作有助于形成政治共识，推动县域治理的稳步发展。政治稳定是指县级党委和县级政府在协调合作过程中，保持政治生态系统的稳定，为县域治理提供良好的政治环境。在县域治理中，县级党委和县级政府需要加强沟通协作，形成合力，共同应对各种困难和挑战。同时，要注重维护群众利益，解决民生问题，增强群众对党和政府的信任和支持。④ 这种政治稳定的关系有利于巩固党的执政地位，提高群众对县域治理的满意度。

总之，中国政治体制中的县级党政关系涉及党政体制、政治引领和政治稳定三个重要方面。这些方面强调县级政府工作在党的领导下进行，以

---

① 杜鹏：《一线治理：乡村治理现代化的机制调整与实践基础》，《政治学研究》2020年第4期。
② 杨建军：《县域经济的可持续发展分析》，博士学位论文，东北大学，2006，第77~78页。
③ 陈国权、李院林：《县域社会经济发展与府际关系的调整——以金华—义乌府际关系为个案研究》，《中国行政管理》2007年第2期。
④ 杨华：《县域治理中的党政体制：结构与功能》，《政治学研究》2018年第5期。

确保政府行动与党的行动一致，同时维护政治稳定。这种关系在中国的县域治理中发挥着重要作用，有助于国家政策的有序推进和地方政府的高效运作。只有不断加强县级党政关系的协调和合作，才能更好地推动县域治理水平的提升，为实现全面建设社会主义现代化国家的目标作出积极贡献。

二　县级部门关系

在我国的政治体制中，县级政府的各部门需要根据各自的职责和权限，协同工作，共同完成县级党委和政府的工作任务。县级部门关系的协调和合作，对于县域治理至关重要，县级政府需要与各相关部门建立有效的合作机制，以确保政策的协同实施。[1] 以下是县级部门关系的基本特点。

（一）多元化

县级政府需要协调各种政府部门、机构和社会组织，以应对多元化的社会需求。这涉及教育、卫生、经济发展、社会保障等多个领域。县级条块关系的多元化主要体现在部门职能的多样性和工作领域的广泛性方面。为了推动实现县域治理现代化，县级政府需要加强部门间的沟通与协作，确保政策的高效衔接。首先，各部门在县级政府内担负不同的职责，每个部门都有独立的任务和目标，各部门在各自的职责范围内开展工作。其次，不同部门服务的对象和需求各不相同，例如，教育部门需满足学生的学习需求，卫生部门需关注公众健康，这就需要政府协调不同部门以满足多元化需求。为此，政府需要平衡不同部门的利益和需求，制定多元化政策以满足不同部门和领域的需求[2]，并确保政策的全面性和可持续性。

（二）资源整合

县级政府需要整合各个部门的资源，以最大限度地满足社会需求。这需要建立资源共享和信息传递的机制。资源整合是县级条块关系协调的重要手段，也是推动县域治理现代化的关键。[3] 首先，县级政府具有财政资源的统筹管理权，要确保各部门有足够的资金支持。县级财政部门通过编

---

[1] 陈辉：《县域治理中的领导注意力分配》，《求索》2021年第1期。
[2] 周平：《县级政府能力的构成和评估》，《云南行政学院学报》2002年第5期。
[3] 蔡则祥：《县域经济发展中的金融支持问题研究》，《南京社会科学》2003年第7期。

制年度财政预算,合理安排各部门的资金需求,避免因资金短缺而影响工作进度。其次,县级政府通过推动各部门之间的资源共享,提高资源利用效率。例如,通过建立资源共享平台,各部门可以共享办公设备、场地等资源,降低重复投入成本。

(三) 绩效评估

在县域治理的横向关系中,绩效评估发挥着重要作用。各部门需要根据政府制定的目标和政策来衡量绩效,以确保政策的有效实施。绩效评估是县级条块关系协调的重要保障,有助于提高政府部门的工作效率和服务水平。[1] 县级政府通过建立健全绩效评估体系,对各部门的工作成果进行全面、客观、公正的评价。首先,县级政府通过明确绩效评估的目标和指标,确保评估结果具有针对性和可操作性。例如,县级政府将政策落实、服务质量、工作效率等确定为评估重点,设置具体的量化指标。其次,县级政府通过加强对各部门绩效评估过程的监督和管理,确保评估结果的公正性和权威性。例如,县级政府通过设立独立的评估机构,对绩效评估工作进行指导和监督。最后,县级政府通过将绩效评估结果作为部门间协作的重要依据,激励各部门不断提高工作水平。例如,县级政府将绩效评估结果与部门预算、人员晋升等挂钩,形成激励机制。

综上所述,县级政府在县域治理中需要处理多元化的关系,整合资源,进行绩效评估。这些特点强调了县级政府需要协调各部门的工作,确保政策的协同实施和资源的有效分配。[2] 同时,绩效评估有助于政府监督各部门的工作,以确保政策的有效执行和目标的实现。这些要素对于县域治理的现代化和高效运作至关重要。

第三节 县域治理关系模式的特点和功能

在本章中,我们探讨了县域治理中的纵向和横向关系。这些关系在县

---

[1] 易小燕、陈印军、向雁、王恒:《县域乡村振兴指标体系构建及其评价——以广东德庆县为例》,《中国农业资源与区划》2020年第8期。

[2] 郑风田、李明:《新农村建设视角下中国基层县乡村治理结构》,《中国人民大学学报》2006年第5期。

域治理中发挥着重要作用,为此,县级政府需要在不同层级政府之间、各部门条块机构之间建立有效的协调机制,[①] 以实现县域治理现代化的目标。我们需要注意到县级政府在这些关系中扮演的独特角色,以更深刻地理解"县"的政治建设特点。简言之,在县域治理中,县域治理关系模式的特点和功能主要体现在以下几个方面。

首先,县域治理关系模式的优化有助于加强县级政治建设。县级政治建设是指在县级行政区域内,通过加强党的建设、完善政治体制、提升干部队伍素质等,为县域治理提供有力的政治保障,从而进一步推动经济社会发展、维护社会稳定、保障人民福祉。县域治理关系模式的优化能够发挥党政体制优势、提高行政效率,提高县域政治建设水平。一方面,县级党委通过发挥领导核心作用,确保党的路线方针政策和党中央决策部署在县域得到贯彻执行,为县域治理提供坚强的组织保障。另一方面,县级治理关系的完善对县域政治建设具有积极推动作用,例如在党政体制内设置合理的人事匹配制度能进一步提升行政效率等。在此过程中,县级政治建设和县域治理关系的优化相互促进、共同发展,即县级政治建设的深入推进,有利于优化县域治理结构,提高县域治理水平;而县域治理关系的有效优化,也有利于为加强县级政治建设提供有力支撑。总之,县域治理关系模式与县级政治建设之间存在密切的联系,要不断优化县域治理关系模式,通过加强县级政治建设为县域治理提供有力的政治保障,推动县域经济社会持续健康发展。

其次,县域治理关系模式的运作在推动地方经济社会发展中具有重要作用。在推动地方经济社会发展过程中,县域治理关系运行模式的特征和作用主要体现在以下几个方面。其一,以合理的县域治理关系模式推进城乡融合发展,纵向促进县城基础设施与公共服务向乡村延伸,横向强化县城与邻近城市发展的合作,进而发挥县城连接资源、服务县域整体发展的作用。其二,县域治理关系模式的运作能推动城乡资源在县域内重新部署,县域通过优化空间布局、推动产业发展、加强基础设施建设等各方面

[①] 田先红:《中国基层治理:体制与机制——条块关系的分析视角》,《公共管理与政策评论》2022年第1期。

的工作，实现经济社会的高质量发展。

最后，在合理的县域治理关系模式运行之下，县域社会建设与发展在维护社会稳定和和谐中发挥重要作用，为实现人民群众安居乐业提供重要保障。其一，建立合理的县域治理关系模式需要坚持以人民为中心的发展理念，关注民生问题，满足人民群众的基本需求。一方面要提高县域内的交通、通信、水利等基础设施水平，为人民群众提供便利的生活条件；另一方面要保障人民群众在教育、医疗、住房、社会保障等方面的基本生活。其二，合理的县域治理关系模式的建立需要助推县域产业结构的调整优化，提高县域经济发展质量，通过产业发展带动经济增长为县域群众提供更多的就业机会，提高居民的收入和生活水平，实现共同富裕的目标。其三，合理的县域治理关系模式需要以加强社会治理与法治建设为立足点，维护社会稳定，为县域群众创造一个安全、和谐的生活环境。其四，合理的县域治理关系模式需要为县域各类群体供给公平均衡的公共服务，关注县域弱势群体，努力解决好弱势群体的实际困难，例如通过实施扶贫帮扶、社会保障、医疗卫生等政策，帮助弱势群体解决生活困难，实现全域共享发展成果。总之，合理的县域治理关系模式应关注县域群众的实际需求，通过优化关系结构、加强组织建设、设置合理制度安排、加强基础设施建设、推进城乡融合、加强社会治理等多方面的努力，保障县域群众的基本福祉。

总的来说，我国的县域治理关系是一种复杂的多元关系，涉及县级政府与上下级政府、县级党政关系和县级部门条块关系的协调与协同，这些关系的协调运作以推动县域经济社会全面发展，实现乡村振兴，增进县域群众的生活福祉为基本目标。

第四章 县域治理体制

体制是管理机构和管理规范的结合体或统一体,是对我国国家机关、企事业单位的机构设置、隶属关系和权力划分等方面的具体体系和组织制度的总称。县域治理是推进国家治理体系和治理能力现代化的重要环节,[①] 县域各项治理事务的推进均需依靠一定的人力资源和财力资源,并配套相应的监督机制才能有效落实。因此,可以从三个方面来理解县域治理体制,即县域人事体制、财政体制和监督体制。

第一节 县域人事体制

在县域治理过程中,人是完成一切工作任务的核心要素。因此,根据工作内容和岗位特点优化人力资源配置,构建一个人尽其才、人岗匹配的县域人事体制,成为加快推进县域治理体系与治理能力现代化的关键环节。按照在县域治理中发挥的作用和产生的影响,可以将县域人事体制中的公务人员划分为县级领导和一般干部两种类型。

一 县级领导的构成与管理

县级领导是地区经济社会发展的"火车头",在整个县域公共政策制定与执行过程中发挥着至关重要的引领作用,是县域人事体制的核心。县级领导的构成与管理区别于县域一般干部,具有一定特殊性。

(一)县级领导的构成

县级领导有广义与狭义之分。广义范围上的县级领导指的是县处级副

---

① 杨华:《县域治理中的党政体制:结构与功能》,《政治学研究》2018年第5期。

职以上的干部，包括县委、县人大、县政府、县政协等四套班子的成员，县检察院检察长、县法院院长，[①] 县开发区、工业园区、旅游区、自然保护区等机构的党（工）委书记，以及担任四级调研员以上非领导职务的干部。狭义范围上的县级领导主要包括县委、县人大、县政府、县政协等四套班子的成员。本书主要在狭义范围内阐述县级领导的构成与来源。按照四套班子的分类，县级领导主要包含以下机构的领导干部。

第一，县委。县委的县级领导统称为县委常委，全部县委常委共同构成县级党的委员会常务委员会，即县委常委会。县委常委会在各地的组成人数略有不同，多数情况下为单数。县委常委会一般由9~11人组成，主要包括：县委书记1名，县长1名，县委副书记2名，[②] 常务副县长1名，县纪委书记、监委主任1名，县委政法委书记1名，县委组织部部长1名，县委宣传部部长1名，县委办公室主任1名，县委武装部部长或政委1名，县委统战部部长1名，以及由常委兼任的排名靠前[③]的副县长1名。其中，县委书记和县长为县处级正职领导职务，其余县委常委为县处级副职领导职务。

第二，县人大。县人大常委会，由县人大常委会主任、若干名副主任和委员共同构成。县人大的县级领导包括县人大常委会主任[④]、副主任。县人大常委会在各地的组成人数略有不同，多数情况下为单数，一般不超过29人，其中县人大常委会的领导一般为7人左右，主要包括1名县人大常委会主任和若干名副主任。县人大常委会主任为县处级正职领导职务，县人大常委会副主任为县处级副职领导职务。

第三，县政府。县政府的县级领导一般为7~9人，包括县长1名、常务副县长1名和副县长5~7名。除县长外，常务副县长和副县长均为县处级副职领导职务。

[①] 一般情况下，县级公、检、法部门均为副处级单位，其一把手为副处级领导，因公安局局长一般由副县长兼任，此处不单独列出。

[②] 其中一名为县长兼任，另一名通常称为专职副书记，一般负责党务工作，部分地区的专职副书记会兼任县级县委党校校长，或由县委组织部部长兼任。

[③] 除县委书记、县长、县委副书记等三人外，其他县委常委会组成人员的排名先后顺序不固定。

[④] 部分地区会由县委书记兼任县人大常委会主任一职。

第四，县政协。县政协的县级领导一般有5~7人，包括县政协主席1名和县政协副主席4~6名。其中，县政协主席为县处级正职领导职务，县政协副主席为县处级副职领导职务。

(二) 县级领导的产生与管理

总体来看，县级领导的人选一般来源于以下三种途径：一是本地干部提拔，即将在本地担任乡科级正职领导职务的干部提拔为县级领导；二是上级部门"空降"，即将此前在更高一级行政区域内担任乡科级正职领导职务的干部提拔为县级领导，或将此前在更高一级行政区域内担任县处级领导职务的干部任命为本地的县级领导；三是异地交流，即由其他县域范围内担任县处级领导职务的干部平调为本地的县级领导。

县委书记在县域治理体制中发挥着总揽全局、协调各方的作用，由于其位置十分特殊，县委书记的产生主要有如下两种方式：一是由县所属地级市市委提名人选，省委组织部审查，报经省委常委会决定；二是由省委组织部直接考察，再经省委常委会研究决定。因此，县委书记是一名"省管干部"，其任命和使用都纳入省委组织部管理的范围。

县长作为县级行政区划的行政负责人，也是一名"省管干部"，其任命和使用也均纳入省委组织部管理的范围。但是，县长产生的方式与县委书记略有差异。根据《地方组织法》的规定，县长必须由县人民代表大会选举（或者补选）产生。因此，在原县长向县人大常委会提出申请辞去县长职务后，省委组织部通常会先确定县长人选，经由县人大常委会任命为代理县长并提名为县长候选人，最后通过县人民代表大会正式选举其为县长。另外，县人大常委会决定代理县长的时限必须是在县人民代表大会闭会期间。

除县委书记和县长外，其余县级领导的产生也有相应的程序，并且都纳入市委组织部管理的范围。其中，除县委书记、县长、县纪委书记外的县委常委均由市委及其组织部门任命，县纪委书记的人选则由上级纪委负责提名和考察，再经县级党的纪律检查委员会全体会议选举产生。县人大常委会主任、副主任经县人民代表大会按照选举办法，酝酿候选人人选，选举产生人大常委会主任、副主任。副县长的产生有两种方式：一种是在县级人民代表大会会议期间，在县人民代表大会上选举产生；另一种是在县人民代表大会闭会期间，由县人大常委会行使个别任免权，任命个别副县长。县政协主席、副主席的候选人，由参加县级政协的各党派、团体、各民族和各界人士协商提名，经县级政协委员会全体会议选举产生。

二　县域干部的选拔与流动

县域干部是县域范围内各项公共政策的具体执行者，是县域人事体制的重要组成部分。县域干部的合理选拔和流动，可以提升干部个体与工作岗位的匹配度，使整个县域治理体制更加高效地运转。在一定程度上，县域干部也是未来县级领导的重要"后备军"。

（一）县域干部选拔的标准与方式

1. 县域干部选拔的标准

县域干部选拔的标准主要包括以下四个方面。第一，年龄。年龄是县域干部选拔的重要标准之一，"从80年代初期开始，中央就一直强调选拔领导干部的'四化'标准，其中执行最彻底、要求最严格的就是领导干部的年轻化"。[1] 部分地区在县级和乡镇换届选举时会对干部年龄作出限制。比如在县域范围内，如果到45岁还没有晋升为乡科级正职领导职务，此干部就不再具备年龄优势，一般不会进入县委组织部的考察名单，也就失去了受提拔的机会，最可能的结果就是在县级各职能部门岗位轮转，然后平稳过渡到退休。

第二，性别。干部的性别尤其是女性干部在干部选拔过程中有明确的规定，比如中共河南省委办公厅2006年11月印发的《关于进一步做好培养选拔女干部、发展女党员工作的意见》规定，县（市、区）党委、政府领导班子，要至少各配备1名女干部。

第三，政治面貌。干部的政治面貌是干部选拔过程中筛选干部人选的重要标准之一。在县级四套班子成员中，县委常委会组成人员的政治面貌必须为中共党员，而在县政府领导班子中，原则上应有不少于1人的非中共党员。此外，县级及以上人大、政协的领导班子应吸收各民主党派的领

---

[1] 周黎安：《转型中的地方政府：官员激励与治理》（第二版），格致出版社、上海三联书店、上海人民出版社，2017，第184页。

导以及有影响力的无党派人士参与。

第四，任职经历与任职年限。任职经历与任职年限是衡量干部能否胜任更高一级工作岗位的重要参考因素。《党政领导干部选拔任用工作条例》第8条对干部任职经历与任职年限作出了明确规定："提拔担任党政领导职务的，应当具备下列基本资格：（一）提任县处级领导职务的，应当具有五年以上工龄和两年以上基层工作经历。（二）提任县处级以上领导职务的，一般应当具有在下一级两个以上职位任职的经历。（三）提任县处级以上领导职务，由副职提任正职的，应当在副职岗位工作两年以上；由下级正职提任上级副职的，应当在下级正职岗位工作三年以上。"

2. 县域干部选拔的方式

县域干部选拔主要通过两种方式进行。一是组织选拔。组织选拔是指县级党委及其组织部门按照干部管理权限开展的、采取民主推荐和组织考察等程序进行的一种传统选拔方式。当县域范围内的部分岗位出现空缺后，先由组织部门结合有关方面建议进行综合分析研判，依照程序要求开展民主推荐和组织考察等工作环节，从符合岗位选拔标准的干部人选中筛选出初步名单，提交县级党委的"五人小组"，[①] 进一步通过会议的形式斟酌、酝酿干部提名人选，再提交县级党委常委会讨论研究决定。在组织人事部门会议研究后会发布任职公示，公示结果不影响任职的，发布任职文件，组织选拔的整个过程随之结束。

二是公开选拔。公开选拔的全称是党政领导干部公开选拔和竞争上岗。最常见的公开选拔是各级党委部门组织的公务员遴选考试，是一种可以跨政府层级、跨工作部门、跨地区的竞争性选拔方式。《党政领导干部选拔任用工作条例》规定："研判和动议时，根据工作需要和实际情况，如确有必要，也可以把公开选拔、竞争上岗作为产生人选的一种方式。领导职位出现空缺且本地区本部门没有合适人选的，特别是需要补充紧缺专业人才或者配备结构需要干部的，可以通过公开选拔产生人选；领导职位出现空缺，本单位本系统符合资格条件人数较多且需要进一步比选择优

[①] 县级党委"五人小组"由县委书记、县长、县委副书记、县纪委书记、县委组织部部长等5名党委主要领导组成。

的，可以通过竞争上岗产生人选。公开选拔、竞争上岗一般适用于副职领导职位。公开选拔、竞争上岗应当结合岗位特点，坚持组织把关，突出政治素质、专业素养、工作实绩和一贯表现，防止简单以分数、票数取人。公开选拔、竞争上岗设置的资格条件突破规定的，应当事先报上级组织（人事）部门审核同意。"公开选拔的程序分为发布公告、网上报名、资格初审、综合测试、经历业绩评价、能力测试、面试、体检与确定考察对象、组织考察、酝酿协商与决定任用、任前公示等11个实施步骤。公开选拔过程非常注重干部与工作岗位的匹配度，组织部门会根据报考职位和各职务层级的需求，设置多元化、有针对性的分类考试，即使是同一级别，对于不同岗位，考察内容也会各有侧重。

相对于组织选拔这种传统的干部选拔任用方式来说，公开选拔拓宽了县域干部选拔的范围，增强了干部选拔的竞争性，提高了选拔程序的透明度，有利于优秀人才脱颖而出。

（二）县域干部流动的类型与程序

县域干部流动主要有正式流动与非正式流动两种类型。

1. 县域干部的正式流动及程序

县域干部的正式流动可以被进一步划分为长期性的正式流动和临时性的正式流动。长期性的正式流动方式包括转任和调任。转任是指公务员因工作需要或者其他原因在机关系统内跨地区、跨部门的调动，或者在同一部门内的不同职位之间进行的转换任职。调任是指将公务员队伍以外的其他从事公务的人员调入机关担任一定职务，如将国有企事业单位、人民团体和群众团体中从事公务的人员调入机关担任领导职务或者副调研员以上及其他相当职务层次的非领导职务。转任和调任的最大区别在于，转任是在公务员队伍内部进行交流的方式，不涉及公务员身份的变化，而调任则可能涉及干部身份的变化，比如从事业编制身份转变为公务员编制身份。

临时性的正式流动方式主要是挂职锻炼。挂职锻炼有利于促进年轻干部健康成长、提升其综合素质。县域干部在挂职锻炼期间，不办理调动手续、不改变行政隶属关系，挂职锻炼人员在人事行政上仍受原机关管理，只在业务工作上由接受挂职单位领导。

县域干部的正式流动程序包括组织部门酝酿考察对象人选、提出考察对象建议名单、确定考察对象、组织考察、干部任前公示、组织部门宣布任命等环节。

2. 县域干部的非正式流动及程序

县域干部的非正式流动主要包括借调、抽调、兼职三种方式。其中，借调是指一个单位借用其他单位工作人员而不改变其隶属关系的情况。比如县委办公室、县政府办公室、县委组织部等部门因工作任务繁重，从乡镇政府和职能部门借调年轻干部。借调一般会设置明确的期限，借调到期之后，借调人员退回原单位，也有部分县域干部因工作能力出众，在借调期满后正式调动至借调单位。抽调是指为完成某项临时性的工作任务，从相关部门借用一些符合工作任务要求的干部加入，临时组建有关的工作机构和工作组统一开展工作。抽调的人员一般会在工作任务完成之后自行解散。兼职是指公务员除在本机关承担本职工作以外，还在本机关以外的国家机关兼任其他职务的情形。常见的兼职情况有常设机构的领导职务担任非常设机构的领导职务，如县行政审批局局长兼任县优化营商环境领导小组副组长，或担任由自身职务派生出来的其他职务，如县委组织部副部长兼任县人社局局长等。

县域干部的非正式流动需满足流动的要求并履行相应的程序。以借调为例，干部借调的程序包括以下环节：借调单位征得拟借调人员所在单位及本人同意，提出借调申请；借调单位出具"借调人员审批表"报相关部门审批；借调单位出具书面借调函，组织借调人员报到；借调期满，借调人员返回原单位报到。

（三）县域干部的激励

在县域人事体制中，通过特定的激励机制可以有效调动县域干部的工作积极性，并对其行为目标的选择起引导和约束作用，从而推动整个县域经济社会的良性发展。通常情况下，对县域干部的激励可以分为政治激励、物质激励和精神激励三种。

1. 政治激励

政治激励是县域人事体制中最常见的干部激励类型之一。按照其指向不同，可以划分为正向政治激励和负向政治激励两种。

(1) 正向政治激励

县域干部的正向政治激励主要包括两种方式。第一，职务晋升。职务晋升是指县域干部尤其是公务员群体的行政职务的级别发生变化。常见的职务晋升方式有：组织提拔，即从某一级行政职务提拔到更高一级的行政职务；破格提拔，即对于特别优秀的干部可以突破任职资格规定或越级提拔担任领导职务。

第二，重用。重用是指县域干部的行政职务发生变化，但前后担任的两种行政职务的级别相一致。乡镇政府位于我国行政体制的末端，权责利不匹配的现实情况使得乡镇必须借助诸如层级、岗位、自主权、地位、价值等非制度性的隐性阶序流动形式，来调动乡镇干部的工作主动性和创造性。[①] 因此，在县域人事体制中，干部得到重用的现象在乡镇这一层级发生频率最高，比如从乡镇副镇长调整至乡镇党委副书记，从人口和经济总量偏小的乡镇党委书记调整至人口和经济总量较大的乡镇党委书记等。

周黎安认为，"以经济增长为基础的晋升锦标赛结合了中国政府体制和经济结构的独特性质，提供了一种具有中国特色的激励地方官员推动地方经济发展的治理方式"。[②] 可以说，在政府组织中，正向政治激励是最核心、最有效的激励方式。但是，"晋升锦标赛"的一大缺陷，就在于其主要关注的是地方主要官员的晋升问题，如县委书记和县长，而县级政府在我国多层级政府这一组织结构中处于较末端，县域干部极易触碰到职业晋升的"科级天花板"，[③] 因此这一激励方式在县域范围内也有相对局限性。

(2) 负向政治激励

县域干部的负向政治激励主要包括三种方式。第一，党纪处分。党纪处分是根据《中国共产党纪律处分条例》对党员进行的处罚，目的是限制其在党内的活动，并使其承担一定的义务，以纠正其违纪行为。党纪处分分为警告、严重警告、撤销党内职务、留党察看、开除党籍五种。

[①] 杨华:《"制造流动"：乡镇干部人事激励的一个新解释框架》,《探索》2020年第4期。
[②] 周黎安:《中国地方官员的晋升锦标赛模式研究》,《经济研究》2007年第7期。
[③] 陈家建、赵阳:《"科级天花板"：县域治理视角下的基层官员晋升问题》,《开放时代》2020年第5期。

第二，政务处分。政务处分是国家监察机关针对所有行使公权力的公职人员，包括行政机关、审判机关、检察机关、事业单位工作人员，以及基层群众性自治组织的管理人员，企业的管理人员和其他行使公权力的公职人员，所给予的纪律处分和惩戒。政务处分主要分为警告、记过、记大过、降级、撤职、开除六种。

第三，刑事责任处罚。县域干部所涉及的刑事责任处罚主要集中在职务犯罪这一方面。职务犯罪是指公职人员利用已有职权，贪污、贿赂、徇私舞弊、滥用职权、玩忽职守，侵犯公民人身权利、民主权利，破坏国家有关公务活动的规章规范等。《公务员法》第57条规定：对公务员涉嫌职务违法和职务犯罪的，应当依法移送监察机关处理。此外，酒后驾驶和醉酒驾驶也是县域干部面临刑事责任处罚的主要原因之一。

2. 物质激励

相较于政治激励，物质激励对于县域干部具有更加直接和更为基础的激励效果。县域干部的物质激励主要包括以下两种方式。

第一，职级晋升。职级晋升是指提升干部的等级序列，但不改变其行政职务的一种激励方式。职级晋升是与领导职务晋升并行的晋升通道，伴随着干部职级的提高，干部所获取的物质报酬，比如住房、工资、医疗等待遇，也可以稳步提升。另外，职级晋升后该干部无须承担领导职责。比如县农业农村局局长属于乡科级正职领导职务，由于工作能力突出、德才表现优秀，将其职级晋升为四级调研员后，该干部可以享受县处级副职待遇而不用履行县处级副职的职责。同时，职级晋升具有一定的任职年限要求，比如晋升四级主任科员，应当任一级科员2年以上；晋升四级调研员，应当任一级主任科员2年以上。需要注意的是，任职年限只是职级晋升的基本要求，并不意味着达到任职年限就一定可以晋升。

第二，发放绩效考核奖金和各类津补贴。县域干部的经济收入组成主要包括基本工资、各类津贴、各类补贴、绩效考核奖金、工会福利等五个部分。工资制度改革之后，我国在工资结构上实行"一盘棋"，即基本工资的具体数额大致相同，但地区与地区之间的各类津补贴和绩效奖励差异显著，比如江浙地区乡镇公务员年收入明显高于中西部地区。即使是在同一省份、同一地市，也会因地区发展不平衡而产生一定的收入差距，比如湖北省十堰市在绩效工资改革之前,在中心城区街道工作的办事员年终绩效奖励可以达到5万~6万元,而同一级别的干部在下属各县年终绩效奖励仅有2万~3万元。

3. 精神激励

除政治激励、物质激励以外,精神激励亦是面向县域干部的一种重要的激励机制。精神激励是指通过表彰、嘉奖等方式使激励对象感受到来自上级领导和人民群众的认可与鼓励,可以促使激励对象在日后的工作中发挥示范作用,争取更大进步。县域干部的精神激励主要包括以下两种方式。

第一,表彰嘉奖。常见的表彰嘉奖有口头表扬、通报嘉奖、授予荣誉称号等方式。比如多数地区为鼓励乡镇政府大力发展经济,设置有"金牛奖"和"蜗牛奖"等奖项,经济发展最好的、进步最明显的乡镇由党委书记上台领"金牛奖"并作经验分享,经济发展迟缓甚至出现停滞和退步的乡镇则由党委书记上台领"蜗牛奖"并作表态发言。此外,全国脱贫攻坚总结表彰大会隆重表彰全国脱贫攻坚楷模、中组部表彰百名全国优秀县委书记等,都属于表彰嘉奖这一类精神激励方式。

第二,建构熟人关系。县域范围内的干部队伍相对稳定,多数干部是本地人,相互之间容易基于血缘、地缘、趣缘而形成熟人关系。相较于表彰嘉奖这一方式,建立情感关系这一机制更具私密性和灵活性。基于此,上级领导可以通过情感动员的方式调动下属的工作积极性,从而更好地推动县域治理。反过来,当下属在工作和生活中遇到棘手的问题需要请求帮助时,上级领导也应予以积极回应。

第二节 县域财政体制

财政是国家的神经,[1] 是大国治理的重要基础和基本前提。各级政府有各自明确的施政范围,也就必须建立各级财政体制。县作为中国最基本

---

[1] 王绍光:《国家汲取能力的建设——中华人民共和国成立初期的经验》,《中国社会科学》2002年第1期。

的治理单元，高效的县域财政体制在维护县域社会和谐稳定、推动县域社会经济发展中发挥着无可替代的支撑性作用。

一 县域财政的基本构成

县财政局、乡镇财政所和县级行政机关内设的财务股①是县域财政体制的三个重要组成部分，三者分别在其职能范围内履行相应职责，保证县域治理体制的正常运转。

县财政局是负责县域财政工作的政府工作部门，行政级别为正科级。一般情况下，县财政局会加挂县级人民政府国有资产监督管理局的牌子，并根据县域实际情况设置多个内设机构，如办公室、预算股、国库管理股、行政政法股、经济建设股、农业农村股、社会保障股等。县财政局的主要职责是贯彻执行财务制度，按照政策组织财政收入、保障财政支出，管好用活地方的财政资金，促进工农业生产发展和各项事业发展。同时，县财政局也会培训专职的财会人员，提升理财能力和财务管理水平，提高社会经济效益，并积极进行财源建设，为发展地方经济服务。

乡镇财政所是管理乡镇财政的重要机构，是乡镇政府的有机组成部分，级别为股级。在部分经济比较发达的乡镇会设立财政分局，财政分局属于县财政局的派出机构。通常情况下，乡镇财政所主要职责涉及以下几方面：负责编制乡镇年度财政预算，监督乡镇各行政事业单位预算执行情况，编制乡镇财政决算；组织、协调乡镇人民政府调控收入及其管理；负责各项涉农惠农补贴资金等国家专项资金的管理及核兑；负责乡镇国有资产管理；监管乡镇各单位的财务；负责乡镇财政周转金清收及各种政策性债务清理工作；负责农村公益事业建设一事一议财政奖补项目资金管理、财务代理工作；负责农村集体资产的财务管理；承办镇党委政府和上级财政部门交办的其他事项。

县级行政机关内设的财务股主要负责机关财务管理和国有资产管理工作，保障机关日常运转。

---

① 多数县级职能部门将财务股负责的机关财务核算管理和审计工作归到机关办公室进行统一管理。

二　县域财政收入与支出

县域财政收入来源多样，相比之下，县域财政支出则较为单一。

（一）县域财政收入

县域财政收入主要有以下几种来源。

第一，税收收入。税收收入是指县级政府依据法定标准从单位和个人无偿取得的一种财政收入，是县域财政收入的主要来源之一。税收收入可以划分为两种类型。一是中央与县级共享的税收收入，包括增值税、纳入共享范围的企业所得税和个人所得税，以及除海洋石油资源以外的其余资源税。二是县级固定税收收入，包括营业税、县域企业上缴利润、城镇土地使用税、城市维护建设税、房产税、车船使用税、印花税、耕地占用税、契税、遗产和赠与税、烟叶税、土地增值税等。

第二，非税收入。非税收入是指除税收收入以外，由县级政府依法利用政府权力、政府信誉、国家资源、国有资产或通过提供特定公共服务、准公共服务等方式取得的财政性资金，是县级政府财政收入的重要组成部分。常见的非税收入有医保、社保、残疾人保障费用等城市政府性基金收入、土地出让金收入等。

第三，中央财政转移支付。财政转移支付是指上级政府对下级政府无偿拨付的资金，包括中央对地方的转移支付和地方上级政府对下级政府的转移支付，主要用于解决地区财政不平衡问题，推进地区间基本公共服务均等化，是政府实现调控目标的重要政策工具。[①] 县级财政所获得的中央财政转移支付可以分为四大类。一是税收返还、体制补助和结算补助。其中，税收返还是先将县级政府依法征收的部分税种上缴后再返还，区别于税收收入中依照一定比例的共享税收。二是一般性转移支付，即中央政府按照规范办法对财力有缺口的县级政府给予补助，县级政府可以按照相关规定统筹安排和使用。三是专项转移支付，即中央政府根据特定用途拨给县级政府的专项资金，不能挪作他用。四是其他转移支付，比如民族地区

---

① 刘昆：《国务院关于财政转移支付情况的报告——2023年8月28日在第十四届全国人民代表大会常务委员会第五次会议上》，中国人大网，http://www.npc.gov.cn/npc/c2/c30834/202309/t20230901_431400.html。

转移支付、农村税费改革转移支付等。

第四，财政拨款收入和上级补助收入。财政拨款收入是指上级政府根据县级政府机关、事业单位和其他组织的预算要求，按照一定比例向县域拨付的财政资金。比如中央财政拨付给县级政府机关、事业单位的财政资金。上级补助收入是指上级政府为了保障县级政府的正常运转，根据上下级关系对县级政府提供的财政支持款项。比如市级政府向县级政府提供的财政资金。

(二) 县域财政支出

县域财政支出主要包括县级政权机关运转所需支出，以及保障本地区经济、社会事业发展所需支出，具体包含县域行政管理费，公检法经费，民兵事业费，县域统筹安排的基本建设投资，县域企业的改造和新产品试制经费，农业支出，城市维护和建设经费，县域文化、教育、卫生等各项事业费等公共服务支出。

第三节 县域监督体制

权力监督作为一项基础性制度安排，是保障国家治理体系有效运转的关键。[1] 在党和国家的引领下，县域监督体制克服了既往监督范围狭窄、监督效能不足的缺陷，构筑起系统完备、科学规范、运行高效的县域监督体系，为县域干部认真履行工作职责、确保各项治理任务落实到位提供了充足保障。按照监督主体在监督范围和监督对象上的差异，可以将县域监督体系划分为党内监督体系和行政监督体系两个大类。

一 党内监督体系

强化党内监督是加强党的建设、巩固党的执政地位的关键举措，更是全面从严治党的重要体现。[2] 县域监督体制内的党内监督机构有县纪委监

---

[1] 王锐、倪星：《政党引领的权力监督模式：生成逻辑与内在机制》，《政治学研究》2022年第1期。
[2] 曹雪松：《党的十八大以来党内监督理念与实践的新发展》，《社会主义研究》2016年第4期。

委和县级党委的监督机构。

（一）县纪委监委

县纪委是县域监督体制中党内监督的专责机构，全称是中国共产党××县纪律检查委员会，由党的县级代表大会选举产生，每届任期和县级党的委员会任期相同。党的县级纪律检查委员会常务委员会和县纪委书记、副书记由党的县级纪律检查委员会全体会议选举产生，并由党的县级委员会通过，报党的市级委员会批准。在党的县级代表大会闭会期间，党的市级委员会可以根据工作需要，调动、任免县级纪律检查委员会书记和副书记。

需要说明的是，县监察委员会属于国家的监察机关，但在具体运行过程中，县纪委和县监委合署办公，实行"一套机构、两块牌子"，统称为县纪委监委，县监委主任由县纪委书记兼任。县监委由县级人民代表大会产生，县监委主任由县级人民代表大会选举产生，每届任期同县级人民代表大会相同。县监委副主任、委员由县监委主任提请县级人民代表大会常务委员会任免。县监委对县级人民代表大会及其常务委员会和市监委负责，并接受其监督。县纪委和县监委的区别在于监督范围不同，县纪委侧重于监督县级党的领导机关和领导干部，县监委负责监督县域内全体公职人员。

县纪委监委在市纪委监委和县委的双重领导下，履行党的纪律检查和国家监察两项职责。县纪委监委的组织机构分为两个部分。

一是内设机构。如办公室、干部室[①]、宣传调研法规室、党风政风监督室、信访室、案件监督管理室、案件审理室等，另外会根据县域实际情况设置若干纪检监察室。在日常运行过程中，除办公室和案件审理室外，其余各内设部门均依法承担并履行相应的监督职责。

二是派驻机构。派驻纪检监察组是县纪委监委的派出机构，名称为第一派驻纪检监察组、第二派驻纪检监察组等，其业务工作和后勤保障由县纪委监委统一管理。县纪委监委向县级各单位派驻纪检监察组，对监督单位的党组织、党员、领导班子、一般干部等进行日常监督，受理和审查被

---

① 部分地区干部室的名称是纪检监察干部监督室。

监督单位的党员干部、基层党组织违纪问题以及监察对象涉嫌职务违法问题,并对监督单位的机关纪委和直属单位的纪检监察工作进行业务指导和监督检查。

(二) 县级党委的监督机构

县级党委主要依托县委督查室和县委巡察工作领导小组开展监督工作。

县委督查室①是受县级党委主要领导委托、以县委工作为中心开展督促检查的专门机构。县委督查室主要有以下职责:对中央、省委重要文件和会议精神的贯彻落实情况进行督促检查;对县委重要文件、会议决定、决议和重大工作部署的贯彻执行情况进行督促检查;对县委常委会会议决定的事项进行督促落实;对全县经济社会发展重要指标以及重点项目建设、重要工作任务和县委向群众承诺办理的事项进行督促检查;对上级党委和县委领导批示的办理或交办工作进行专项督查;对全县党委系统督查工作进行业务指导;完成县委及办公室领导交办的其他工作。

县委巡察工作领导小组简称县委巡察组,由在编人员和借调人员组成,包括组长、副组长及纪委监委、组织人事、审计、财政、宣传、项目等单位专业人员。巡察组长由县委授权确定。组长、副组长实行一次一授权,由领导小组研究并报县委批准后确定每轮巡察的授权任职及任务分工。县委巡察工作办公室是县委巡察工作领导小组的日常办事机构,属于县委工作部门,一般设在县级党的纪律检查委员会,规格为正科级。县委巡察工作办公室下设综合科、巡察协调科、督查督办科、巡察指导科等。县委巡察组主要对县所辖乡科级及以下单位党组织领导班子及其成员进行巡察监督,及时向被巡察党组织及其主要负责人反馈巡察情况,会同巡察办督促其认真抓好整改落实,并完成县委巡察工作领导小组交办的其他事项。

二 行政监督体系

除党内监督外,县域监督体制还拥有规模庞大的行政监督体系。根据

---

① 县委督查室这一机构在各地设置情况不尽相同,有的地区县委督查室是县委工作机关,有的地区县委督查室是县委办公室下面的工作机构。

监督主体性质的不同，可以将县域行政监督机构分为内部监督机构和外部监督机构。

(一) 内部监督机构

内部监督机构按照其是否属于县级政府专设的行政监督机构，可以进一步划分为内部专职监督机构和内部非专职监督机构。

县政府督查室[①]是县级政府专设的监督机构，即内部专职监督机构。县政府督查室主要有以下职责：对县政府重大决策部署、重点工作、重点建设项目的贯彻落实情况进行督促、检查和反馈；对县政府常务会议和县长办公会作出的重要决定事项进行督查；对促进全县经济发展、维护社会和谐和县政府向群众承诺办理的事项进行督促检查；完成县政府领导交办的其他工作。

内部非专职监督机构包括县政府的各个工作部门及其下设的各种内设机构。多数县政府工作部门承担有一定的监督职责，如县财政局对财政行政执法工作以及财税法律法规、政策的执行情况的监督，县审计局对县级财政收支和法律法规规定属于审计监督范围的财政收支的真实性、合法性和效益进行的审计监督，县市场监督管理局对市场秩序、产品质量安全、特种设备安全、食品安全的监督管理，县应急管理局对全县安全生产和工矿商贸行业安全生产的监督管理等。

(二) 外部监督机构

外部监督机构是指政府行政机关以外的权力与非权力主体对行政机关及其工作人员实施监督的机构，分为外部权力监督机构和外部非权力监督机构。

外部权力监督机构包括国家权力机关的监督机构和国家司法机关的监督机构两种。其中，国家权力机关的监督机构主要是县级人民代表大会及其常委会。县级人民代表大会及其常委会履行监督职责的常用途径有：听取和审议"一府两院"的专项工作报告并监督其依法行政、依法司法，通过执法检查督促"一府两院"纠正法律实施中存在的偏差等。国家司法机关的监督机构包括县检察院和县法院，县检察院主要在诉讼过程中对

---

① 部分地区也称为县政府政务督查室。

公安机关、审判机关、执行机关等进行合法性监督,县法院主要对案件审判、法官业务能力、下级法院进行的司法行政活动等进行司法监督。

外部非权力监督机构包括县政协以及各民主党派和各人民团体[①]的行政监督机构,如县政协通过提案制度对县级党委政府的工作提出意见建议,通过召开监督会议对县级党委和政府的工作进行全面监督,通过视察调研发现问题反馈给县级党委政府并督促其解决,通过媒体等渠道对党和政府的工作实施舆论监督等。

---

① 包括工会、共青团、妇联等。

第五章　县域政治建设

党的十八大报告首次提出中国特色社会主义事业建设"五位一体"的总体布局，政治建设是重要组成部分。党的十九大报告进一步强调统筹推进经济建设、政治建设、文化建设、社会建设、生态文明建设。县域政治建设主要包括两个方面：一是县域党的政治建设；二是县域社会主义民主政治建设。以县域党的建设引领县域民主政治建设，一方面保证人民民主，维护人民民主专政的政治制度。另一方面完善党在县域和基层的政权建设，实现有效治理，推动县域高质量发展。

第一节　县域党的政治建设

一　县域党的政治建设的意义和内容

（一）县域党的政治建设的意义

第一，县域党的政治建设是县域党的根本性建设。旗帜鲜明讲政治是中国共产党作为马克思主义政党的根本要求。中国共产党从诞生之日起，就是一个高度重视政治建设的政党。在革命、建设、改革各个时期，中国共产党不断推进政治建设，形成了讲政治的优良传统。党的十八大以来，以习近平同志为核心的党中央把党的政治建设摆在更加突出位置。县域党组织包含了党的地方组织和党的基层组织，必须服从党中央的政治意志，贯彻党中央关于党的政治建设的总体要求和基本原则，在县域各级党组织和派出机关加强党的政治建设。

第二，县域党的政治建设是党的其他建设工作的前提和统领，决定县域党的建设方向和效果。在党的十九大报告中，习近平同志首次提出了党的政治建设这一重大命题，并将其作为党的五大建设之一，强调"以党的政治建设为统领""把党的政治建设摆在首位""党的政治建设是党的根本性建设，决定党的建设方向和效果"。① 在党的二十大报告中，进一步明确了"以党的政治建设统领党的建设各项工作"。② 概言之，党的政治建设是"纲"和"本"。县域党的思想建设、组织建设、作风建设、纪律建设、制度建设都要服务于党的政治建设，体现和反映党的政治建设要求。

第三，县域党的建设成效要以政治建设效果作为检验标准。县域党的建设成效如何、党的组织和党员队伍建设水平如何，首先要用政治建设成效来检验和衡量。县域党的政治建设为县域党的建设提供了一个可检验的基本标准：看党的性质、宗旨和政治方向坚持得如何，看党的政治主张、政治纲领、政治路线执行得如何，看县域各级党组织在政治立场、政治方向、政治原则、政治道路上是否同党中央保持高度一致，看县级党委的政治领导力、基层党组织的政治功能、党员干部的政治能力是否得到增强，看党的政治生活是否健康、政治生态是否净化，等等。

（二）县域党的政治建设的内容

党的政治建设是指为推动党的事业和加强党的自身建设而在政治方面所开展的工作，是运用科学的理论和方法，正确制定党的纲领和政治路线，制定相应的方针政策，并用党的纲领、路线和方针政策统一全党的思想和行动，通过正确处理党内矛盾、解决突出问题，确保全党思想上政治上高度统一、步调一致，为实现党的政治使命和政治目标努力奋斗。③ 县域党的政治建设，主要包括把准政治方向、坚持党的政治领导、夯实政治根基、涵养政治生态、防范政治风险、提高政治能力。

1. 把准政治方向

"政治方向是党生存发展第一位的问题，事关党的前途命运和事业兴

---

① 《习近平著作选读》（第二卷），人民出版社，2023，第51页。
② 《习近平著作选读》（第一卷），人民出版社，2023，第11页。
③ 全国党建研究会课题组：《旗帜鲜明加强党的政治建设》，人民网，http://dangjian.people.com.cn/n1/2019/0726/c117092-31258251.html。

衰成败。"① 把准政治方向，就要坚持共产主义远大理想和中国特色社会主义共同理想、"两个一百年"奋斗目标，以及党的基本理论、基本路线和基本方略。县级党委作为县域党的政治建设的责任主体，领导班子要把坚持政治方向贯彻到谋划县级发展战略、制定重大政策、建设干部队伍的实践中，各党委组成部门在开展工作时要经常对表对标，以党中央的决策部署为方向标和落脚点。

2. 坚持党的政治领导

坚持党的政治领导就是要坚持党是最高政治领导力量。习近平总书记强调，"坚持党的政治领导，最重要的是坚持党中央权威和集中统一领导，这要作为党的政治建设的首要任务"。② 在县域坚持党的政治领导，核心在于坚持县级党委的政治领导。县级人大、县级人民政府、县级政协等县级国家机关和群团组织以及县乡村三级党组织，都要坚持县级党委在组织建设、思想引领等方面的政治领导。

3. 夯实政治根基

夯实政治根基就是要紧扣民心这个最大的政治，把赢得民心民意、汇集民智民力作为重要着力点。习近平总书记要求，要站稳人民立场，贯彻党的群众路线，同人民想在一起、干在一起，坚决反对"四风"特别是形式主义、官僚主义，始终保持党同人民群众的血肉联系。③ 县级党委领导干部和基层党员干部，要经常性地联系群众，通过接待群众来访、下基层走访调研、一线现场办公等多样化的方式，倾听民声民意，贯彻好新时代党的群众路线，全心全意为人民服务。

4. 涵养政治生态

涵养政治生态就是要营造良好的政治生态，这是一项长期任务，必须作为县域党的政治建设的基础性、经常性工作。"选人用人是风向标，直接影响着政治生态走向"，④ 因此，要把树立正确选人用人导向作为重要着力点，突出选人用人的政治标准。县域各级党组织要贯彻落实新形势下

---

① 《习近平著作选读》（第二卷），人民出版社，2023，第182页。
② 《习近平著作选读》（第二卷），人民出版社，2023，第183页。
③ 《习近平著作选读》（第二卷），人民出版社，2023，第184页。
④ 《习近平著作选读》（第二卷），人民出版社，2023，第185页。

党内政治生活的若干准则，让党员、干部在党内政治生活中经常进行政治体检，打扫政治灰尘，净化政治灵魂，增强政治免疫力。加强县域党内政治文化建设，让党所倡导的理想信念、价值理念、优良传统深入基层党员、干部的思想和心灵。

5. 防范政治风险

防范政治风险就是要坚持底线思维，居安思危。防范县域政治风险，主要有三方面内容。一是要教育引导县乡村三级领导干部增强政治敏锐性和政治鉴别力，对容易诱发政治问题特别是重大突发事件的敏感因素、苗头性倾向性问题，做到眼睛亮、见事早、行动快，及时消除各种政治隐患。二是要高度重视并及时阻断不同领域风险的转化通道，避免各领域风险交叉，防止非公共性风险扩大为公共性风险、非政治性风险蔓延为政治风险。三是要增强县域党员干部的斗争精神，敢于亮剑、敢于斗争，坚决防止和克服嗅不出敌情、分不清是非、辨不明方向的政治麻痹症。

6. 提高政治能力

提高政治能力就是要不断提高县域党员干部特别是县级党委书记把握方向、把握大势、把握全局的能力，辨别政治是非、保持政治定力、驾驭县域政治局面、防范县域政治风险的能力。"提高政治能力，很重要的一条就是要善于从政治上分析问题、解决问题。只有从政治上分析问题才能看清本质，只有从政治上解决问题才能抓住根本。"[1]县级党委领导干部要"炼就一双政治慧眼，不畏浮云遮望眼，切实担负起党和人民赋予的政治责任"[2]。

二　县域党的政治建设途径

《中共中央关于加强党的政治建设的意见》指出，"加强党的政治建设，……要以党章为根本遵循，把党章明确的党的性质和宗旨、指导思想和奋斗目标、路线和纲领落到实处。要突显党的政治建设的根本性地位，聚焦党的政治属性、政治使命、政治目标、政治追求持续发力。要以党的

---

[1] 《习近平著作选读》（第二卷），人民出版社，2023，第187页。
[2] 《习近平著作选读》（第二卷），人民出版社，2023，第187页。

政治建设为统领，把政治标准和政治要求贯穿党的思想建设、组织建设、作风建设、纪律建设以及制度建设、反腐败斗争始终，以政治上的加强推动全面从严治党向纵深发展，引领带动党的建设质量全面提高。……要把党的政治建设融入党和国家重大决策部署的制定和落实全过程，做到党的政治建设与各项业务工作特别是中心工作紧密结合、相互促进"。[①] 在县域层面，需要以县级党委为核心，通过坚持县级党委的政治领导、提高县域党组织政治能力、净化县域党组织政治生态、强化政治建设的组织实施等途径，加强县域党的政治建设。

（一）坚持县级党委的政治领导

"党政军民学，东西南北中，党是领导一切的。"[②] 坚持县级党委的政治领导，第一，要坚决做到"两个维护"，严格执行党内法规。县域各级党组织要教育引导党员干部始终同以习近平同志为核心的党中央保持高度一致。县域各级党组织要以党章为根本依据，不断完善保障"两个维护"的制度机制，严格执行《关于新形势下党内政治生活的若干准则》《中国共产党重大事项请示报告条例》《中共中央政治局关于加强和维护党中央集中统一领导的若干规定》等党内法规。县级党委要加强对县域各级党组织贯彻执行党的路线方针政策和决议情况的督促检查，完善督查问责机制。党员干部要以正确的认识、正确的行动坚决做到"两个维护"，坚决防止和纠正一切偏离"两个维护"的错误言行。

第二，完善县级党委的领导体制。坚持党总揽全局、协调各方，建立健全坚持和加强党的全面领导的制度体系，为把县级党委的领导落实到县域各领域各方面各环节提供坚实制度保障。健全县级党委体制机制。通过党建引领乡村振兴、党建引领基层社会治理、党委统合政府部门完成中心工作等机制创新，[③] 完善县级党委集中统一领导重大工作的体制机制。建立健全县域国有企业和事业单位、农村、街道社区等的基层党组织发挥领

---

① 参见《中共中央关于加强党的政治建设的意见》，求是网，http://www.qstheory.cn/yaowen/2019-02/27/c_1124172227.htm。
② 习近平：《论坚持党对一切工作的领导》，中央文献出版社，2019，第9页。
③ 田先红：《统合治理与中国县域治理现代化——基于县域议事协调机构的经验分析》，《甘肃社会科学》2023年第2期。

导作用的制度规定。健全县级党委对其他县级国家机关和社会组织实施领导的制度规定,确保其始终在县级党委领导下开展工作。

第三,改进县级党委的领导方式。县级党委要着眼于把方向、谋大局、定政策、促改革,坚决执行党中央的路线方针政策、制定县域重大政策。要坚持民主集中制,善于运用民主的办法汇集意见、科学决策。要坚持群众路线的领导方法,不断增强群众工作本领,通过大兴调查研究之风,改进和创新联系群众的途径方法,增强群众工作本领,汇集民智民力,把党的主张变为群众自觉行动。坚决反对"四风"特别是形式主义和官僚主义。注重运用法治思维和法治方式治理县域,把县级党委的领导活动纳入制度轨道。在组织协调和牵头引领的过程中,提升县级党委的政治领导力和政治执行力。

(二)提高县域党组织政治能力

第一,增强党组织政治功能。政治属性是党组织的根本属性,政治功能是党组织的基本功能。县级党委要在党中央和上级党委领导下,提高县域党组织的政治能力。县域党的基层组织要着力提升组织力,突出政治功能、强化政治引领,担负起直接教育和管理党员、动员与服务群众的职责,发挥战斗堡垒作用。在县级党委的领导下,整顿基层党组织软弱涣散问题,加强流动党员管理。党组织要在县级党委的领导下,在本部门本单位发挥好把方向、管大局、保落实的重要作用,确保党中央和县级党委的决策部署在本部门本单位贯彻落实。县级党的纪委要强化党内监督专责机关的职能定位,全面监督执纪问责,维护党章党规党纪的严肃性和权威性。县级党的工作机关要提高履职尽责的政治性和有效性,更好服务党委决策、抓好决策落实。县域所有党组织和全体党员必须牢固树立一盘棋意识,在县级党委的集中统一领导下齐心协力、步调一致开展工作,形成整体合力。

第二,强化县域各类组织的政治功能。县级各类国家机关本质上都是政治机关,旗帜鲜明讲政治是应尽之责。县级国家机关要健全机关党建工作责任制,[①] 始终坚持在党的领导下依法实施经济社会管理活动,要提高

---

① 中央和国家机关工委理论学习中心组:《毫不动摇坚持和加强党的全面领导》,人民网, http://politics.people.com.cn/n1/2021/0824/c1001-32204719.html。

政治站位，把准政治方向，坚决防止把政治与业务割裂开来、对立起来的错误认识和做法，确保政治和业务融为一体、高度统一。县域各类群团组织是党领导下的政治组织，要认真履行政治职责，充分发挥联系人民群众的桥梁和纽带作用，要坚定不移坚持县级党委的领导，不折不扣落实党中央关于群团组织改革的决策部署，增强群团组织的政治性、先进性、群众性。县域国有企事业单位必须始终坚持党的领导，认真落实党中央关于推进国有企事业单位改革发展的决策部署，切实加强本单位党的建设工作，充分发挥党组织重要作用，保证本单位工作坚持正确政治方向、取得良好政治效果。

第三，提高县域党员干部政治本领。县域党员干部特别是领导干部要加强政治能力训练和政治实践历练，切实提高把握方向、把握大势、把握全局的能力和辨别政治是非、保持政治定力、驾驭政治局面、防范政治风险的能力。要在大是大非面前态度鲜明、立场坚定，始终在政治立场、政治方向、政治原则、政治道路上同以习近平同志为核心的党中央保持高度一致。要善于从政治上研判形势、分析问题、开展工作，做到一切服从大局、一切服务大局。要强化忧患意识、风险意识，增强政治敏锐性和政治鉴别力，对意识形态领域各种错误思潮、模糊认识、不良现象，保持高度警惕。要提高风险处置能力，及时阻断不同领域风险转换通道。要增强斗争精神，强化政治担当，对违反政治纪律、危害政治安全的行为坚决抵制。

（三）净化县域党组织政治生态

第一，严明党的政治纪律和政治规矩，严肃党内政治生活。政治纪律是党最根本、最重要的纪律，是净化政治生态的重要保证。县级党委要把坚决做到"两个维护"作为首要政治纪律，在县域各级党组织持续深入开展忠诚教育，教育督促党员干部始终对党忠诚老实，决不允许在重大政治原则、大是大非问题上同党中央唱反调，搞自由主义。县纪委要严格执行《中国共产党纪律处分条例》，严肃查处违反政治纪律的行为，通过严明政治纪律带动党的其他纪律严起来。县域各级党组织要严格执行《关于新形势下党内政治生活的若干准则》，增强党内政治生活的政治性，强化政治教育和政治引领，让党员干部经常接受政治体检。增强党内政治生活的时代性、原则性、战斗性，着力提高党内政治生活质量，努力在党内形成又有集中又有民主、又有纪律又有自由、又有统一意志又有个人心情舒畅生动活泼的政治局面。

第二，发展积极健康的党内政治文化。营造良好政治生态，离不开党内政治文化的浸润滋养。县级党委要坚持"三严三实"，大力弘扬忠诚老实、公道正派、实事求是、清正廉洁等价值观，充分利用爱国主义教育和党性教育基地对县域广大党员干部进行教育和熏陶，增强党员干部的政治定力、纪律定力、道德定力、拒腐定力。大力倡导清清爽爽的同志关系、规规矩矩的上下级关系、干干净净的政商关系。培育党员干部政治气节、政治风骨。发扬革命文化，传承红色基因，弘扬革命精神。弘扬社会主义先进文化，引导党员干部带头做社会主义核心价值观的坚定信仰者、积极传播者、模范践行者。坚决抵制庸俗腐朽的政治文化，坚决防止和反对个人主义、自由主义、好人主义、宗派主义、圈子文化等不正之风。

第三，突出选人用人政治标准。选人用人标准是政治生态的风向标。县级党委要坚持党管干部原则，贯彻新时期好干部标准，始终把政治标准放在第一位，注重选拔任用牢固树立"四个意识"、自觉坚定"四个自信"、做到"两个维护"、全面贯彻执行党的理论和路线方针政策、忠诚干净担当的干部，对政治不合格的干部实行"一票否决"，已经在领导岗位的坚决调整。县委组织部要严格执行《党政领导干部选拔任用工作条例》《党政领导干部考核工作条例》，在选人用人中进一步突出政治标准，强化政治把关；建立健全领导干部政治素质识别和评价机制。保持县域党员干部队伍的纯洁性和先进性，营造清廉有为的县域政治生态。[1]

（四）强化政治建设的组织实施

第一，落实领导责任。一方面，要建立健全县域党的政治建设工作责任制。县级党委要切实负起本级本部门党的政治建设工作主体责任。党委书记要履行第一责任人职责，对党的政治建设重要工作亲自部署、重大事件亲自处置。党委其他成员要根据职责分工，按照"一岗双责"要求，抓好分管部门和领域党的政治建设工作。县级党的建设工作领导小组要发

---

[1] 全国党建研究会课题组：《习近平论述选人用人》，求是网，http://www.qstheory.cn/zhuanqu/bkjx/2019-09/10/c_1124981819.htm；李兆杰：《做好新时代选人用人工作》，人民网，http://dangjian.people.com.cn/n1/2021/1014/c117092-32253116.html。

挥统筹协调的职能作用，县级纪检监察机关和党委有关部门要各司其职，履行推进党的政治建设工作相关职责。另一方面，要坚持抓"关键少数"和管"绝大多数"相结合，重点抓住领导机关和领导干部，发挥其示范引领作用。实施"一把手"政治能力提升计划，让各级领导干部注重加强政治历练、积累政治经验、增进政治智慧，坚决做到"两个维护"。

二是强化制度保障。要把建章立制贯穿党的政治建设全过程各方面，建立健全长效机制，形成系统完备、有效管用的政治规范体系，真正实现党的政治建设有章可循、有据可依。坚持集成联动，完善党内法规制度体系有关制度，健全国家法律体系有关规定，在各类章程中明确提出有关要求，做到相辅相成、有机统一。坚持明确标准，既提出政治高线，激励党员干部向往践行，又划出政治底线，防止党员干部逾矩失范。坚持执规必严，加大宣传教育和执行力度，督促党员干部把党的政治规范刻印在心上、落实在行动上，坚决维护制度权威。

三是加强监督问责。压实县级党委主体责任，县级党委工作部门和纪委要加强对党的政治建设工作的监督检查，将其作为巡视巡察和督查检查的重要内容，深化政治巡视，强化政治监督，着力发现和纠正政治偏差。探索建立县域政治生态评价体系。把本级党的政治建设工作情况纳入党委书记抓党建述职评议和党建考核评价体系，并突出其权重。坚持失责必问、问责必严，对落实党的政治建设责任不到位、推进党的政治建设工作不力，以及违反党的政治纪律和政治规矩的行为严肃追责问责。

第二节　县域民主政治建设

一　县域民主政治建设的基础与要求

（一）县域民主政治建设的基础

习近平总书记指出："发展社会主义民主政治就是要体现人民意志、保障人民权益、激发人民创造活力，用制度体系保证人民当家作主。"[1]

---

[1] 习近平：《论坚持人民当家作主》，中央文献出版社，2021，第175页。

在县一级，社会主义民主政治建设具备如下基础。

首先，县域具备民主政治建设的组织制度环境。县域有注重政治建设的执政党的地方和基层组织，作为国家权力机关的县级人大，功能完备的县级行政机构，专门的民主协商机构及其会议，司法机关、监察机关等县级国家机关，以及工会、共青团、妇联等各类具备政治功能的群团组织，这些政治组织和相应的制度设置为县域社会主义民主政治建设创造了良好的环境。

其次，县域具备开展民主政治建设的社会基础。县域社会拥有一定体量的人口规模和县域产业经济体系，包含了城市、农村等丰富的社会形态与乡镇、村社等基层治理单元，存在不尽相同的治理问题和利益诉求。建立健全县域民主政治，让公权力在公开透明的环境下依法运行，让县域不同社会群体能够通过制度化的途径广泛参与到县域民主协商和民主监督中，提出利益诉求，维护合法权利，有利于推动实现县域各领域的可持续发展和公共政策的有效落实，从基层保障人民当家作主。

最后，县域有深厚的基层民主政治建设的实践基础。基层是社会的细胞，历来是民主政治的发源地和试验田。[1] 自改革开放以来，县域成为我国大部分基层民主政治建设的实践场域。比如村民自治、居民自治、县乡人大代表直接选举以及企事业单位的民主管理等基层民主政治实践，[2] 都是在县域开展的。这使得县域积累了许多社会主义民主政治建设的经验。综上所述，无论是组织制度环境、社会基础还是政治建设的实践基础，县域均具备推进社会主义民主政治建设的必要条件。

（二）落实全过程人民民主：县域民主政治建设的要求

2019年11月2日，习近平总书记在考察上海市长宁区虹桥街道基层立法联系点时，第一次提出"人民民主是一种全过程的民主"。[3] 2021年7月1日，在庆祝中国共产党成立100周年大会上的重要讲话中，习近平

---

[1] 鲍洪俊：《习近平：基层民主越健全，社会越和谐》，《人民日报》2006年9月25日。
[2] 徐勇、刘义强：《我国基层民主政治建设的历史进程与基本特点探讨》，《政治学研究》2006年第4期。
[3] 习近平：《论坚持人民当家作主》，中央文献出版社，2021，第303页。

总书记又特别提出要"践行以人民为中心的发展思想，发展全过程人民民主"。①

作为中国特色社会主义民主政治建设的重要环节，县域的民主政治建设要坚持全过程人民民主这一新时代人民民主的理论和实践。党的二十大报告指出："全过程人民民主是社会主义民主政治的本质属性，是最广泛、最真实、最管用的民主。"② 不同于西方的政治精英化的、以利益集团竞争性选举为基准的"最小化"民主定义，③ 一方面我国的人民民主深嵌于中国特色社会主义发展道路之中，体现为一种全过程的民主，具有时间上的持续性、内容上的完整性、公民参与的全过程性等诸多特征。④ 另一方面我国的人民民主是中国共产党领导人民实行的人民民主，没有任何自己的特殊利益，从来不代表任何利益集团、任何权势团体、任何特权阶层的利益，而是"始终把最广大人民根本利益放在心上"。

在县域开展全过程人民民主建设，要做到以下几方面。一是民主的主体全，将县域全体人民纳入民主过程。二是参与的内容全，县域人民尽可能参与到国家政治社会生活方方面面的大小公共事务中。三是覆盖的范围全，构建环节完整的民主体系，实现广泛、多层制度化发展的要求，从立法、行政到社会生活都要建立民主选举、民主决策、民主管理和民主监督的民主制度。四是民主的流程全，既要重视民主选举，也要重视选举后的治理，形成民主程序上的闭环。

综上所述，县域民主政治建设要以全过程人民民主为指南，设计相应制度和安排工作。县域人民群众既要能在政治生活中参与行使国家权力，也要能够在县域社会事务中实现充分的自我管理，并且充分发挥县级人民代表大会作为全过程人民民主主渠道的重要作用⑤，以多样化的形式推进县域民主政治建设。最终在县域实现党的领导、人民当家作主与依法治国的有机统一。

---

① 习近平：《论坚持人民当家作主》，中央文献出版社，2021，第304页。
② 《习近平著作选读》（第一卷），人民出版社，2023，第30~31页。
③ 〔美〕熊彼特：《资本主义、社会主义和民主》，吴良健译，商务印书馆，1999，第395~400页。
④ 桑玉成：《拓展全过程民主的发展空间》，《探索与争鸣》2020年第12期。
⑤ 张君：《全过程人民民主：新时代人民民主的新形态》，《政治学研究》2021年第4期。

二 县域民主政治建设的方式

党的十九大报告在"四个民主"的基础上,增加了"民主协商"环节,完善了社会主义人民民主理论。县域民主政治建设以全过程人民民主理论为基础,涵盖了民主选举、民主协商、民主决策、民主管理、民主监督等一系列环节,通过一系列法律和制度安排,真正将民主运作的各环节彻底贯通起来,支持和确保人民实现当家作主。

(一) 县域民主选举

民主选举是人民通过选举、投票行使权利,选出代表自己意愿的人来掌握并行使权力,是全过程人民民主的一种重要形式,是人民实现当家作主的重要体现。

县域民主选举主要包括两类。一是宪法和选举法等法律规定的基层政权机关的选举,即选民参加县乡人大换届选举、通过县乡两级人大选举同级人民政府领导人员。二是各类依法开展的基层群众自治组织的选举,这也是社会主义民主政治在基层最广泛最生动的实践,主要包括村(居)民委员会选举和企事业单位职工代表大会选举。

实现有效的县域民主选举,要规范县域民主选举的流程,建立更加公正透明的选举程序和决策程序,县域党委政府要健全对民主选举过程中违法乱纪、徇私舞弊现象的制度约束和惩罚机制,确保城乡居民依法有序行使选举权和决策权。要充分保障各类社会群体享有县域民主选举的权利,拓宽民主选举的参与渠道,保障县域弱势群体和边缘群体的政治参与。

(二) 县域民主协商

"人民是否享有民主权利,要看人民是否在选举时有投票的权利,也要看人民在日常政治生活中是否有持续参与的权利",[①] 民主选举是民主政治的必要开端,选举之后的政治运作过程,更多依靠民主协商实现。协商民主是在中国共产党的领导下,人民内部各方面围绕改革发展稳定重大问题和涉及群众切身利益的实际问题,在决策之前和决策实施之中开展广

[①] 《习近平谈治国理政》(第二卷),外文出版社,2017,第292页。

泛协商，努力形成共识的重要民主形式。① 县域民主协商是实现县域公共利益最大化的政策过程和活动，② 要充分容纳各类社会主体参与协商，实现政党、国家和社会之间的有效互动，这需要进一步完善县域民主协商形式和协商体系。

一是不断丰富县域民主协商形式。有事好商量，众人的事情由众人商量，找到全社会意愿和要求的最大公约数，是人民民主的真谛。③ 一方面，县乡人大代表、政协委员和人民群众可以通过提案、会议、座谈、论证、听证、评估、咨询、网络、民意调查等多种途径和方式，在决策之前和决策实施之中开展广泛协商。另一方面，县域党组织要在基层民主协商中发挥引领作用。比如四川省宜宾市的"片区化党建"，将党建引领的基层协商民主贯穿多个基层区划单元，化解了村际公共物品和服务的供给矛盾。④

二是持续健全县域民主协商体系。畅通政党协商、人大协商、政府协商、政协协商、人民团体协商、基层协商、社会组织协商等协商渠道，推动县域协商民主广泛多层制度化发展。特别是建设好县级政协这一专门协商机构，县级政协要在县域党政机关领导下，通过搭建议事空间、加强活动组织、延伸政协职能、推动政协委员下沉等方式实现政协协商向基层延伸。⑤ 在基层民主协商过程中吸纳民意、汇集民智、传达解释党和国家的政策，转化民主协商内容为县域公共政策和民生项目，在民主协商过程中化解基层治理的问题，完善上下联动机制，实现政协协商与基层民主协商的有效衔接。

（三）县域民主决策

县域民主决策是县域全过程人民民主的重要一环。只有集思广益、群

---

① 参见《中共中央印发〈关于加强社会主义协商民主建设的意见〉》，中国政府网，https://www.gov.cn/xinwen/2015-02/09/content_2816784.htm。
② 朱勤军：《中国政治文明建设中的协商民主探析》，《政治学研究》2004年第3期。
③ 参见《习近平：找到全社会意愿和要求的最大公约数是人民民主的真谛》，新华网，http://www.xinhuanet.com/politics/2014-09/21/c_1112564688.htm。
④ 姜晓萍：《积极发展基层民主 夯实全过程人民民主的基础》，人民网，http://theory.people.com.cn/n1/2022/1118/c40531-32569043.html。
⑤ 陈家刚：《持续推动政协协商向基层延伸》，人民政协网，https://www.rmzxb.com.cn/c/2021-04-15/2830008.shtml。

策群力，县级党委政府才能更好作出决策，让县域公共政策更好反映人民意愿，增进人民福祉。

一是县级人大汇集民意。让县域人民通过县级人大切实参与立法活动和县级重大政策的制定。县级人民代表大会及其常委会可以通过人大代表联络站点、基层立法联系点、人大代表专题调研、召开座谈会等途径，收集来自基层的意见建议，转化为立法建议提交给具有立法权的上级人大常委会，将有关政策建议转化为议案，在县级人大会议上向同级人民政府提出。

二是县级政府开门问策。县级政府要制定并完善政府重大行政决策公众参与工作规则，规范行政决策行为，健全科学、民主、依法的决策机制。在决策启动环节，召集县级人大代表、政协委员和公民、法人与其他组织提出建议；在决策研究制定环节，通过座谈会、公开征求意见、听证会、民意调查、实地走访等方式，广泛听取社会各界特别是直接关系人的意见和建议；在决策草案公示环节，通过政府网站和各类媒体，公布决策草案及说明材料；在决策后评估阶段，听取社会公众意见，召集人大代表、政协委员、人民团体、基层组织和专家等参与评估。

三是群众广泛参与基层决策。基层群众通过村（居）民会议、村（居）民代表会议、村（居）民小组会议等形式，运用"四议两公开""线上+线下"等协商议事工作机制，向基层群众自治组织提出意见建议。就县域经济社会发展、基础设施建设、社会综合治理、基层文化服务、生态环境保护等县域治理中的重大问题，通过政务服务平台和热线，向县级国家机关提出意见建议，参与决策制定和实施。

（四）县域民主管理

人民的事人民管，人民的事人民办。县域人民群众要弘扬县域主人翁精神，发挥主体作用，积极行使民主权利，通过各种途径和形式，管理国家事务，管理经济和文化事业，管理社会事务。

一是县域城乡社区民主管理。县域城市和农村社区居民要根据宪法法律和有关规定，在基层党支部的组织引领下，结合本地实际，讨论制定村（居）民自治章程、村规民约、居民公约等，明确规定村（居）民的权利和义务，以及经济管理、社会治安、环境卫生、婚姻家庭、邻里关系、精神文明建设等方面的自治要求，普遍实现村（居）民在基层公共事务和公益事业中的自我管理、自我服务、自我教育、自我监督。

二是县域企事业单位民主管理。企事业单位是县域经济和社会服务的重要组成细胞，贯彻民主管理是其社会责任。县域各企事业单位要遵循宪法法律和有关规定，建立以职工代表大会为基本形式，以厂务公开制度、职工董事制度、职工监事制度为主要内容的民主管理制度。职工通过这些民主管理制度，参与企事业单位管理，维护单位职工合法权益，实现单位与职工协商共事、机制共建、效益共创、利益共享。

三是县域社会组织民主管理。县域各类社会团体、基金会、社会服务机构等社会组织，要加强组织成员管理，自主开展活动，集中组织成员或服务对象的意见建议，以组织化的方式积极参与社会公共事务治理，在行业自律、社会服务、慈善事业等领域发挥民主管理作用。

（五）县域民主监督

全过程人民民主需要全过程监督来保障，全面有效的县域民主监督，可以保证县域人民的民主权利不因选举结束而中断，保证公权力的运用得到有效制约。县域民主监督的方式主要有以下几种。

一是人大和政协的民主监督。县级人大要依法行使监督职权，对县域内的宪法法律实施情况、党委政府的重大决策部署的落实等开展监督。县级人大及其常委会加强对"一府一委两院"决策、执法、监察、司法工作的监督，确保决策权、行政权、监察权、审判权、检察权得到正确行使。对县级人民政府部门的预算、人事和工作进行全面监督。县级人民政协的民主党派、无党派人士与各界代表要依据政协章程，重点就党和国家重大方针政策和重要决策部署的贯彻落实情况，提出意见、批评、建议，进行协商式监督，协助党和政府解决问题、改进工作、增进县域社会团结。

二是行政监督。县级人民政府按照法定的权限、程序和方式，对本级政府自身的组织行为、行政行为进行监督，市县乡三级人民政府自上而下、自下而上以及相互之间进行监督。

三是纪委监委监督。党的县级纪律检查委员会要加强党内监督、健全督查问责机制，重点加强对县域党员干部特别是党政领导班子的监督。县级监察机关依法履行监督监察职责，对公职人员政治品行、行使公权力和道德操守情况进行监督监察，督促有关机关、单位加强对所属公职人员的教育、管理、监督。

四是司法监督。县级审判机关和检察机关依照法定职权和程序对人民授权的国家公权力进行监督。司法监督是党和国家监督体系中强制性程度最高的一种监督机制，是党和国家保障公权力正确行使的"最后一道防线"。

五是群众监督。县域社会的公民、法人或者其他组织通过各种方式，对各级国家机关及其组成人员履职情况进行监督，既可以依法申请行政复议、提起行政诉讼，也有权向监察机关检举控告监察对象不依法履职，违反秉公用权、廉洁从政从业以及道德操守等规定，涉嫌职务违法、职务犯罪行为。

六是舆论监督。县域媒体要发挥舆论监督作用，对滥用公权、失职渎职等行为及时揭露曝光。人民群众可以借助迅速发展的网络平台，对各级国家机关和公职人员提出意见、建议和批评。

第三节 县域政治建设的意义

一 县域政治建设是县域政权建设的根本保障

"在我们党的组织结构和国家政权结构中，县一级处在承上启下的关键环节，是发展经济、保障民生、维护稳定、促进国家长治久安的重要基础。"[①] 县域政治建设的成效，分别从内容、组织、制度等方面深刻影响着县级国家政权建设的稳固和基层治理体系的根基。

第一，县域政治建设从方向上保障县域政权建设。县级政权作为人民民主专政的社会主义国家政权组成部分，只有坚持中国共产党的领导，才能把准政治方向，保证其政权性质不变色、不动摇。可以说，县域政治建设的核心在于党的政治建设。县域各级党组织要在县级党委的领导下，在

---

① 《习近平谈治国理政》（第二卷），外文出版社，2017，第140页。

政治立场、政治方向、政治原则、政治道路上同党中央保持高度一致，强化县级党委的领导能力。只有作为领导核心的县级党委的政治建设过关，才能保证县域政权建设的方向、原则、道路正确。

第二，县域政治建设从组织上保障县域政权建设。县域政治建设涵盖县域各级党组织、国家机关、群团组织、社会团体以及基层组织。通过强化县域党组织的政治建设，带动其他非党组织彰显和发挥其政治功能，积极参与到县域全过程人民民主的实践中去。县域党组织通过建设高素质党员干部队伍，发挥党的基层组织的政治领导功能；县级人大积极行权，密切联系群众，通过人大议案传达民情民声，将代表人民利益的党的意志通过法律程序转化为国家意志；县级政府依法行政，通过政务公开和民主决策，保障县域人民群众的民主权利；县级政协履行民主协商职能，做好党和各界别人士与人民群众的沟通桥梁；县域城乡基层组织以全过程人民民主为遵循，组织群众广泛参与到县域政治建设中。这些都保障了县域政权建设具备鲜明的人民性和广泛的政治参与特征。

第三，县域政治建设从内容上保障县域政权建设。现代国家政权建设应该包含两个方面：一是国家权力对社会生活和经济生活各个方面的控制逐渐加强；二是公民的权利和义务逐步扩大。[1] 首先，县域政治建设通过执政党自身的政治建设，加强了县级党委的政治领导力、思想引领力、群众组织力和社会号召力，进一步明确了县级党委对县域经济建设、政治建设、社会建设、文化建设、生态文明建设等各方面发展的全面领导职责，发展出各类工作机制，强化了县域党政体制。[2] 其次，县域政治建设是覆盖县域全域的社会主义民主政治建设。在新时代全过程人民民主的理论指引和实践探索下，县域人民群众可以通过多样化的渠道反映诉求，可以参与从选举到治理的全过程和各环节，县域政治建设在不断完善的制度体系中保障县域人民当家作主的政治权利，增进人民对县域政权的政治认同。

---

[1] 〔美〕杜赞奇：《文化、权力与国家——1900—1942年的华北农村》，王福明译，江苏人民出版社，1996。
[2] 杨华：《县域治理中的党政体制：结构与功能》，《政治学研究》2018年第5期。

二 县域政治建设是县域政治生态建设的基础

党的十八大以来，以习近平同志为核心的党中央把政治生态建设摆在重要位置，强调"做好各方面工作，必须有一个良好政治生态"。[①] 所谓政治生态，是指政治主体在一定的政治环境下的生存方式，以及在此政治环境下养成的政治习性，同时也指政治主体在一定的政治环境下生存和发展的状态。[②] 具体到县一级，县域政治生态不仅是指县级领导干部的从政环境，还可以被理解为县域政治系统的各种要素，包括县域各类政治制度和规范、政治行为主体及其行为方式、政治文化和政治心理等相互作用而形成的一种总体状态和环境。

县域政治生态有其独特性。县域政治是一个双向联通的关键节点，上连中央，代表国家政权；下通乡土，关联广大人民群众。处于这一"接点"结构性位置的县域政治，容易受"熟人社会"影响，形成"圈子政治"和"分利格局"等不良政治现象，损害县域政治生态，阻碍国家政策的贯彻落实、侵害县域人民群众政治权利。县域政治生态的独特性使其必须加强政治建设，通过县域党的政治建设与县域民主政治建设，从政治领导力量和县域社会两方面共同营造风清气正的县域政治生态。

第一，县域党的政治建设直接关系到县域政治生态建设的成败。作为县域各方面各领域的政治领导核心，县级党委必须建设好党内政治生态，以良好的党内政治生态引领县域政治生态。首先要提高政治站位。牢固树立政治生态就是发展生态的理念，坚决破除反腐败影响经济发展的错误认识，把政治生态建设的成果转化为促进高质量发展的持续动力。其次要严肃党内政治生活。严格执行党的组织生活制度，用好批评和自我批评武器，敢于正视问题，坚决防止和克服党内政治生活忽视政治、淡化政治、不讲政治的倾向。最后要从严管党治党。正风肃纪反腐，持续加强作风建设，弘扬新风正气，以零容忍态度惩贪治腐，清理基层"小微权力腐败"，一以贯之深入推进党风廉政建设和反腐败斗争。只有党内政治生态

[①] 中共中央文献研究室编《习近平关于全面从严治党论述摘编》，中央文献出版社，2016，第33页。
[②] 郝宇青：《"政治生态"的内涵解读》，《探索与争鸣》2015年第11期。

干净健康，县域政治生态才会风清气正。

第二，县域民主政治建设影响着县域政治生态建设的效果。良好的县域政治生态需要县域各类政治制度有效有序运行，各类政治组织和社会组织依法发挥其政治功能，人民群众的政治权利得到充分保障，广泛地参与到县域政治生活中。只有确保全过程人民民主这一社会主义民主政治建设的实践，县域人民才能通过民主选举、民主决策、民主协商、民主管理、民主监督等环节，全过程参与县域公共政策制定、经济社会发展和社会治理，让县域公权力在透明、公开、受监督的情况下运行。只有县乡村多层级协同推进民主政治建设，以基层党组织为引领，动员群众移风易俗、严惩"微腐败"、培育乡村优良文化，才能夯实良好县域政治生态的社会基础。①

三 县域政治建设是县域发展和治理的关键

县域涵盖城镇与乡村，是承上启下、沟通条块、连接城乡的枢纽，是我国经济发展和社会治理的基本单元。县域治理是推进国家治理体系和治理能力现代化的重要一环，担负着承上启下的重要责任，对上要贯彻党的方针政策，落实上级政府工作部署，对下要领导乡镇社区，促进发展、服务民生。② 强县和富民统一，是县域治理的重要目标。通过抓"关键少数"和管"绝大多数"相结合的县域政治建设，推动县域经济发展，是实现县域治理体系和治理能力的现代化的重要方式。

第一，加强"关键少数"的政治建设，引领县域发展治理的方向。在我国的党政体制下，县域发展和治理的领头人是县委书记。这一群体正是县域政治建设的"关键少数"。以县委书记为代表的"一把手"，"一是要做政治的明白人。县委书记担负着重要政治责任，讲政治是第一位的。……二是要做发展的开路人。……坚持从实际出发，带领群众一起做好经济社会发展工作。三是要做群众的贴心人。……县委书记直接面对基层群众，必须坚持全心全意为人民服务的根本宗旨，自觉贯彻党的群众路

---

① 陈朋：《优化县域政治生态的几个难点》，《红旗文稿》2018年第15期。
② 许宝健：《习近平关于县域治理的重要论述及其实践基础》，《行政管理改革》2022年第8期。

线，心系群众、为民造福。……四是要做班子的带头人。……带头讲党性、重品行、作表率，……带头抓班子带队伍，带头依法办事，带头廉洁自律，带头接受党和人民监督，真正做到率先垂范、以上率下"。[①] 通过对县委书记和县域各级领导机关和领导干部的政治建设，提高他们的政治能力，发挥其示范引领作用，在县域带头构建清爽的同志关系、规矩的上下级关系、亲清统一的新型政商关系。实现县域政通人和，助推县域经济高质量发展。

第二，管好"绝大多数"的政治建设，形成县域发展治理合力。"绝大多数"指县乡村三级党组织和党员干部队伍、县域各类国家机关及其工作部门，以及县域各类社会团体。一方面，县域党的基层组织要扎根于人民群众之中，通过"两新"组织建设，更好引领县域经济发展；通过党建引领基层社会治理，化解人民群众的矛盾纠纷；通过坚决服从和落实党中央和县级党委的集中统一领导，形成县域发展和治理的政治领导合力。另一方面，县乡两级人大和县级政协在县级党委的政治领导下，与县级党委步调一致，共同建设县域社会主义民主政治，充分履行传递民情、反映民意、凝聚共识等的职能。在依法行权履职的过程中，县乡人大代表和县级政协委员密切与各界群众的联系，将影响县域经济发展和社会治理的疑难问题和民生大事反映给党委政府，党委政府通过充分发挥组织的政治功能，回应民之所盼。

[①] 习近平：《做焦裕禄式的县委书记》，中央文献出版社，2015，第67~68页。

第六章 县域经济建设

第一节 县域经济的内涵与功能

一 县域经济的内涵与特征

作为行政区划的"县"已有上千年历史,但是"县域经济"则是新生概念。20世纪80年代学术界最早提出"县域经济"的概念,这是在当时"三农"问题突出、乡镇企业发展以及财税体制改革等背景下提出的,专门针对县域经济的研究实质始于20世纪90年代中后期。中央文件正式使用"县域经济"一词是在党的十六大报告中,在此之前中央文件使用的都是"县级经济"。相较于"县级经济","县域经济"的内涵和外延显然更大,县域经济不仅包括县级经济,也包括乡镇经济和村级经济,其不只是行政经济的范畴,而更是区域经济的范畴。[1]

那么,什么是县域经济呢?县域经济的概念伴随着县域经济研究的深入不断丰富。胡福明主编的《中国县域经济学》是我国最早研究县域经济的著作。同时期学术论文也不断涌现,郭本勋在《对发展县域经济几个问题的认识》中提出县域经济是国民经济的一个层次,具有相对的独立性,又具有明显的从属性。[2] 何康将县域经济视为国民经济大系统中的子系统,是立足乡村经济的区域性经济网络。[3] 李小三、徐鸣将县域经济

---

[1] 闫恩虎编著《县域经济论纲》,暨南大学出版社,2005,第7页。
[2] 郭本勋:《对发展县域经济几个问题的认识》,《齐齐哈尔师范学院学报》(哲学社会科学版)1988年第6期。
[3] 何康:《关于县域经济改革与发展的若干问题》,《农业经济问题》1991年第8期。

定义为以行政县为单位,以城镇、乡镇和村庄各层次经济元素的相互关系为基本结构,通过人、财、物等双向流动构成的整体经济系统。[1] 凌耀初将县域经济视为以行政区划为边界的区域经济,并将县域经济与城镇化关联起来。[2] 更为完整的定义是中郡县域经济研究所的定义,其认为"县域经济是以县级行政区划为地理空间,以县级政权为调控主体,以市场为导向,优化配置资源,具有地域特色和功能完备的区域经济"。[3] 基于此,县域经济的内涵主要包括四方面内容:以县级行政区划为边界的区域经济,立足县乡村三级,涵盖整个县域社会;县级政府是县域经济发展的调控主体,掌握县域经济发展的主导权;以市场为导向,遵循市场经济发展规律;立足特定的地理空间与区位,具备一定的地域特色。

县域经济具有明显的基础性、地域性、综合性和开放性特点。所谓基础性,是指县域经济处于国民经济体系的基础层次,是国民经济的区域基础。县域经济作为最基础的中观经济,是由乡村经济、集镇经济和城镇经济组成的,因此县域经济也具有很强的农村性,"三农"问题是其核心。[4]

所谓地域性,是指县域本身以行政区划为边界,位于特定的地理空间,具有一定的区域特征。一方面具有地域独特性,县域经济的形成与特定的区位条件、资源基础、历史文化等相关;另一方面又具有区域融合性,其不仅在县乡村三级形成经济融合,而且受到周边市场的辐射和影响,与周边经济互动融合。

所谓综合性,是指县域经济是一个由多部门、多层次组成的功能比较完备的综合性经济体系。其既包括农业、工业和商业等主导的三大产业结构,也包括县乡村三级经济层级,既有经济生产和经营部门,也有经济管理和服务部门,既有公有制经济,又有非公有制经济,是国家经济的缩影。

所谓开放性,是指县域经济作为社会主义市场经济是开放型经济,[5]

---

[1] 李小三、徐鸣:《关于县域经济的理论思考》,《江西社会科学》2000年第3期。
[2] 凌耀初:《中国县域经济发展分析》,《上海经济研究》2003年第12期。
[3] 刘福刚、孟宪江:《正确认识县域经济的内涵》,《经济日报·县域经济周刊》2005年12月1日。
[4] 闫恩虎编著《县域经济论纲》,暨南大学出版社,2005,第9~10页。
[5] 王军、张蕴萍编著《县域经济创新发展研究》,人民出版社,2011,第5~6页。

具有开放性。我国经济体制从计划经济转变为市场经济，经济发展打破计划指令型模式，突破区域边界，县域经济也逐步走向开放。最突出表现为，县域经济不仅参与国内市场经济，也参与国际市场经济，在更大范围内进行经济交换和资源配置。

二　县域经济的基本功能

县域经济作为国民经济的基础，是统筹城乡经济发展的关键环节，关系到乡村振兴战略和城乡融合战略的实施，因此需要进一步理解县域经济所发挥的基本功能。客观上，县域经济作为城乡经济的纽带，不仅关系到县域经济发展，也关系到县域公共服务供给和县域社会稳定。基于此，可以将县域经济的基本功能概括为发展功能、服务功能和稳定功能。

（一）发展功能

所谓发展功能，是指伴随市场发展和科技进步，县域经济以一定的速度和规模创造价值和财富，增加县域财税收入，提高农民生活水平。一方面经济发展带来经济体系的变化，尤其是县域工业企业的发展带来的经济繁荣，能够进一步吸引企业投资，刺激经济增长。在此过程中，经济发展不断创造财富，带来县域财税收入的增加，使得县级政府掌握更多的发展资源。另一方面县域经济的发展尤其是县域工业的扩大化再生产，不仅能够创造更多的就业机会，而且能带来更高的工资水平，从而吸引更多的劳动力就业，在激活县域发展活力的同时提高人民生活水平。即使是普通农业县，县域经济发展创造的财富有限，也能为留守群体提供基本生产生活保障，满足家庭基本发展需求。

（二）服务功能

所谓服务功能，是指县域经济作为县域发展基础，其所创造的财富通过再分配的方式用于公共服务供给，提高县域公共服务水平。基础设施和基本公共服务供给水平是一个县软实力的象征，其不仅关系到县域经济的发展，也高度依赖县域经济的发展。公共服务的供给主体主要是地方各级政府。县级投入公共服务的资源除上级转移支付外，主要来自县域经济带来的财税收入，也即县域经济是县级公共服务供给的资源保障，在此意义上，县域经济发挥服务功能。这一服务功能主要表现在县域经济所创造的财富不仅为企业发展提供配套服务，比如为工业园区提供基础设施和产业配套服务等，也为城乡基础设施建设和医疗、教育等基本公共服务提供保障，并不断提升县域公共服务供给水平。

（三）稳定功能

所谓稳定功能，是指县域经济发展为社会结构和社会发展提供稳定支撑，其不仅塑造稳定的城乡社会，还能保障农民家庭现代化转型的稳定有序。县域经济的稳定功能主要表现在三个层面：一是县域经济作为城乡经济的交汇点，关系到"三农"问题的解决，进而关系到乡村社会的稳定，尤其是农业方面的粮食生产直接关系到国家粮食安全；二是县域经济的发展带动县城繁荣，为农民家庭提供稳定的进城预期和进城载体，使得难以在大城市立足的农民家庭可以落脚在家乡县城；三是县域经济包含城乡二元经济结构，这一二元体制在县域社会反而是一种保护结构，使得农民家庭在进城与返乡之间进退有据。[①]

第二节 县域经济发展现状与定位

一 县域经济发展现状

从发展历程看，自新中国成立以来，县域经济发展大致经历三个阶段的明显变迁。第一阶段是在20世纪70~80年代，县乡村三级组织依托集体土地兴办集体企业，形成全面开花态势，尤其是乡镇企业发展进入鼎盛时期，"苏南模式"即典型代表。但是伴随着市场竞争的加剧，集体企业愈发难以突围，在20世纪90年代中后期纷纷改制或破产，县域经济逐步进入民营经济的大爆发阶段，典型如温州模式，这是县域经济发展的第二阶段。第三阶段则是招商引资和房地产发展阶段，这一阶段地方政府一方面利用各种优惠政策吸引外来资本进驻投资，发展园区经济；另一方面也积极开发商住用地，激活房地产市场，推动县域城镇化发展。招商引资和

---

① 贺雪峰：《城市化的中国道路》，东方出版社，2014，第100~130页。

房地产发展成为当前县域经济发展的两大主导方式。①

从发展趋势看,我国县域经济发展在国民经济发展中的地位呈下降趋势。既有研究基于1431个县的数据样本,分析发现县域GDP占全国GDP的比重从2014年的23.71%下降到2019年的21.38%。② 县域经济发展在国民经济发展中的比重下降与我国的经济发展战略调整具有内在关联。③ 在新中国成立初期,我国实施重工业优先发展战略,县域经济并非国民经济发展的重心。由于当时国家重工业相关的重点产业基本分布在基础条件更好的尤其是以省会城市为代表的大城市,国家资源多投注在大城市而非县域,县域可以控制的资源较少,在国家经济体量中所占份额也较少。改革开放后,我国的发展战略调整为优先发展具有比较优势的产业,并不断从计划经济转向市场经济,市场经济的放开虽然给县域经济发展带来机遇,但是一方面,县域经济发展具有很强的路径依赖,县域经济在产业集聚和资源配置方面的优势仍然不如省域经济和市域经济;另一方面,县域经济发展水平和速度也取决于区位条件,位于东部沿海地区的县域经济发展速度显然更快,水平也更高,但是大多数位于中西部内陆地区的县域经济发展水平则相对较低。

从发展分化看,县域经济在东部地区与中西部地区之间存在明显的区域分化,且县域经济的区域分化与全国经济区域分化是一体的。这是由于经济越发达的地区,其生产要素高度集聚容易产生经济增长的极化效应,从而不断向外扩散和辐射,带动周边城市和县域经济发展,因此位于东部城市经济带的县域经济更为发达;而中西部经济欠发达地区,由于内部资源有限,经济体量较小,经济极化效应不明显,反而带来的是经济虹吸效应,有限的资源被省会城市吸纳,县域经济普遍较为落后。赛迪研究院发布的报告显示,2022年全国经济百强县中东部地区有68个,中部和西部地区共计只有32个,其中百强县数量最多的三个省份分别是江苏省(25

---

① 武靖国、毛寿龙:《县域经济发展路径演进与政府治道变革》,《学术界》2015年第8期。
② 贺雪峰、卢青青、桂华:《扩权赋能与县域发展的定位》,《社会发展研究》2023年第2期。
③ 郑炎成、陈文科:《县域经济在国民经济中的现实地位变迁:理论与实证》,《财经研究》2006年第3期。

个)、浙江省（18个）和山东省（13个）。① 可见县域经济也存在明显的东西分化，由此可粗略地将县域分为东部发达县域和中西部欠发达县域，二者背后所指向的县域经济发展水平存在显著差异性。

二 东部发达县域的经济发展与定位

按照区域分化，经济发达县域主要分布在东部沿海城市经济带，比如环渤海城市经济带、长江三角洲城市经济带和珠江三角洲城市经济带。少数经济发达县也分布在中西部地区，一类是处于省会城市或核心城市都市圈的县域，比如湖北省的仙桃市；一类是自身资源尤其是矿产资源丰富的县域，比如陕西省的神木是著名的煤炭大县。两类都属于经济发达县域。为分析方便，本节内容以东部发达经济县域为主要讨论对象。

在东部沿海经济带中，经济发达省份主要包括北京、天津、上海、山东、江苏、浙江、福建和广东，这8个省份2022年的GDP是57.28万亿元，占全国GDP的比重高达47.6%，仅上海、江苏和浙江2022年的GDP就占全国GDP的20.38%，② 经济发达程度可见一斑。以百强县最多的江苏省为例，江苏省2022年GDP是12.29万亿元，其下辖的13个地级市中GDP突破5000亿元的城市共计9个，其中突破万亿元的城市有4个。③可见，江苏省在省会城市之外发展出诸多经济高峰，尤其是GDP上万亿元的4个地级市比中西部部分省份全省的GDP还高。

经济发达县通常为典型的工业县，县域经济以工业经济为主导。其主要表现如下。第一，经济发达县不仅地区生产总值比较高，税收收入也比较高，往往是中西部普通农业县的几倍乃至几十倍。比如全国百强县排名首位的昆山市2022年GDP是5006.7亿元，税收收入是371.64亿元，④比中西部地区相当一部分地级市的收入规模更大。第二，在产业结构上，经济发达县不仅第一产业占比相当低，第二、三产业占比普遍较高，而且

---

① 赛迪研究院：《TOP100！赛迪发布〈2022中国县域经济百强研究〉》，"赛迪研究院"百家号，https://baijiahao.baidu.com/s?id=1739394615764181928&wfr=spider&for=pc。
② 数据依据国家统计局数据计算得出。
③ 资料来源：中经网统计数据库，https://db.cei.cn/jsps/Home。
④ 资料来源：昆山市人民政府官网，http://www.ks.gov.cn/。

第二、三产业的附加值也很高。比如昆山市2022年第一产业占比只有0.6%，第二、三产业合计占比高达99.4%，其中占比最高的第二产业增加值为2613.5亿元。① 第三，经济发达县规模以上工业企业数量众多，且以高附加值的技术密集型产业或资本密集型产业为主，工业产值也普遍较高。比如昆山市2022年拥有规模以上工业企业近2500家，其中"大型工业企业113家、中型工业企业303家，产值超亿元企业1083家，其中十亿元以上企业138家、百亿元以上企业13家"，② 规模以上工业企业总产值突破万亿元。

可见，嵌入东部沿海城市经济带中的东部发达县，在核心大城市的经济辐射带动下，形成了工业规模较大、产值较高，具有稳定竞争力的县域经济体系，成为沿海经济产业链的重要组成部分。此类县域经济作为城市经济体系的组成部分，本质上是城市经济。一方面此类县域经济嵌入在城市经济带中，依赖于核心大城市的辐射带动，为核心大城市提供产业配套，其虽然作为核心大城市产业链的中下游，却构成了核心大城市产业链中的重要一环。正是核心大城市经济增长的极化效应和发展能力赋予县域经济较大的发展空间和较强的发展能力。另一方面此类县域经济也具有很强的独立性，县域内部建立了相对完整的产业链，形成了比较完备的产业配套体系和具有自身比较优势的竞争力，使得县域经济成为区域经济的一个增长极。

基于此，东部发达县具有较强的发展属性，县域发展核心仍应围绕县域经济增长展开，即如何规划产业体系、推动产业转型升级、提升经济发展能力和发展质量是关键。这就要求，首先，此类经济发达县仍要大力融入城市经济带或都市经济圈中，一方面要抓住大城市产业转移的发展机遇，进一步壮大自身经济发展能力，实现与核心大城市配合的区域协同发展；另一方面则要提升自身承载能力，有序承接从大城市转移来的企业和劳动力等，为经济发展壮大、开拓发展空间奠定基础。其次，此类经济发达县也要立足当下经济转型的发展契机，努力实现自身经济从量变到质变

---

① 资料来源：中经网统计数据库，https://db.cei.cn/jsps/Home。
② 资料来源：昆山市人民政府官网，http://www.ks.gov.cn/。

的转型。一方面要立足自身产业结构特点，推动产业结构转型升级，在改变单一经济结构的同时，提升产业的高附加值，提高经济发展的质量；另一方面要厘清自身经济优势，在开拓新的经济增长点的同时找准经济发展定位，避免与其他县市的盲目竞争，致使发展低效。

三 中西部欠发达县域的经济发展与定位

经济欠发达县基本分布在广大中西部地区，中西部20个省份2022年的GDP在全国占比只有45.9%。[①] 不仅如此，中西部地区GDP超过5000亿元的中心城市很少，每个省只有1~3个，GDP上万亿元的城市则只有省会城市，省会城市牢牢占据全省经济首位。以中西部不同片区的省份为例，华中的河南省、湖北省，西南的四川省和西北的陕西省4省中GDP突破5000亿元的城市，最多的是湖北省有3个，最少是四川省只有1个，河南省和陕西省分别只有2个；而GDP破万亿的城市都只有省会城市，且省会城市GDP占全省GDP比重很高，最高的是四川省，省会城市GDP占比高达36.68%，最低的河南省，省会城市GDP占比也有22.19%。[②] 这4个省的省会城市在全省GDP占比的平均值为32.19%，省会城市GDP占全省GDP的三成多，意味着中西部地区省会城市具有很强的经济虹吸效应，吸纳全省有限的剩余资源。因此中西部除省会城市周边或自身资源较好的地区能够发育出全国经济百强县，其他普通地级市普遍难以发育出经济百强县。

中西部普通欠发达县多是农业县，县域工业化水平普遍较低。具体而言，第一，经济欠发达县地区生产总值普遍不高，税收收入也比较低，县域财政普遍是"吃饭财政"，仅够维持县域基本运转。选取中部地区和西部地区各1个中等县为例，比如位于中部地区的赤壁市2022年GDP是572.09亿元，虽然与全国经济百强县最末位的扬中市相差无几，但是税收收入却相差近2倍。[③] 第二，从产业结构看，经济欠发达县的三次产业结构中第一产业占比往往比经济发达县要高，且三次产业的增加值都比较

---

① 数据依据国家统计局数据计算得出。
② 资料来源：各省人民政府官网。
③ 资料来源：中经网统计数据库，https://db.cei.cn/jsps/Home。

低。比如赤壁市2022年三次产业中农业占比虽然不高，只有11.92%，但是其占比最高的第三产业增加值只有275.01亿元；洛川县2022年的工业占比虽然高达71.59%，但是其第二产业增加值只有212.43亿元。[1] 第三，经济欠发达县规模以上工业企业数量较少，且其工业企业多以低附加值的低端劳动密集型产业为主，工业产值普遍不高。比如赤壁市和洛川县2021年规模以上工业企业分别有238家、24家，规模以上工业总产值均在400亿元以上，[2] 但其所能提供的财税收入并不高。

由上，中西部广大普通欠发达县，一方面，由于缺乏省会城市等核心大城市的辐射带动，很难形成规模较大、产值较高的工业产业体系，多以低端劳动密集型制造业为主，所能创造的利润收入有限，县域经济的竞争力普遍不高；另一方面，由于自身资源少、发展基础薄弱，在人财物不断外流的情形下，县域内部很难建立完备的产业链及其配套体系，县域产业发展面临结构性困境，其承接东部产业转移的能力有限，导致这类县经济发展能力较弱。此类县域经济其发展底色本质上是小农经济，即县域经济发展以农业经济为主导。部分县域尽管工业经济占比较高，但是由于工业经济普遍处于产业链的中下游，扩大再生产的空间较小，难以形成规模经济，产业竞争力较弱，这类经济实质上也具有农村经济低成本、低效益的特征，也可视为农村经济的延伸部分，[3] 这类普通农业县在中国现代化发展的过程发挥稳定功能。

简言之，中西部欠发达县的县域经济发展属性较弱，县域发展的核心就不应是围绕县域经济发展展开，而应是在保持既有县域经济发展水平的基础上，探索如何更好地提升县域基础设施建设水平和基本公共服务供给能力，为留守县域群体提供低成本、高福利的生活保障。这就需要做好如下几项工作。首先要完善基础设施建设和基本公共服务供给体系，提高县域发展的软实力。当前阶段县域内的基础设施建设基本实现全覆盖，关键在于城乡基本公共服务供给体系的完善，这是吸引人才和劳动力的关键，

---

[1] 资料来源：中经网统计数据库，https://db.cei.cn/jsps/Home。
[2] 资料来源：中经网统计数据库，https://db.cei.cn/jsps/Home。
[3] 贺雪峰：《大城市的"脚"还是乡村的"脑"？——中西部县域经济与县域城镇化的逻辑》，《社会科学辑刊》2022年第5期。

其作为一个县的软实力，也是县域进行招商引资、发展房地产经济的重要抓手。其次要完善城乡市场体系和物流体系，县域经济的底色是农村经济，要进一步完善城乡尤其是乡村的市场和物流体系，打通农业现代化发展的"最后一公里"，提高农产品经营的附加收益。最后此类县域发展还要避免盲目追求经济发展或县城扩建，要量力而行，避免资源的无序浪费，也规避不必要的发展风险。

第三节 县域经济发展与城乡融合

一 县域经济发展与城镇化

县域经济发展与县域城镇化往往是相辅相成的，县域经济发展中最核心的是县域工业化，工业化无疑能够推动县域城镇化发展。反之，城镇化也有利于推动工业化发展。西方发达国家基本是以工业化为主导的城镇化发展模式，比如最早发生工业革命的英国通过圈地运动较早地将农民从土地上"解放"出来，同时通过工业化将这些劳动力吸纳进城市工业体系中，推动城镇化发展；其后的欧洲其他国家以及美国和战后的日本，基本是在工业化中催生出的城镇化。与欧美不同的后发拉美国家通过进口替代战略实现赶超型城镇化发展，也即拉美地区在结束殖民统治实现政治独立后，开始实行限制外国工业产品进口、积极发展本国工业产品的进口替代战略，客观上带来城市人口数量的飞速增长。但是城市人口的过快增长，也导致其难以承载过多人口而产生大量"城市贫民窟"。

中国整体上也遵循工业化与城镇化同步发展的路径，但是在具体发展方式上又有差别。新中国成立初期中国采取重工业优先发展战略，承接重工业产业的大城市率先实现城镇化发展，广大普通县则是在乡镇企业发展下，通过乡镇工业化的发展带动以乡镇为载体的小城镇的发展，实现农民"离土不离乡"的就地城镇化。[1] 改革开放后，大多数中西部地区乡镇企业的陆续破产也带来小城镇建设的衰败。尤其是伴随着中国加入世界贸易

---

[1] 费孝通：《论中国小城镇的发展》，《中国农村经济》1996年第3期。

组织，构建外向型的经济发展模式，东部地区基于沿海区位优势率先发展起来，东部沿海工业化的发展无疑带动了东部地区城镇化的发展。但是一方面由于当时国家刚进入由计划经济向市场经济转轨的过程中，国家和地方都没有足够的资金支撑工业化发展所需要的大量基础设施建设成本。基于此，以上海为代表的大城市开始转向借用金融工具的市场化融资方式实现城市发展建设，以推动城市工业化发展。另一方面分税制改革大大削弱了地方财政收入能力，尤其是广大中西部地区，县级政府为了谋求更多的收益也开始转向经营土地，旨在获取土地财政收入，由此拉开"经营城市"的序幕。①

"经营城市"经历了从"以地引资"向"以地融资"的转变，也改变了工业化主导的城镇化发展模式，走上先发展城镇化再发展工业化的道路，② 即地方政府通过土地的征收、开发和出让，一方面获得国有建设用地指标用于城市开发建设，另一方面激活土地要素，获取高额土地出让收入，同时获取大量土地抵押贷款，这些资金可以进一步投入城市发展建设中，用于完善基础设施建设，为招商引资和当地企业发展奠定较好的基础。此外，土地开发和"农民上楼"也推动了城镇化发展，这种土地城镇化的发展使得城镇化的发展可以不单纯依赖于工业化发展推动。其后伴随着农民家庭对教育的重视，县域房地产市场开始与教育划片招生捆绑，这进一步刺激县域城镇化发展，使得部分中西部普通农业县县域城镇化发展速度甚至快于县域经济尤其是县域工业化发展速度。

县域城镇化发展为城乡融合发展奠定基础。中国的城镇化发展战略经历了从小城镇发展到大城市优先发展再到大城市与中小城市协调发展的转变，当前阶段伴随越来越多的农民家庭进城，县域城镇化被提上重要位置。2022年中共中央办公厅和国务院办公厅发布《关于推进以县城为重要载体的城镇化建设的意见》，明确指出要"推进以县城为重要载体的城

---

① 周飞舟：《以利为利：财政关系与地方政府行为》，上海三联书店，2012，第50~64页。
② 王嫒：《土地运作、政府经营与中国城市化》，华东师范大学出版社，2017，第247~250页。

镇化建设",① 县域城镇化发展成为城乡融合发展的有机载体。

二 东部发达县城乡融合

东部发达县作为工业发达县,其工业化水平不同,城镇化发展水平也不同,从而塑造的城乡融合发展样态也不同,为我们认识和理解东部发达县城乡融合发展提供参照。

基于较高的工业化发展水平、完整的产业体系和较高的利润创收,东部发达县不仅创造出诸多非农化就业机会,而且具有较高的工资水平,因此此类县在吸纳本地劳动力的同时,能广泛吸纳外地劳动力,形成人口不断集聚的流入型县城。从就业模式看,本地人的就业模式是以代际分工为基础的正规就业和非正规就业相结合的三代人全务工模式,即本地青年一代和中年一代基本嵌入本地正规就业体系中,老年一代则基于半劳动力嵌入在本地非正规就业体系中或基于较高的社保/村庄福利处于退养状态。② 因此本地人的家庭积累能力和发展能力较强,能够在本地县城买房定居;少数外地务工人员通过长期的务工积累也能在异地城市安家落户。

东部发达县的城镇化发展水平普遍较高,其主要表现在两个方面:一是城镇化率较高,东部发达县较高的工业化发展水平能为农民家庭提供较高工资水平的就业,使得本地农民家庭和部分外地务工群体有能力在本地买房定居,所以此类地区的县域城镇化率基本保持在70%以上;二是城镇化发展质量较高,即进城农民家庭不仅能够在县域体面、稳定就业,而且能够享受本地较好的公共服务,从而得以在城市体面安居。

这类经济发达县虽然存在城乡分殊,但是城乡发展趋于一体化。详述之,东部经济发达县在城市经济带辐射下成为区域经济发展的一个次中心,这个次中心联结大城市和乡村两端,不仅作为大城市产业链中的重要一环,也作为县域经济中心形成对乡村的辐射和带动。其一,县域经济发展为乡村农民群体提供高水平工资且比较稳定的就业机会,使得城乡收入差距缩小,也即县城居民和乡村农民之间享受相对平等开放的就业机会和

---

① 参见《中共中央办公厅 国务院办公厅印发〈关于推进以县城为重要载体的城镇化建设的意见〉》,中国政府网,http://www.gov.cn/zhengce/2022-05/06/content_5688895.htm。
② 卢青青:《家庭自主性与农民城市化的实践类型》,《农业经济问题》2020年第10期。

工资水平，彼此的工资收入差异不大。其二，发达县的工业化水平较高，县域内部具有比较完整的产业链体系，并不断向乡村地区延伸，带动乡村小加工厂等一些家庭作坊的兴盛，使得农村留守劳动力也能获取经济收入。其三，经济发达县的财税收入较高，投入公共基础设施建设等方面的资源也比较多。城乡均等化服务水平比较高，县城和乡村的公共服务差异愈发缩小。其四，县域城镇化的发展因为是就地城镇化，而非异地城镇化，家庭代际的互动比较密切，也助推城乡关系的有机融合。

由此，东部发达县城乡融合发展的关键是立足县域经济的发展属性，进一步提升县域经济发展能力，推动城乡一体化建设，提高城乡融合发展的质量。首先，东部发达县要进一步开放市场经济发展空间，挖掘市场经济发展潜力，提升县域经济发展能力。一方面要继续建立与核心大城市之间的经济关联，依托大城市的经济发展提升自身产业发展的附加值和竞争力；另一方面则要提高县域配套服务的供给能力和供给质量，更好地实现招商引资。其次，还要注重对乡村经济发展的区域带动，把乡村发展纳入县域发展体系中，激活乡村剩余经济空间，为留守乡村群体提供更多非农化就业机会，不断缩小城乡收入差距，实现城乡一体化发展。此外，更为重要的是要提高城乡公共服务供给的质量，在城乡医疗、教育和养老等基本公共服务和社会保障等方面既要保障城乡公共服务的均等化，也要提高城乡公共服务的质量，[①] 提高城乡一体化发展水平和城乡融合的发展质量。

三 中西部欠发达县城乡融合

中西部欠发达县由于区位劣势和自身发展基础薄弱，很难在充分的市场竞争中突围，因此县域内的工业企业多是附加值低的低端制造业，所能创造的就业机会不多，利润微薄也难以提供高水平的工资收入。因此县域的青壮年劳动力普遍外流，县域社会是典型的留守型社会。本地农民家庭生计模式是以代际分工为基础的半工半耕模式，即青年一代在大城市务工，中年一代不断从大城市退回，在老家务农或做零工，并承担抚养孙辈

---

① 马骏：《共同富裕视域下城乡高质量融合发展论析》，《求索》2023年第2期。

的责任，老年一代辅助务农或处于退养状态。[1] 相较而言，外地农民工异地务工成本较高，家庭积累和发展能力不如东部沿海发达县域的农民家庭，因此多数务工家庭很难在大城市买房，难以在大城市安家落户。伴随着县城发展建设，越来越多的外出务工农民家庭开始在家乡县城买房，带动县域城镇化发展。

客观上，中西部农民的城镇化发展建立在农民家庭以代际分工为基础的"半工半耕"家庭生计模式上，即中西部普通农业县的城镇化，一方面得益于代际支持，尤其是父代对子代的支持；另一方面得益于农村对城市的支持，尤其是"半耕"收入作为农民家庭生活保障，使"半工"收入得以储蓄。[2] 但是与东部经济发达县相比，中西部欠发达县的城镇化发展水平普遍较低。一是中西部欠发达县城镇化率相对较低，中西部县域城镇化近几年虽然发展迅猛，尤其是以教育进城驱动的城镇化发展，但是相较于东部发达县，中西部欠发达县总体城镇化率较低。二是城镇化发展质量较低，塑造的是"半城镇化"样态。所谓"半城镇化"是指农民家庭虽然进城买房，实现了居住城镇化，但是由于在县城没有体面且稳定的工作，农民家庭很难在县城实现体面安居。在此意义上，县域城镇化对农民家庭而言是过渡性的，待农民家庭获得更高收入，将转向更高水平的城镇化。

这类经济欠发达县，县域经济本质上是农村经济，且伴随着乡村振兴的实施，普通农业县和乡村的差异在不断缩小。县城自身经济水平有限，也没有更多的社保等社会福利，进城农民反而不愿意放弃农村户口。一方面中西部欠发达县自身经济发展水平有限，不仅吸纳劳动力就业的能力有限，而且对乡村经济的辐射带动也有限。另一方面县域经济的欠发达，导致地方政府的财税收入不高，诸多普通农业县"吃饭财政"，因此没有更多的资源覆盖整个城乡区域。县域为带动房地产经济和工业经济发展，把有限的资源大部分投放到县城发展和建设上，而乡村的基础设施建设主要靠上级项目资源下乡支持。虽然在国家资源的投入下，城乡硬件投入差异

---

[1] 夏柱智、贺雪峰：《半工半耕与中国渐进城镇化模式》，《中国社会科学》2017年第12期。

[2] 陈文琼：《半城市化——农民进城策略研究》，社会科学文献出版社，2018，第70~71页。

不大，但是对于教育、医疗、养老等公共服务供给的投入却很难做到真正均衡。

由此，中西部广大经济欠发达县由于经济发展的结构性困境，其发展能力普遍较弱。但是伴随着农民家庭的县域城镇化发展，农民家庭在外务工收入大多用来到县城内购房和接受县城更好的教育，县域的发展属性虽然较弱，消费属性却比较强。尤其在当前教育城镇化背景下，越来越多的农民家庭进城买房是为了子代教育，由此"半工半耕"的一家两制转变为"半工半耕伴读"的一家三制，[①] 即年轻子代在外务工、年老父代在家务农、年轻媳妇或年老婆婆在县城陪读，农民家庭再生产单元不断上移到县城。在此过程中，首先，从宏观的城乡关系看，一家三制的转变使得城乡关系从"城乡两栖"变为"城乡三栖"，农民流动从"乡村—大城市"的双向流动变成了"乡村—县城—大城市"的三线流动，县城愈发成为城乡融合发展的交汇点，亦是农民家庭再生产的基本单元，县域发展关系到城乡关系的有机融合，关系到县域社会和农民家庭现代化转型的基本稳定。基于此，地方政府在经营县城过程中不能过于激进地推动县域城镇化发展，要尊重客观发展规律，走渐进城镇化道路。

其次，从微观层面看，也即从县城与乡村的城乡关系看，中西部欠发达县域经济的辐射带动能力虽然较弱，但是伴随着大量农民家庭的进城居住，完善公共服务供给体系成为城乡融合发展的关键内容。一要完善县域公共服务的供给体系，尤其是根据人口居住密度等完善以县主导的县乡村三级公共服务有机供给体系，使得无论是进城农民家庭还是留守农民群体都能享受到普惠的公共服务供给；二要提高县域公共服务的供给能力，使得农民家庭在县域层面能够获取较为优质的公共服务，为其劳动力不断向上流动创造条件。总之，城乡融合发展并非总量意义上的融合，而是人均意义上的融合。只有实现人均意义上的均衡发展，才能真正实现城乡有机融合发展。[②]

---

① 李永萍：《"一家三制"：教育城镇化背景下的亲代陪读与农民家庭形态调适》，《经济社会体制比较》2022 年第 6 期。

② 陆铭：《大国大城：当代中国的统一、发展与平衡》，上海人民出版社，2016，第 48~78 页。

第七章　县域社会建设

第一节　县域公共服务建设

一　县域公共服务概述

（一）县域公共服务

县域公共服务建设是指在县级行政区域范围内，为满足居民基本公共服务需求，提供一系列公共服务设施和产品。其涉及教育、卫生、文化、体育、交通、环保等多个领域，旨在改善居民的生产生活条件，促进县域经济社会发展。

县域公共服务建设是政府公共管理职能的体现，是政府服务的重要面向之一。县域公共服务的建设直接关系到居民的生产和生活，对于提高居民的生活质量和幸福感具有重要意义。它有助于实现社会公平和社会稳定。提供全面、均衡的公共服务，可以缩小城乡差距，提高民生福利水平，促进社会和谐。另外，县域公共服务建设对于推动县域经济和社会发展也具有重要作用。县域公共服务建设能够推动产业结构优化、提高经济效益。县域公共服务建设的推进，使得县域能够不断完善公共服务设施，在满足企业的人才和技术需求方面提供基础保障，从而带动产业发展，提升经济效益。在社会层面县域内有着相当数量的"城乡两栖"人口，县域公共服务的建设将有助于为"城乡两栖"流动人口提供更加便利的生活条件，创造更加完善的生存空间。

县域公共服务建设是县级政府在推动经济社会发展、促进社会公平、提高民生福祉等方面所做的重要工作。县域公共服务建设需要政府多方面投入，加强资源配置，提高服务质量，不断创新服务模式，为广大居民提供更加全面、便捷、优质的公共服务。

（二）"县"在公共服务中的地位和功能

"县"在公共服务建设中具有重要地位，"县是我国基本的地方行政区域，县域基本公共服务均等化是全国基本公共服务均等化的基础"。[①] 在公共服务建设中"县"的地位和功能主要有以下几方面的体现。

第一，基层行政管理。县作为我国行政区划的基础单位，负责实施国家、省级和市级政策决策，并协调各部门间的工作。县级政府具备一定的行政权力，在属地内负责公共服务的组织、协调和管理。

第二，社会事务管理。县级政府负责管理和推动本地社会事务的发展，包括教育、医疗卫生、环境保护、文化体育等领域的公共服务。县级政府在这些领域制定政策、投入资源、组织项目，并监督执行，以满足居民的基本需求。

第三，基础设施建设。县级政府负责规划、建设和维护基础设施，包括道路、水利、电力、通信等。这些基础设施的建设和改善直接影响居民生活质量和经济发展。县级政府需要合理分配资源，确保基础设施能够满足居民和企业的需求。

第四，医疗卫生服务。县级政府负责卫生健康领域的公共服务提供，组织和管理基层医疗卫生机构，推动健康教育，提供基本医疗服务，并开展疾病防控工作，为居民提供基本的医疗保障。

第五，教育服务。县级政府负责教育领域的公共服务提供，投入资源，建设学校，制定教育政策，推动素质教育发展，还负责组织和监督学校管理，保障居民的受教育权益。

县在我国公共服务体系建设中具有重要的地位和功能。县作为基层行政单位，承担着组织、协调和管理公共服务的职责。通过提供教育、医疗卫生、基础设施建设等各项服务，满足居民的基本需求，促进地方经济和社会发展。

---

① 肖陆军：《论县域基本公共服务均等化》，《理论学刊》2008年第6期。

二 县域公共服务领域

(一) 县域公共服务现状与问题

改革开放以来，我国的县域公共服务建设在各个领域都取得了显著进步，但是也存在一些现实的问题。

在教育领域，学校数量有所增加，师资力量逐步增强。越来越多的孩子接受义务教育，普及率有所提高。然而，教育资源分配不均衡仍然是一个突出的问题。一些偏远地区的教育条件较差，存在师资紧缺、教学设施简陋等问题。同时，乡村学校的教学水平参差不齐，城乡教育发展不平衡，目前城乡之间在教育资金投入、师资配备、教学基础条件等方面仍存在较大差距。

在医疗卫生领域，县域医疗机构数量有所增加，基层医疗卫生服务能力有所提升。然而，医疗资源分布不均衡仍然是一个主要问题。大多数优质医疗资源集中在城市，城市医院设备先进、医疗技术水平较高，而乡村地区医疗资源相对匮乏，人民群众就医难的问题比较突出。此外，基层医疗机构的医疗服务水平不均衡，一些偏远地区的基层医疗机构医疗技术和服务能力有限，并不能满足群众基本的医疗公共服务需求。

在社会保障领域，基本养老、医疗、失业等保障的覆盖面不断扩大，为群众提供了基本的社会保障，然而"城乡社会保障水平难以相提并论"，[1] 农村居民社会保障标准相对较低。相关政策执行不到位也是一个问题，对一些弱势群体权益的保障水平有待提高。

在文化体育领域，文化事业逐步发展，文化设施建设水平提高，为群众提供了更多的文化活动场所。体育运动普及程度也有所提高。然而，文化资源分布不均，一些偏远地区的文化设施缺乏，文化活动参与度有待提高。此外，体育设施建设不完善也是一个问题，一些县域缺乏标准化的体育场馆和健身设施，难以满足人们体育锻炼的需求。

总体来说，县域公共服务建设在教育、医疗卫生、社会保障和文化体

---

[1] 张云飞、张晓欢、刘忠轶：《促进县域基本公共服务均等化》，《开放导报》2012年第4期。

育等领域取得了一定进展。然而，仍然存在着教育资源分布不均衡、医疗资源分布不均、社会保障水平有限以及文化体育设施供给不足等问题，总体上呈现出明显的县域公共服务非均等化特征。

（二）县域公共服务非均等化产生的原因

导致县域公共服务非均等化的原因是多方面的。从经济方面来看，县域政府财力薄弱制约了其在公共服务供给上的能力。县域公共服务的建设涉及领域较广，需要县级政府投入较大的财政成本才能支持县域公共服务建设。但是相当一部分县域由于发展基础薄弱、产业发展不足等原因，财政收入相对有限，因此能够直接投入各个公共服务领域的资金较少。加之在现代化治理过程中政府治理所涉及的面更广，也更精细，这就使得政府的管理事务更加多样且复杂，需要投入更多的成本。但在县域政府财力薄弱的情况下，难以实现对各个领域进行均衡高水平投资。

从提供公共服务的主体来看，现阶段我国公共服务的建设主要依赖于政府，而社会非政府主体在公共服务建设中参与较少。当对公共服务建设的需求只是一种底线需求，即只需要满足教育、医疗、卫生、文化体育等各个领域的基本需求时，政府作为单一的公共服务供给者能够基本满足群众对公共服务的需求。但是随着社会经济的不断发展，群众对公共服务的需求更加多元化，对公共服务的种类和公共服务的质量都提出了更高的要求，这就使得政府作为单一主体的供给模式面临挑战。

从资源配置能力来看，县级政府资源配置能力不足也导致了县域基本公共服务的非均等化。资源配置过于直接，缺乏具有创新性的公共资源配置方式，且单一的政府配置资源方式使得资源配置效率和资源配置的效益都相对有限，有限的资源配置能力使得公共资源配置难以实现合理化和均等化。

从体制层面来看，县域公共管理机构中存在的条块分割现象也在一定程度上造成了公共服务建设的非均等化。我国现有体制在管理中采取的是一种职能划分管理模式。职能划分管理模式强调职能的专业化，是将管理职权和权力交给各个相应的职能部门负责人，再由其在职权范围内直接指挥下级单位开展职能部门相关工作。职能划分虽然在一定程度上有利于各个职能部门有效开展工作，但是这种划分也导致了各领域之间的分立、互不隶属及协作效率低,甚至在财政资源有限的情况下可能会导致一定程度的相互竞争。

三 县域基本公共服务均等化

县域基本公共服务均等化是县域公共服务建设的方向和目标。推动县域基本公共服务均等化对我国县域经济发展和县域治理现代化都具有重要的意义。

(一)县域基本公共服务均等化的内涵

县域基本公共服务均等化不是公共资源占有的均等化,也不是个体获取资源能力的均等化,而是指县域中的个人享受基本公共服务机会的均等化和享有基本公共服务结果的相对均等。长期以来,我国的城乡二元结构,使得城乡发展呈现明显的差异,在阻碍城乡协调发展的同时也阻碍了城乡居民平等地享有基本公共服务。县域基本公共服务均等化不是绝对的平均主义,而是一种相对的结果均等,即政府能够为城乡居民提供大体均等的基本公共服务,并能在不同发展阶段满足群众对基本公共服务的不同需求,最终能使县域范围内的居民在享有的公共服务质量和水平上能达到一种相对的平衡。

现阶段县域基本公共服务均等化主要包括如下几方面的内容。

教育均等化。教育均等化强调在义务教育阶段教育设施条件、教育资源分配和受教育权益等方面的均等化。现阶段我国城乡之间在教育资源供给领域存在着明显的非均等化现象,"城乡之间及不同地区及不同学校之间在学校设施、师资力量存在显著的差距;不同地区及不同学校获得的财政投入及社会资源也存在较大的差距"。[1] 流动人口特别是进城农民工子女上学存在制度障碍,在学区房制度条件的限制下,进城务工子女较难享受到优质的教育资源。县域基本公共服务均等化要求教育资源在不同地区之间合理分配,确保每个县域都有足够的教育资源供居民使用。这包括建设与完善学校设施、组建优质的教师队伍、提供多样化的教育课程,也包

---

[1] 项继权:《基本公共服务均等化:政策目标与制度保障》,《华中师范大学学报》(人文社会科学版)2008年第1期。

括能够保障进城务工子女享有公平的教育机会。

医疗卫生均等化。现阶段看病难、看病贵等问题突出，医疗资源分配存在差异。县域医疗卫生均等化是指在县域范围内，所有居民都能够享受到相对公平和高质量的医疗卫生服务。其核心是通过提供平等的机会和资源，消除地区之间的医疗卫生服务差距，实现人民群众健康权益保障的相对公平。县域医疗卫生均等化有助于保障每个居民的基本医疗权益，满足人民群众的健康保障需求，可以有效解决"跑大医院"问题，减轻大城市医疗资源的压力，提高医疗服务的可及性和效率。此外，县域医疗卫生均等化还有助于加强基层医疗卫生机构的建设和发展，提高基层医务人员的技术水平和服务质量。

基础设施均等化。县域基础设施均等化是在县域范围内，通过合理规划、投资和建设，使各个县域的基础设施水平达到相对均衡的状态。这种均等化的目标是促进区域经济的协调发展，提高人民生活水平，缩小地区间的差距。县域基础设施均等化涉及基础设施规划、投资和资金保障、技术支持和人才培养、政策支持以及监督评估机制建立等方面的工作。

除此之外县域基本公共服务均等化还包括文化体育均等化、环境卫生均等化、社会保障均等化等多个方面。

（二）县域基本公共服务均等化的意义

县域基本公共服务均等化需要通过政策引导和制度设计，使县域内不同地区之间、不同群体之间在基本公共服务方面享有平等的机会和权利，从而促进社会公平正义、增进人民福祉。县域基本公共服务均等化对县域发展具有重要的意义。

第一，县域基本公共服务均等化有助于缩小城乡差距，实现城乡一体化。在传统的城乡二元结构下，农村地区往往在基本公共服务方面处于相对落后的状态。县域通过推进基本公共服务均等化，可以逐步缩小城乡差距，使农村地区享受到与城市同等的基本公共服务，进而实现城乡一体化发展。

第二，县域基本公共服务均等化有助于促进区域协调发展。在经济发展不平衡的背景下，不同地区之间在基本公共服务方面存在较大差距。推进县域基本公共服务均等化，可以促进区域协调发展，使各地区之间的差距逐渐缩小，进而实现经济的均衡发展。

第三，县域基本公共服务均等化有助于提高人民群众的生活质量。基本公共服务是人民群众生存和发展的基础，是人民群众最关心、最直接、最现实的利益问题之一。县域通过推进基本公共服务均等化，可以提供更加优质、便捷、高效的基本公共服务，提高人民群众的生活质量，增强人民群众的获得感和幸福感。

第四，县域基本公共服务均等化有助于促进社会和谐稳定。基本公共服务是社会公平正义的体现，是社会和谐稳定的基础。县域通过推进基本公共服务均等化，可以促进社会公平正义，减少社会矛盾和冲突，进而维护社会和谐稳定。

总之，县域基本公共服务均等化对于缩小城乡差距、促进区域协调发展、提高人民群众的生活质量、促进社会和谐稳定等都具有重要的意义。因此，需要加强政策引导和制度设计，逐步推进县域基本公共服务均等化，以实现更加公平、更加均衡的发展。

第二节 县域社会组织建设

一 县域社会组织概述

（一）县域社会组织的概念、分类和现状

社会组织为国家提供了民主参与、社会服务提供、公共服务补充以及社会变革和创新等多方面的支持，对于实现良好的治理效果，推动社会发展具有重要作用，是国家治理体系和治理能力的重要组成部分。自党的十七大正式提出"社会组织"后，我国的社会组织改革进程不断推进，加速了不同社会组织的产生和发展，社会组织在社会治理中的角色也越来越凸显，"其在社会管理和服务中发挥着组织引领、协调整合、示范带动和排忧解难等功能"。[1] 县域社会组织是在县域范围内，为了满足县域范围内成员的不同发展需求，由县域群众成立或参与各个领域事务的非政府、

---

[1] 陈为雷：《新时期基层社会组织能力建设研究》，《中国城市经济》2011年第23期。

非营利性组织。

县域社会组织包括县域社会团体、县域基金会和县域社会服务机构。县域社会团体是由县域公民自愿组成，为实现会员共同意愿，按照团体章程开展活动的非营利性团体。县域基金会是利用个人、团体或者其他社会组织捐赠的财产，以提供扶贫、济困、扶老、救孤、恤病、助残、救灾、助医、助学服务，促进教育、科学文化事业发展，防止污染等公害和保护、改善生态环境，推动社会公共设施建设等公益慈善事业为目的，按照其章程开展活动的非营利性组织。县域社会服务机构是个人、团体或者其他社会组织基于公益性的目的，利用非国有资产捐助举办，按照机构章程提供社会服务的非营利性组织。

从县域社会组织发展现状来看，据《2021年民政事业发展统计公报》，截至2021年底，我国共有社会组织90.2万个，县级登记的社会组织共有688337个，占全国社会组织的76.3%。其中县域社会团体246343个，县域基金会791个，县域社会服务机构441203个，三者分别占全国社会团体总数的65.3%、全国基金会总数的8.9%和全国社会服务机构的84.5%，可见县域社会组织在全国社会组织中占有相当大的比例。[①]

（二）"县"在社会组织建设中的地位和功能

"县"在社会组织建设中发挥着重要的功能。作为中国地方政权的基本行政区划单位，"县"在社会组织建设中扮演着重要的角色，既是社会组织建设的基础单位，也是社会组织活动的重要舞台。

首先，"县"作为社会组织建设的基础单位，对于社会组织的注册、管理等发挥着重要作用。县域范围内社会组织的成立、登记和管理事项主要由所在地的县级政府负责。其次，"县"是社会组织活动的重要舞台，为社会组织提供了广阔的展示和活动空间。县域政府为促进社会组织发展和壮大，通常会制定相应的优惠政策和措施，如提供场地、设施、资金支持等，引导和鼓励社会组织在县域内开展各类活动。同时，县域政府还可以组织各种交流、研讨、培训等活动，为社会组织提供机会，促进其相互学习、加强合作。最后，"县"也是对社会组织监督管理的重要主体。县

---

① 《中华人民共和国年鉴2021》，中华人民共和国年鉴社，2021，第404~407页。

级政府对社会组织进行组织和管理,制定相关政策法规,对社会组织的运营进行指导和监管,并且县级政府有义务对社会组织进行监督和评估,通过检查社会组织的财务状况、组织结构和工作效果,发现问题并及时处理问题,从而确保县域范围内的社会组织能够按照规定标准和程序运行。

(三) 县域社会组织的优势

县域社会组织是在县域范围内建立和发展并且服务于县域社会的,因此其在县域社会发展中具有一定的优势。其优势主要有以下几方面的体现。

1. 与群众距离近

县域社会组织与基层群众的距离相对较近,能够更好地了解和反映基层群众的需求和问题,有利于及时回应群众关切。县域社会组织多为社会服务型组织,作为县域内助困、助学、扶老等服务的主要提供者,县域社会组织能够深入基层,面对面了解群众切实需求,更加精准开展救助帮扶工作。

2. 熟悉地域特点

县域社会组织通常较为熟悉当地的经济、文化、社会等情况。这使得县域社会组织更能结合县域实际,开展相关工作,对于推动本地区经济发展、社会公益事业的推进以及促进社会治理具有一定的优势,同时也能够借助熟人社会开展工作,发挥较强的动员能力。

3. 内外联动

县域社会组织基于熟人社会关系能够在开展实践工作过程中实现内外多方资源的联动。通过内部联动,促成县域范围内各层级政府相关部门和县域内其他社会组织的有效联合。通过与县域外部组织的联动,将更丰富、有效的资源整合到县域社会发展中来。

二 县域社会组织建设的资源条件

县域社会组织的发展和经济资源、政治资源、公共服务资源以及社会需求资源等紧密相关。

从经济资源来看,首先财政资源为县域社会组织发展提供了经济支持。财政资源是县域社会组织建设的重要保障。县级政府财政拨款及项目补助等形式的财政支持对县域社会组织至关重要。除此之外，资源配置主导机制的变化也为县域社会组织发展提供了经济资源条件。市场取代计划成为资源配置的主导机制后，"一部分资源逐渐从国家垄断中游离出来，成为自由流动资源，这就使基层社会组织能够通过政府之外的渠道获取生存所必需的资源"。[1]

从政治资源来看，法律法规支持是县域社会组织建设的保障。相关的法律法规为县域社会组织提供有利的注册登记、经费管理、项目执行等方面的法律环境。县级政府对县域社会组织的监督和指导，能保证县域社会组织合法、规范和持续运作。除此之外，县域社会组织发展相关政策的完善，能够为县域社会组织发展提供政策保障。

从公共服务资源来看，公共服务资源也构成了县域社会组织成长的资源条件。自改革开放以来，为了回应经济和社会发展需求，政府角色发生了转变，由原来的"全能型"政府转变为现在的"公共服务型"政府。在这一过程中，政府向市场和社会让渡了部分权力，社会组织获得了更加广阔的发展空间。现代化治理是一个分权与合作相结合的过程，公共事务的解决不能单靠政府权力和权威，还需要发挥其他主体在治理中的作用，形成多元主体协作的治理模式。公共资源的释放使得多个领域、不同规模的社会组织能够成长起来，和政府共担治理责任，最终在政府和社会组织的分权与合作的过程中实现低成本、高效率的治理。

从社会需求资源来看，一方面，城市社区由原来的单位管理转向由社会管理，传统的社会保障体系也随之解体，个体生产生活对社会产生了更多的需求。面对个体更多元的发展需求，政府所能发挥的作用相对有限，特别是在面对数量庞大的群体时，单靠政府并不能完全满足个体新需求。正如有学者指出的，在存在公共需求、公共媒介和公共价值的社会空间中，越来越多拥有独立人格和自治意识的公民自主地参与社会公共事务，催生出各种类型的社会组织。[2] 另一方面，在居民衣食住行等基本需求得

---

[1] 马立、曹锦清：《基层社会组织生长的政策支持：基于资源依赖的视角》，《上海行政学院学报》2014年第6期。

[2] 马立、曹锦清：《基层社会组织生长的政策支持：基于资源依赖的视角》，《上海行政学院学报》2014年第6期。

以满足的情况下，产生了更多的发展需求，需求本身的多样化使得社会组织也变得更加多样化。除此之外，单靠政府的力量也不能有效解决城市化发展过程中不断产生的新问题，而是需要多元力量的参与。

三　县域社会组织建设的问题与对策

作为以社会利益增进为目的的非营利性机构，社会组织是中国社会治理体系的有机组成部分，并逐渐成长为基层社会治理新格局打造中不可或缺和替代的力量。[①] 县域经济资源、政治资源、公共服务资源和社会需求资源虽然在一定程度上为县域社会组织发展提供了基础性条件，也促使县域社会组织快速发展，但是县域社会组织建设依然面临一些现实的内外部困境。

（一）内部发展困境

1. 发展能力弱，层级差异显著

目前县域范围内登记在册的社会组织类型单一，多以公益志愿活动类社会组织为主，规模相对较小，整体发展能力较弱，甚至在对社会组织建设有指标要求的情况下产生了一些"空壳"组织和"僵尸"组织。与此同时在县域范围内，不同社会组织之间的发展也存在较大差异，有些社会组织由于资源整合能力较强，成员参与的积极性、主动性较高，取得了相对较好的发展成果，但是也存在一些社会组织由于资源整合程度较低、与社会需求适配性不足，以及自身管理等因素发展相对滞后，其在社会治理中所发挥的效能也十分有限。

2. 人才不足，管理水平较低

县域社会组织建设面临着人才储备不足的问题。一方面，社会组织发展时间相对较短，人才储备不足，缺乏专业的管理和运营人员，使得组织的专业化和规范化程度较低；另一方面，由于薪资待遇和管理模式相对滞后，社会组织在运作过程中存在人员流动性较强的现象，加之管理水平不高，影响了组织的长远发展。县域社会组织建设也面临发展不规范问题，

[①] 张冉、楼鑫鑫：《中国基层社会组织发展的迭代逻辑与推进路径——基于组织生态学视角》，《甘肃社会科学》2023年第3期。

一些社会组织由志愿团队或者兴趣团体发展而来，其成员缺乏对组织管理的认识，在组织运转中不能形成规范的管理制度，致使组织由于管理失效最终走向解散。

（二）外部资源困境

1. 资金资源缺乏

在县域社会组织发展过程中，虽然县域政府以及社会力量能够提供一定的资金支持，但是经费来源具有不稳定性，且面对庞大的县域群体和日益多样化的社会需求，提供的经济支持相对有限，并不足以支持县域社会组织的持续和高质量发展。资金资源的缺乏使得一些县域社会组织无法开展日常工作，更不能提供高质量社会服务，对基层社会组织的健康有序发展产生一定的负面影响。

2. 政策支持不足

县域社会组织建设还存在政策支持不足的问题。虽然国家近年来对县域社会组织建设加大了支持力度，但在具体实施过程中仍然存在一些限制因素。比如，在注册、项目申报、财务管理等方面，相关政策法规还不够完善，给县域社会组织的运作带来了一定的困扰。

3. 对地方基层政府的依赖程度较高

县域范围内社会组织对县域政府资源支持的依赖程度相对较高，这主要体现在县域社会组织日常运作经费主要依赖于承接政府购买服务，而其自主筹集经费的能力相对有限，其日常运作也对政府的指导规范具有某种程度的依赖，而自我规范和规划能力较弱。这种对政府支持的依赖反映了县域社会组织建设的内生动力不足，当外部支持减弱或脱离外部支持时，其内部运作和未来发展都将会面临很大的问题。

4. 社会组织间协同合作不足

县域社会组织数量众多，但由于相互间的信息共享和资源整合不足，很难形成合力，容易出现重复建设的情况。这不仅导致了资源的浪费，也淡化了社会组织的价值和影响力。

（三）县域社会组织建设对策

为了提升县域社会组织的能力和效益，需要采取一系列的对策。

首先是要提升县域社会组织相关人员管理能力，建设专业化人才队伍。一是加强对组织负责人和管理人员的培训，通过举办研修班、邀请专家讲座等方式，提升相关人员管理能力；二是助力其推行规范化管理机制，建立健全组织章程、会计制度、人事管理制度等规范，确保组织内部运作有序、透明；三是有关部门可以开展巡查和评估工作，对组织进行监督和评价。

其次要加强资源支持，在经济资源方面要建立多元化融资机制，探索建立多元化的融资渠道，如与银行等金融机构合作，引入多元投融资模式。此外，通过设立企业捐助资金，引导企业参与县域社会组织建设。同时，也可以鼓励群众自愿捐赠和募集资金，扩大资金来源。设立专门的项目咨询中心，协助组织申请项目资金，提高申报成功率也是可行的措施。在政策支持方面要强化政策引导与支持，降低社会组织设立门槛，营造更好的社会组织发展环境，并且依据县域现实发展状况，对社会组织积极引导，在促进"量"增加时更应该注重提升社会组织的"质"，使社会组织能在县域社会治理中发挥其应该发挥的效用。要优化对社会组织的监管，在给予县域社会组织更大的自主发展空间的同时，引导督促其承担更多的社会责任，通过以服务质量为导向的监管，建立准入退出机制，对"空壳"组织、"僵尸"组织及时清理，从而推动县域社会组织的健康发展，开创县域社会组织发展的新局面。

最后要促进县域社会组织间的相互交流，使县域社会组织能够优势互补，形成县域社会组织发展合力，共同推进县域社会组织可持续、高质量发展。

第三节　县域安全稳定建设

一　县域公共安全概述

公共安全是指在一定的区域内，通过各种手段和措施，保障该区域居民、企业、政府机构等各方面的安全，包括人身安全、财产安全、环境安全、信息安全等。公共安全是一个复杂而重要的领域，它涉及经济、文化、社会等多个方面，需要政府、社会组织、公民等各方面的共同努力。

县域公共安全是县域经济社会发展的前提条件，县域安全稳定建设旨在保障县域范围内公民、社会组织和公共财产等免受各种安全威胁和风险。

（一）县域公共安全类型

从县域治理实际来看，县域公共安全类型多样，涉及范围较广，常见的县域公共安全类型主要有以下几类。

1. 自然灾害类公共安全

自然灾害是县域公共安全的重要威胁之一，包括地震、洪涝、山体滑坡、泥石流等。县域人口众多，且对自然灾害的抵御能力较弱。突发性的自然灾害会对县域的基础设施造成破坏，导致交通中断、能源断供和饮水困难，灾害发生后，农作物的毁坏、工厂停产、商铺关闭等都会导致当地经济活动的中断。修复和重建基础设施另需投入巨额成本。

2. 社会治安类公共安全

县域社会治安状况直接关系到居民的安全感、县域经济发展和县域的社会稳定。当县域安全稳定受到威胁时，县域内犯罪率上升，商业环境恶化，可能会使得企业和投资者对该地区失去信心，不利于经济发展潜力的释放，同时政府还要投入更多资源来维护秩序，影响县域治理的工作效率与整体质量。社会治安恶化会导致社会情绪紧张和群众心理不安，甚至可能引发社会动荡，限制县域的整体性发展。

3. 生产事故类公共安全

进入工业社会，工业生产引发的安全事故成为社会安全稳定中不可忽视的一类公共安全问题。随着县域经济的快速发展，县域内各类生产活动规模的不断扩大，生产过程中潜在风险也随之增加。一方面，县域内一些企业的技术水平和管理水平相对较低，安全生产意识薄弱，缺乏完善的安全管理体系。另一方面，一些县级政府对生产安全的重视程度不够，监管力度不足，导致一些问题长期存在，安全风险问题得不到及时解决。县域是社会经济的基础单元，生产安全关乎县域居民的生命财产安全、关乎当地经济的健康发展。抓好县域安全生产工作，创造更好的生产环境，有利于保障群众的生活质量和福祉，也能促进经济高质量的增长。

4. 医疗卫生类公共安全

县域医疗卫生安全是保障居民健康的基础，对于提高居民的医疗保障水平、降低医疗服务成本具有重要意义，也是实现健康中国的重要条件，对于实现全民健康目标具有重要作用。但是目前县域医疗卫生安全面临县级医疗资源相对匮乏、医疗卫生人员素质参差不齐、医疗卫生机构管理不规范等挑战。提高县域医疗卫生安全不仅需要加强县域医疗卫生机构的建设和管理，加强医疗卫生人员的培训和素质提升，也需要加强医疗卫生监管、药品安全监管，提高医疗服务质量和安全水平。

5. 信息网络类公共安全

县域数字化进程的不断加快，县域信息系统和网络规模的不断扩大，信息传输量的增加，给县域网络安全带来了更多潜在风险。当前县域各类信息系统和网络已经成为政府、企事业单位以及居民生活的重要组成部分。保障信息网络安全，不仅关系到政府的决策和管理效率，也关系到企业的经济利益和居民的个人隐私安全。

（二）县域公共安全特征

县域公共安全有着公共安全的一般性特征，也有公共安全的"县域"特征。县域公共安全特征主要有以下表现。

1. 地域性

县域公共安全具有地域性特征。县级行政区域基础设施建设水平、管理水平和治安力量有限，某些地方依然存在着违法犯罪、交通事故等安全问题。县域公共安全的地域性特征决定了县域安全稳定的建设需要针对当地特点进行有效管理和防控。除此之外，县域公共安全是在县域内进行管理和维护的，与其他治理层级的公共安全属性存在一定的区别。县域范围内的公共安全问题更加贴近基层，更需要针对具体的地方情况进行分析和解决。

2. 与农村的关联性

县域公共安全和农业生产安全与农村社会秩序紧密相关。许多县域主要由农村地区组成，农村安全是县域公共安全的重要组成部分，加强农村地区的安全稳定建设，对县域安全稳定建设有重要意义。

3. 群众性

县域公共安全需要广大的群众参与和支持。县域在安全稳定建设过程中建立了一系列群众参与机制，如设立安全巡查员、社区网格员等。同时通过安全意识教育、安全演练等活动提高群众安全防范意识和自我保护能力，形成社会共同参与、共同维护的县域安全稳定良好氛围。

4. 长期性

随着县域社会发展和变化，县域的安全形势也在不断变化，县域也将面临一系列新的安全挑战，县域安全稳定工作需要与时俱进，不断适应新形势、新挑战，注重运用新技术，保持县域安全稳定建设的持续性和有效性。

二　县域安全稳定建设中的政府角色

县域政府在县域安全稳定建设中扮演着重要的角色。县域安全稳定是人民群众生命财产安全的重要保障，也是社会稳定和经济发展的基础。县域政府作为地方政府的重要组成单位，有责任和义务为县域内的公共安全建设提供支持和保障。

县域政府在县域安全稳定中扮演着组织协调者角色。县域政府负责制定和实施县域安全稳定建设相关的政策、法规和规划，以确保全面维护县域的社会稳定和安全。政府部门通过制定安全管理措施、建立应急预案等方式，为各个领域提供指导和支持。县域内的安全稳定建设工作涉及多个部门和单位，如公安、消防、卫生、交通等，需要统一协调和组织。县域政府积极组织相关部门、机构和社会力量，成立专门的安全委员会等类似机构，负责统筹协调各方资源，形成合力共同参与到县域安全工作中来。

县域政府在县域安全稳定建设中扮演着监督执法者角色。县域政府通过建立健全公共安全监管体系，加强对各类安全隐患的排查和整治，确保公共场所、交通运输、食品药品等领域的安全。同时，县域政府能运用其强制性权力加强对于违法犯罪行为的打击和惩治，维护社会治安稳定。

县域政府在县域安全稳定建设中扮演着宣传教育者角色。公众公共安全意识的提高对于预防和应对各类安全事件至关重要。县域政府能通过举办安全知识讲座、开展安全演练等活动，提高公众对于公共安全的认识，增强县域居民的自我保护能力，使公民参与到县域安全稳定建设中来。

县域政府在县域安全稳定建设中扮演着应急管理者角色。县域政府为了防止和应对突发事件建立和完善应急管理机制，制定应急预案，组织开展应急演练。同时，县域政府还通过与上级政府、其他地方政府及社会组织的合作与协调，形成联防联控的工作格局，共同应对突发事件。

县域政府在县域安全稳定建设中扮演着安全监控者角色。大数据时代的到来带来了数据与信息处理方式的根本性变革，也给传统的公共安全治理带来了新的机遇与挑战。[1] 随着大数据在县域治理中的运用，县域政府在县域安全稳定建设中的安全监控者角色日益凸显。县域政府通过网格化管理体系和现代化的大数据数字平台，逐渐建立了安全信息收集和分析机制。县域政府通过搭建数字平台，密切关注本地区的安全形势，及时分析各类安全信息，提升县域安全预警和科学防控能力。

三 县域安全稳定建设的路径选择

（一）合作与协调

县域安全稳定建设是一个复杂而重要的系统工程，涉及许多关键领域，如社会治安、应急管理、安全生产、环境保护等。要实现县域安全稳定，需要各方合作，共同努力。政府、社区、企业和公众都是县域安全稳定建设中的重要主体，各自扮演着不可或缺的角色。

政府是县域安全稳定建设的领导者、组织者和实施者。政府需要制定和实施相关的政策、法规和标准，加强监管，提高公共安全水平。同时，政府也需要与社区、企业和公众建立紧密的合作关系，积极听取各方意见和建议，协调各方利益，形成合力。

社区是县域安全稳定建设的基础单位，是政府和公众之间的桥梁和纽带。社区需要积极组织和参与公共安全活动，加强邻里之间的沟通和互助，提高社区居民的安全意识和自我保护能力。社区还应该与政府、企业和公众合作，共同预防和处理各种安全风险和隐患。

企业是县域经济发展的主体，也是安全稳定建设的重要参与者。企业需要严格遵守相关法规和标准，加强安全生产管理，提高安全生产水平。

---

[1] 张春艳：《大数据时代的公共安全治理》，《国家行政学院学报》2014年第5期。

企业还应该积极履行社会责任，加强与政府、社区和公众的沟通与合作，共同维护社会稳定和安全。

公众是县域安全稳定建设的重要受益者和参与者。公众需要增强安全意识和自我保护能力，积极参与公共安全活动，共同维护社会稳定和安全。公众还需要与政府、社区和企业合作，协调各方利益，共同推动县域安全稳定建设的发展。

为了促进政府、社区、企业和公众之间的合作，需要建立一系列的机制和平台，如定期召开安全稳定会议、建立安全信息共享平台、开展联合安全演练等。这些机制和平台可以帮助各方更好地了解彼此的需求和诉求，增进彼此之间的信任和合作，共同推动县域安全稳定建设的发展。在县域安全稳定建设中，协调各方利益至关重要。各方需要通过合作，共同解决各种安全问题和难题，实现共同的安全目标。只有各方之间建立起紧密的合作关系，才能实现县域安全稳定建设的长远发展。

（二）信息技术应用

信息技术在县域安全稳定建设中的作用和潜力日益凸显，这是因为信息技术的迅速发展为我们提供了丰富的手段和工具，以更高效、智能的方式提升县域安全稳定建设的水平。

已经有很多成功的信息技术应用于县域安全稳定建设的案例。比如，一些地方建立了安全风险监测系统，通过大数据分析和人工智能技术，实现对安全风险的早期识别和预警。还有一些地方利用物联网技术，对重点场所和设备进行实时监控，有效防止安全事故的发生。

然而，信息技术在县域安全稳定建设中的应用还存在一些问题，如技术水平参差不齐、信息资源未能有效整合、信息安全问题时有出现等。因此，县域政府需要进一步整合和发展信息技术应用系统，提高信息技术的应用水平，通过引入更先进的技术，提升县域应对安全风险的能力。县域政府要构建统一的信息平台，实现各种安全信息资源的共享和交流，以便更好地协调各方力量，共同应对安全风险。信息技术在县域安全稳定建设中的作用和潜力是巨大的。县域政府应充分利用信息技术，提高我国县域安全稳定建设的水平，为我国的社会治理提供有力支持。

(三) 社会参与

"公众在公共安全治理中将扮演越来越重要的角色。"[1] 由于县域安全具有群众性特征，因此在县域安全稳定建设中，公众参与对县域安全稳定建设具有尤为特殊的作用。为推动公众参与县域安全稳定建设，一方面政府应该加强舆论引导，使公众正确理解和重视安全问题；另一方面要加大对社会参与的扶持力度，鼓励更多的组织和个人参与到安全工作中来。

第四节　县域民生保障建设

一　县域民生保障建设概述

(一) 县域民生保障内涵

县域民生保障特指在中国的县级行政区域内，保障和改善居民的基本民生需求的一系列政策和措施。县域民生保障建设旨在提高居民的生活水平，保障县域居民的基本权益，促进县域民生领域的全面发展。

县域民生保障涉及多个方面。一是县域医疗保障。县域医疗保障致力于提升基层医疗服务水平，保障人民的健康权益。通过建设和完善基层医疗机构（提供基本医疗服务、改善医疗设备和医疗技术、加强医护人员培训），以及推行医疗救助制度等方式，保障居民能够获得及时、有效的医疗服务。二是县域教育保障。教育事业发展对于县域发展来说至关重要，县域教育保障致力于教育事业的发展，努力提高教育资源的均衡配置水平。县域教育保障包括建设和改善学校设施、加强教师队伍建设、推动义务教育均衡发展，确保每个孩子都能够接受良好的教育。三是县域社会保障。县域社会保障关注弱势群体和特殊困难群体的生活状况，出台和优化社会保障制度和相关帮扶政策。这包括建立健全社会救助体系，为低收入家庭提供生活补助，完善养老、失业、医疗等社会保险制度，加强对救助对象的帮扶和培训。四是县域就业保障。县域就业保障注重促进就业机会的增加和就业环境的改善。通过加强技能培训和职业教育，推动创业就

---

[1] 王莹、王义保：《社会公共安全治理中公众参与的模式与策略》，《城市发展研究》2015年第2期。

业,并为农民工、下岗职工等就业困难人员提供就业援助,促进社会稳定和经济发展。五是县域住房保障。县域住房保障致力于解决居民的住房问题,推动城乡住房条件的改善。通过加大住房供给保障力度,完善住房分配机制,提供贷款优惠政策和租赁补贴等措施,让居民能够有安全、舒适的住房条件。

(二) 县域民生保障的重要性

县域在我国民生保障体系建设中具有重要的地位。民生保障建设中县域的重要性首先体现在县域民生保障建设是我国在全国范围内建立民生保障体系,在全国实现城乡社会保障一体化的主要突破口。[1] 我国幅员辽阔、人口规模巨大,社会经济发展存在较大区域差异,这决定了很难在全国范围内实现城乡社会保障一体化。从土地占比和人口占比来看,县域是在全国范围内进行民生保障建设,实现城乡社会保障一体化的最佳突破口。县域城乡社会保障一体化的实现,在很大程度上就意味着我国农村社会保障问题的初步解决。其次,近年来县域经济取得较快发展,县域财政支持县域民生社会保障事业发展的能力提升。县域民生保障建设,特别是县域城乡社会保障一体化工作的推进,有利于解决由城乡社会保障二元分割带来的社会问题,从而为向更高一级民生保障建设以及全国范围内社会保障事业发展奠定基础。最后,从纵向体制来看,相比于省市,县域范围更具有代表性,在县域范围内实现民生保障建设和城乡社会保障一体化建设也更有可行性。相比于乡镇和村,以县域为单位打破城乡二元分割的社会保障体系也更具可行性。相比于乡镇和村,县级由于财政收入的集中,其财政收入更有可能在民生保障建设中发挥作用,而以乡镇等县级以下单位为抓手会由于范围小而无法实现风险共担,无法实现规模效益。[2] 以县域为单位的民生保障建设能在更多专业人才和更高水平的社会保障管理能力的条件下产生规模效应,推动我国民生保障事业实现较快速度、较高质量发展。

---

[1] 廖楠:《县域社会保障城乡一体化:困境与出路——以湖北省 A 市为个案的调查研究》,《中共福建省委党校学报》2010 年第 10 期。

[2] 孙永勇:《以县域为起点推进城乡社会保障一体化》,《城市》2009 年第 1 期。

二 县域民生保障建设中的责任分配

国家在福利供给中发挥着重要的作用,但是福利供给并不完全是国家的行为,而是应由多元主体共同承担。县域民生保障的建设不单是政府的责任,而是需要政府、市场、社会和家庭等共同承担保障责任,形成多元主体参与的民生保障体系,发挥县域民生保障在县域发展中的基础性作用。

(一) 县域民生保障中的政府责任

政府在民生保障体系建设中扮演着重要角色,承担着民生保障建设的多重任务。政府承担民生保障的责任有利于克服市场经济失灵的弊端,弥补市场调节的缺陷,尤其是在我国这样的社会主义国家,政府通过承担民生保障建设责任能在很大程度上保证社会公平,维持社会稳定。县域政府在县域民生保障建设中是主要的责任承担者,其在县域民生保障建设中的责任主要包括以下几个方面。

1. 政策制定

政策对县域民生保障事业的发展具有重要影响。政策的制定和实施可以直接影响到县域民生保障事业的资源配置、服务水平和发展方向。县域政府通过制定县域民生保障相关政策调动和配置资源,促进县域民生保障事业的发展。政策的调整和优化可以使县域范围内的资源更加合理地分配到县域民生保障事业中,从而提高县域民生保障的覆盖范围和质量。县域民生保障政策可以规范和引导县域民生保障事业的发展方向。政府通过制定相关政策和法规,明确县域民生保障事业的目标和任务,使县域民生保障事业更加关注民生需求,提供符合实际需要的服务,也能够规范服务内容和标准,通过政策引导推动县域民生保障事业的创新和改进,促进县域民生保障事业的健康发展。

2. 资金支持

我国的社会保障中的社会救助、社会福利和优抚安置所需资金,基本是国家财政拨付。[1] 特别是农村地区由于经济基础薄弱、社会力量参与有

---

[1] 金海和、李利:《社会保障与政府责任——以中国农村社会保障体系建设为例》,《中国行政管理》2010 年第 3 期。

限且农村居民个人经济条件有限,其民生保障需求较大而解决民生问题的内生能力较弱,国家财政资源的倾斜成为农村民生社会事业发展的主要保障。县域包含大量的农村地区和人口,县域民生保障建设需要县域政府乃至国家财政提供强有力的支持,政府通过为县域民生保障事业提供必要的资金支持,例如通过财政拨款、设立专项资金等方式为教育、医疗、社会保障等提供充足资金,确保县域范围内的基本民生需求能得以满足。县域财政支持可以用于改善基础设施建设,提升县域居民的生活品质。例如,县域财政可以用于修建道路、桥梁,建设供水、供电等基础设施,提高交通便利性、改善居民生活条件,进一步提升民生保障水平;可以用于支持社会福利事业的发展,如养老保险、医疗保险、失业保险等社会保障制度的建设和运行。这些福利制度的建设和运行需要大量的资金支持,县域财政的投入可以保障这些福利事业的正常运行,提高居民的社会保障水平。政府可以通过支持小微企业发展、开展就业技能培训、提供就业补贴等方式,增加就业机会,减少失业人口,提升居民的收入水平和生活质量。

3. 监督管理

县域监督管理旨在确保县域民生保障各个主体行为的合法性、公正性和透明度,提高各主体县域民生保障的效能和服务水平,使民众能够享受到更好的民生保障。县域政府通过履行监督管理职能,提高县域民生保障主体的责任意识,通过监督机制的建立和实施,促使各参与主体积极履行民生保障责任,关注民众的需求和利益,有针对性地开展民生保障工作。县域政府的监督管理有助于提高各参与主体决策的科学性和精准性。监督机制的实施可以促使各参与主体充分听取各方面的意见,遵循科学决策的原则,制定更加符合实际情况和民众需要的帮扶措施。

(二)县域民生保障中的市场责任

除国家外,市场也是福利生产的重要主体。市场通过为县域人口提供就业机会和创造收入来源,对增进县域民众的经济福祉起到关键性的促进作用。此外,市场通过提供多样化的消费品和服务,满足县域居民的基本需求。市场竞争机制下,产品和服务供应商为消费者提供更多的消费选择和更高质量的产品。这使得县域居民能够获得更多的选择权,获得更好的商品和服务,提高生活质量。

市场的发展也推动了县域社会结构和生活方式的变革，为县域居民带来更多的机遇和便利。市场活力的增强通常伴随着基础设施的完善，如交通网络的改善、商业中心的建设等，这使得县域居民能够更方便地获得教育、医疗、文化娱乐等服务。此外，市场经济也可以为创业者和个体经营者提供更多的机会，激发其创新活力，促进县域的经济发展。

（三）县域民生保障中的社会责任

县域社会中的社会责任主要是指县域社会中的社区、社会组织、志愿群体、企事业单位等非政府部门承担的责任。

社区以地缘关系为基础，是基层治理的基础单位，能够直接了解和反映居民的需求和问题。社区通过开展问卷调查、召开居民大会等方式，收集和汇总居民的意见和建议，为政府决策提供参考。社区作为社会服务的提供者和协调者，可以组织各种形式的社会活动，促进邻里之间的交流和合作，提高居民的生活质量，也可以协调社会资源，向居民提供教育、医疗、就业等服务，满足居民的基本需求。

县域社会组织通过提供社会服务来满足居民的基本需求。社会组织可以开展各种形式的社会服务，如教育支持、医疗援助、扶贫帮困等。一些非营利性组织可以为贫困家庭提供物资援助和就业培训，一些专业化组织可以提供精神健康咨询等服务。这些社会服务的提供弥补了政府公共服务供给的不足，为县域居民提供了更广泛和多样化的福利保障。社会组织还能够促进资源整合和合作创新。不同社会组织之间可以进行合作与联合，共享资源、经验和专业知识，可以建立合作伙伴关系，共同开展项目和活动，汇集各方力量解决民生问题。这样的合作创新有助于提高资源的有效利用水平和社会服务的质量，促进县域民生保障可持续发展。

县域志愿群体通过提供社会服务，满足县域居民的基本需求。例如，一些慈善组织和志愿者团队可以组织捐赠活动，向贫困家庭提供物资援助；一些义工组织可以为老年人提供陪伴和关怀服务；一些教育志愿者可以帮助贫困学生克服学习障碍。县域志愿团队特别是一些专业性的志愿团队在一定程度上弥补了政府资源和公共服务的不足。

"单位是以业缘关系为纽带建立起来的社会组织。"[①] 单位也在县域民生保障中扮演着重要的角色。一方面，单位承担着为员工提供社会保险、养老金、医疗保障等福利的责任。这些保障措施"不仅提供了日常生活开支来源，而且提供了各种工作福利，及平常说的额外或职业福利"，[②]有利于改善员工个体生活状况，促进县域社会的稳定发展。另一方面，单位在县域社会中也承担着社会责任。通过捐赠资金、物品或者参与志愿服务等方式，单位可以为贫困地区、弱势群体或其他需要帮助的人提供实际支持，促进社会公平和民生保障。

（四）县域民生保障中的家庭责任

家庭在我国民生保障也扮演着重要的角色，特别在县域范围内存在大量"两栖人口"的情况下，家庭对县域民生保障具有特殊的意义。家庭为县域范围内的个人提供了基本的生活保障。作为最基本的社会单元，家庭承担着满足成员的物质需求和生活保障的责任。家庭提供食物、住所、衣物等基本生活必需品，确保成员的生存和发展。特别是在县域农村，许多家庭依赖农业生产提供粮食和其他农产品，维系着基本生计。对于县域范围内的农村城市流动人口而言，农村家庭为农村流动人口提供了退路，在进城务工人口在城市无法定居的情况下，农村为他们提供了退出城市后的保障，在为其提供生活、生产场域的同时，也为其提供基本的发展保障。[③]

家庭在县域教育中发挥着重要作用。家庭是人们最早接受教育的地方，通过家庭教育，人们获得基本的道德观念、行为规范、文化知识等。在县域民生保障中，家庭教育对于培养下一代的素质和能力至关重要，为他们未来的成长和发展奠定良好的基础。家庭提供心理支持和情感滋养，是人们获得情感关怀、安全感和归属感的重要场所。

在县域民生保障中，家庭具有提供亲情、友情和爱的功能，能在相当程度上促进个人的发展，培养个体社会适应能力。同时，家庭作为县

---

① 毕天云：《建设立体化的多层次社会保障体系》，《学术探索》2023年第4期。
② 〔美〕Neil Gilbert、Paul Terrell：《社会福利政策导论》，黄晨熹、周烨、刘红译，华东理工大学出版社，2003，第11页。
③ 贺雪峰：《城市化的中国道路》，东方出版社，2014，第10~18页。

域社会中养老的主要责任承担者，通过基于传统的家庭养老模式，能在一定程度上缓解县域养老压力。县域民生保障需要注重家庭的支持和关注，并创造良好的家庭环境和条件，以充分发挥家庭在民生保障中的积极作用。

三　县域民生保障建设中的城乡统筹问题

实现城乡统筹是我国实现现代化的重要条件之一。在县域范围内构建城乡统筹的民生保障体系，有利于缩小城乡差距，解决目前县域城镇化发展过程中存在的诸多问题，从而推动县域经济社会发展，促进县域现代化建设。但是现阶段，长期的城乡二元体制造成了城乡民生保障的分割，对县域发展造成了一定的影响。从现阶段的发展状况来看，在县域范围内实现民生保障的城乡统筹既有其必要性，也有其可行性，对县域高质量、可持续发展具有深远的意义。

（一）县域民生保障的城乡二元分割现状

由城乡二元体制所导致的县域城乡民生保障体系的二元分割，主要表现在城乡民生保障覆盖范围差距大、城乡民生保障待遇水平差距大，以及城乡民生保障运行机制发展程度差异大等三个方面。从民生保障的覆盖面来看，农村的民生保障覆盖范围极其有限，主要有"五保"、低保、脱贫户帮扶及优抚安置等项目，而就业、养老、医疗等方面民生保障体系尚未完全建立。相比之下，城市民生覆盖范围相对广，其民生保障基本包含了所有的民生保障项目，除了基本的低保、脱贫户帮扶等民生保障项目外，还有失业保险、生育保险、住房保障等各种社会福利项目。除此之外项目的覆盖率也有相对较大的差异，城镇的民生保障项目覆盖率明显高于农村，农村的民生保障主要集中在老人群体、相对贫困等群体中，覆盖率相对要低。从城乡社会保障的待遇水平来看，乡村居民的民生保障待遇水平远低于城市居民，以城乡养老保险为例，农村居民的养老保险金额有限，较难满足老年人的养老需求。从城乡民生保障的运行机制来看，城市民生保障机制改革相对要早，现已经相对成熟，但是乡村民生保障体系尚未完全建立，依然存在多头管理现象且管理效率低下，运作规范程度不够。①

现阶段的城乡民生保障二元分割在县域治理过程中产生了一定的消极影响。一方面由于农村地区资源相对不足，缺乏发展机会和空间，年轻人普遍倾向于离开农村去城市谋求更好的就业和生活。这导致农村地区的人口老龄化加剧，劳动力不足，农业生产能力下降。同时，城市也面临着庞大的人口压力和社会问题，如就业竞争激烈、住房紧张等。另一方面城市经济和社会资源的集中，城市地区往往能够快速发展，形成经济增长和就业机会。而农村地区由于资源匮乏和人口流失，发展相对滞后，产业转型和创新能力较弱。这种不平衡可能导致城乡之间的差距进一步扩大，影响到整个县域的平衡与可持续发展。

（二）城乡统筹的必要性

民生保障的城乡分隔，对农村居民发展权益的保障，农村经济社会的发展以及县域的整体性发展都造成了障碍，在县域范围内进行民生保障的城乡统筹既有其必要性又有可行性。一是随着经济社会的发展，原有的民生保障制度虽然能够保障居民的生存权利，但是无法保障居民的发展权益，特别是对于农村居民来说，现有的农村民生保障不论是从民生保障项目数量，还是从民生保障待遇水平来看都不能完全满足农民的发展需求，农民仍面临着现实的发展困境。二是县域范围内老龄化问题突出，城乡二元分割使得大量农村青壮年流出，农村出现大量留守老人、留守儿童、留守妇女，民生保障问题的解决变得必要且迫切。大量流动人口的出现也迫切要求通过县域城乡民生保障体系的统筹，在让进城务工人员过得好、留得下的同时解决其后顾之忧。

现阶段县域范围内进行城乡民生保障的统筹，也因为县域经济发展、法律法规的完善以及信息技术的发展，而具备了可行性条件。② 县域民生保障建设要立足县域民生需求，不断推进县域民生建设事业。

---

① 黄英君、郑军：《我国二元化城乡社会保障体系反思与重构：基于城乡统筹的视角分析》，《保险研究》2010 年第 4 期。
② 黄英君、郑军：《我国二元化城乡社会保障体系反思与重构：基于城乡统筹的视角分析》，《保险研究》2010 年第 4 期。

(三) 城乡统筹的意义

县域范围内进行民生保障的统筹对县域发展具有重大意义。

一是县域统筹民生保障可以缩小县域范围内的城乡差距，实现资源和基本公共服务的均等分配。通过统筹规划和整合资源，确保农村地区居民能够享受到与城市居民同样的教育、医疗、社会保障等权益，减少因地域差异而产生的不公平现象。这有助于增强社会凝聚力，促进社会稳定和可持续发展。

二是县域统筹民生保障可以推动城乡一体化发展，促进区域内各地区的协调发展。通过提供优质的公共服务和基础设施，改善农村地区的生产生活条件，吸引人才和资金流入农村，推动农村经济的发展和转型升级。同时，可以避免城市地区因过度发展而产生的环境压力和资源短缺问题，实现城乡资源的互补和优化配置。

三是县域统筹民生保障可以提高居民的生活质量和福利水平。通过提供高质量的教育资源，农村地区的孩子能够接受良好的教育，增加他们的发展机会；通过提供便捷的医疗服务，改善农村居民的健康水平；通过建设完善的社会保障体系，提供失业、养老、医疗等方面的保障，增加居民的社会安全感。这些措施有助于提高居民的幸福指数和满意度，推动全体居民共同分享发展成果。

四是县域统筹民生保障可以实现经济、社会和环境的协调发展，推动可持续发展战略的实施。通过合理规划和利用资源，加强农村产业结构调整，减少对自然资源的过度开发和环境污染。同时，通过提供就业机会和良好的生活条件，让更多年轻人在农村"留得住、能发展"，进而促进农村地区的人口稳定和可持续发展。

第五节 县域城镇化建设

一 县域城镇化概述

(一) 县域城镇化的内涵

城镇化是一个农村人口转化为城镇人口的过程。县域城镇化则是以县城为中心、乡镇为纽带、农村社区为基础，通过推进工业化和农业现代化，县域实现由传统农业社会向现代城市文明转型、向城镇社会转变的整个过程，涉及人口、经济、社会、文化、生态等各方面。"县城是我国城镇体系的重要组成部分，是城乡融合发展的关键支撑，对促进新型城镇化建设、构建新型工农城乡关系具有重要意义。"[1] 县域城镇化是一个综合性的概念，它包括了县域范围内人口、经济、社会等多个方面的城镇化。具体来说，县域城镇化包括以下几个方面。

县域人口城镇化。县域城镇化首先需要实现县域人口城镇化的目标，即通过推进工业化和农业现代化，引导农村人口向县城和乡镇转移，实现人口向城镇集聚。

县域经济城镇化。县域城镇化的过程是一个实现经济城镇化目标的过程。经济的城镇化就是要发展县域经济，提高县域经济实力和竞争力，促进县域经济的持续健康发展。同时也要通过提高县域工业化水平，优化县域产业结构，增加县域就业机会。

县域社会城镇化。县域城镇化关注的是县域范围内居民的生活质量和水平的提升，即通过推进教育、医疗、文化、体育等公共服务事业的发展，全面改善县域居民的生活环境和生活条件。县域社会城镇化需要全方位、多层次地推进公共服务事业的发展，实现县域公共服务均等化，让更多的居民享受到城镇化带来的实惠和好处。

"县域城镇化使得县域内的经济活动由单一的农业向三次产业综合发展的方向转化，乡村人口逐步由经营农业转变为经营非农产业，非农产业逐渐向县域内的城镇聚集，乡村人口则伴随着城镇化由乡村迁移到城镇。"[2] 县域城镇化是一个多方面的过程，需要政府、企业和社会各方面的共同努力，需要县域通过推进工业化和农业现代化，加强公共服务事业建设，推广现代城市文明，保护生态环境等方面的工作，实现人口、经济、社会等方面由传统农业社会向现代城市文明转型、向城镇社会转变的目标。

---

[1] 《中共中央办公厅 国务院办公厅印发〈关于推进以县城为重要载体的城镇化建设的意见〉》，《中华人民共和国国务院公报》2022年第14期。
[2] 白志礼、谭江蓉、曲晨：《县域城镇化问题的特异性与发展思路探究》，《城市发展研究》2007年第5期。

（二）县域城镇化的特点

县域城镇化是城镇化的一种特殊形式，它具有以下特点。

第一，县域城镇化是以县城为中心的城镇化。县城在城乡发展中承载着重要的功能，以县城为中心能促进县域范围内的农民工实现就近城镇化，为农民提供可进可退的城镇化平台，农民在以县城为中心的城镇化过程中既能拓宽收入渠道，又能兼顾农村农业生产，且县城相对熟悉的生活环境和相对较低的生活成本都为农民进城提供了可能性。

第二，县域城镇化是以农村社区为基础的城镇化，农村社区是县域城镇化的基础和支撑点。因此，县域城镇化需要加强农村基础设施建设，提高农村的生活质量和生产条件，促进农村居民向城镇居民的转变。

第三，县域城镇化是综合性城镇化，是人口、经济、社会、文化、生态等多个方面的城镇化过程。因此，县域城镇化需要综合施策，注重经济、社会、文化、生态的协调发展，实现人口、经济、社会、文化、生态等方面由传统农业社会向现代城市文明转型的目标。

（三）县域城镇化的表现

在产业发展方面，县域城镇化表现为农村经济结构的转变和产业结构的多元化。随着城镇化的推进，越来越多的农民进入非农务工岗位，农村经济不再仅仅是以传统的农业生产为支柱，而是逐渐形成了农业与工业、服务业并存的格局。这种产业结构调整提高了农民的收入水平，也推动了当地经济的发展。

在基础设施建设方面，县域城镇化表现为交通、能源、信息等基础设施的建设和改善。随着城镇化的推进，交通网络不断完善，农村公路和桥梁建设有力地促进了资源的流动和农产品的销售，方便了农村地区与城市间的联系；电力、水利等能源设施的改善，为农村企业和居民提供了更加稳定和便利的生产和生活条件；信息技术的普及，提升了农民的信息获取能力，推动了乡村农业经营模式的转变。

在公共服务水平提升方面，县域城镇化表现为医疗、教育、文化等公共服务水平的不断提高。随着城镇化进程的推进，越来越多的医院、学校、文化设施在农村兴建或改善，农民群体的就医、求学、文化娱乐需求得到了更好满足。此外，县域政府对农村社区建设的投入也提升了农民的幸福感和获得感。

总之，县域城镇化在产业发展、基础设施建设和公共服务水平提升等方面已取得了显著成果，县域通过推进城镇化，农村地区的经济增长速度得以加快，居民的生活质量也得到了明显的提升。

二 影响县域城镇化的因素

县域城镇化是一个复杂的社会经济过程，受到经济、产业、基础设施、教育政策等多重因素的影响。

县域经济发展水平。经济发展是城镇化进程的重要推动力。当经济发展水平较高时，县域往往能够提供更丰富的就业机会、更完善的基础设施和更好的公共服务，这有助于吸引农民流入城镇，促进城镇化的快速推进。此外，经济发展也会提高人们的收入水平，进而促使县域居民消费水平的提升和消费结构的改变，带动县域城镇化发展。

县域产业结构调整。产业结构调整是县域城镇化发展的重要影响因素。县域产业结构的升级，会带动县域第二、第三产业的发展，创造更多的就业机会，从而吸引更多的人口向城市聚集。县域农业的发展和农村产业结构的转型升级，本身也构成了推动县域农民向县域城镇转移的关键因素。一方面，现代农业的发展能够为社会提供更多的就业机会和经济增长点，促进农民向城镇迁移。另一方面，农业现代化也能够推动农村经济结构的优化和多元化发展，为城镇化提供坚实的基础。

县域基础设施建设。良好的基础设施是吸引人口聚集的重要因素。交通、通信、能源、给排水等基础设施的建设，都会影响人们的生活质量和工作效率，进而影响人口流动和城镇化进程。便捷的交通网络和区位优势有利于城镇化进程的推进。良好的交通条件可以方便人员流动、物资运输和市场交换，增加城市与农村之间的联系和互动，从而促进城镇化的发展。

县域政策导向。政府的城镇化政策和规划设计对于推动和引导城镇化进程起到至关重要的作用。政府出台的相关政策、法规和计划，以及给予的相关支持和资金投入，能够直接影响城镇化的速度和质量。政策的明确性、稳定性和有效性，对县域城镇化的推动具有重要影响。例如土地政策，县域政府的土地政策影响着县域城镇化进程。土地政策的调整，如土地使用权出让制度的改革，会影响到土地的市场价格和利用方式，进而影响到城镇化的速度和规模。

县域教育水平。县域教育水平的高低对县域城镇化有直接的影响。一方面，教育水平较高的县域，能够培养出更多具备专业技能和创新能力的人才，从而为城镇化提供有力的人力资本支撑。这些人才能够更好地适应城镇化发展的需要，推动产业发展和结构升级，提高县域城镇化的质量。另一方面，教育是推动农村人口城镇化的推力，农村人口通过接受较高水平的教育，能从土地上解放出来，[1] 从而实现从农村向城市的迁移。教育也是农村人口城镇化的拉力，是农村人口实现阶层跃迁的主要途径，城市较高质量的教育水平吸引着农村人口向城市的迁移，以便让孩子接受更好的教育，实现农村家庭的向上流动。[2]

县域社会文化变迁与适应。不同的文化背景和价值观念会对人口流动和城市发展产生不同的影响。县域社会文化因素的变迁和县域农村居民对文化变迁的适应能力，对于农民群体对待城镇化的态度和行为具有重要影响。随着社会经济的发展，农民的生活方式、价值观念和行为规范都在发生变化。这种变迁对于农民愿意接受城镇化，以及城镇化进程顺利推进具有重要意义。适应能力强的农民群体更容易适应城市生活，也更有可能积极参与城市化进程。

除以上这些因素外，县域城镇化的近地性、低成本优势以及近年来逐渐攀高的农村婚姻购房需求等也构成了县域城镇化发展的一些关键因素。[3]

三 县域城镇化与城乡融合

县域城镇化能通过一系列的政策措施和发展举措，推进城市化进程，

---

[1] 于伟、张鹏、姬志恒：《中国省域农村教育人力资本与农业全要素生产率的空间交互效应——基于空间联立方程的经验分析》，《中国农业大学学报》2020年第3期。
[2] 万博绅、闵维方：《教育影响城镇化水平的实证研究——基于中国 2005—2020 年省级面板数据》，《华东师范大学学报》（教育科学版）2023 年第 10 期。
[3] 孙良顺、田泽：《迈向更高水平城乡融合的新型城镇化——基于"城乡两栖"的讨论》，《经济学家》2022 年第 6 期。

实现城乡融合发展的目标。

从经济角度来看，县域城镇化促进了城乡经济的融合发展。县域城镇化带来了更多的就业机会。城市建设规模的不断扩大为农民工群体提供了广阔的就业机会。同时县域城镇化推动了农村产值的提升。通过发展农村非农产业、壮大农村商业与服务业等方式，县域城镇化填补了城市与农村经济差距，加速了乡村经济的发展，提高了农民收入。

从社会角度来看，县域城镇化促进了城乡社会资源的共享。城镇化改善了农村的基础设施建设，使得农村居民享受到更好的交通、教育、医疗等公共服务，提升了农村社会发展水平。县域城镇化过程中农村居民的生活方式和观念也发生了变化。随着县域城镇化进程的推进，农民群体有了更多的机会获得更多的文化、教育和娱乐资源，农民的生活质量和生活幸福感有所提高。

从环境角度来看，县域城镇化促进了城乡环境的协调发展。在县域城镇化过程中农村环境治理能力得以提升。通过建设污水处理厂、垃圾处理中心等设施，农村环境问题得到改善，环境污染减少。

县域城镇化在推动城乡融合发展方面具有重要作用。经济、社会和环境等方面的改善能推动城乡差距减小、生活水平提高、社会资源共享、环境质量改善。然而，实施县域城镇化也面临一些挑战，如资金不足、人才缺乏等都在一定程度上限制了县域城镇化进程。只有全面推进县域城镇化，切实解决县域城镇化的现实难题，才能够在县域城镇化推进过程中实现城乡融合发展的目标，并为我国实现现代化治理作出更大贡献。

四　县域城镇化面临的挑战

尽管目前我国县域城镇化取得了显著成效，但是其在可持续、高质量的发展过程中仍面临着许多挑战。

第一，资源限制问题日益突出。城镇化发展需要大量土地、资金等资源支持，县域经济发展基础相对薄弱，基础设施建设水平低，产业支撑不足。加之现行土地制度和财税制度约束，用地难、融资难等问题长期存在。同时，由于资金需求量大，加上城镇化过程中土地增值收益分配机制不完善，县级政府筹资难度较大。

第二,农村人口转移难度大。农村人口向城镇转移是城镇化进程中的必然趋势,但在县域范围内,由于城镇规模较小、基础设施不完善、公共服务水平较低等因素,农村人口转移难度较大。此外,县域范围内产业结构和就业结构单一,农村人口转移后就业问题难以得到有效解决,也增加了县域城镇化进程的推进难度,即使有就业岗位,由于社会保障等体系的不完备,农民"进得去但留不住"。

第三,县域城镇化进程中还面临着城乡发展不平衡的问题。城乡之间在基础设施、公共服务、社会保障等方面存在较大差距,这不仅影响了城乡居民的生活质量,也制约了县域经济的可持续发展。

第四,县域范围内产业结构单一,缺乏特色产业支撑,这也使得县域城镇化进程中难以形成具有竞争力的产业集群,难以吸引并留住人才。

为了应对这些挑战,县域政府需要加大政策引导和扶持力度,加大对县域城镇化的资金投入力度,加强基础设施建设,提高公共服务水平,促进城乡一体化发展。同时,县域政府需要积极推进产业结构调整和转型升级,发展特色产业,吸引和留住人才,促进县域经济的可持续发展。此外,政府还需要加强对农村人口的技能培训和就业引导,提高其就业能力和适应市场的能力,为推进县域城镇化进程提供有力支撑。

第八章　县域文化建设

文化是国家和民族之魂，也是国家治理之魂。马克思主义文化观认为："政治、法、哲学、宗教、文学、艺术等等的发展是以经济发展为基础的。但是，它们又都互相作用并对经济基础发生作用。"[1] 当前，中国经济迅速发展，文化事业也迎来了大繁荣、大发展，但距离成为社会主义文化强国仍有一段距离。因此，文化建设是建成社会主义文化强国建设的重要手段。县域在我国行政区划中起着承上启下的重要作用，县域文化建设是国家文化建设的重要部分。

第一节　县域文化建设及其主要内容

一　县域文化建设内涵

"文化"是一个较为复杂的概念，很多学者对它进行过不同的界定。《辞海》中是这样定义的："广义上，文化指人类社会历史实践过程中创造的物质财富和精神财富的总和；狭义上文化指社会的意识形态以及与之相适应的制度和组织机构。"具体而言，文化包含观念文化、制度文化、器物文化、符号文化、行为习俗文化等。[2]

文化与文化建设有一定的区别。文化建设指向一种行为或动作，采取这种行为或动作的目的是使文化所包含的各方面内容得到发展。需要注意的是，文化建设与我国国家发展、国家治理以及人民文化权利保障相关，

---

[1]《马克思恩格斯选集》（第四卷），人民出版社，2012，第649页。
[2] 徐海龙编著《文化产业基础理论》，高等教育出版社，2015，第3页。

文化建设具有较强的公共性，因此其主要主体是国家，[①] 即党中央、国务院以及地方各级党委和政府。基于此，本书所指县域文化建设特指文化建设的县域层次，即县级党委和政府对本区域内与文化相关的日常事务进行管理和服务，包括执行上级的文化政策和文化制度，制定本级政府的文化政策和文化制度，基于一定的目标对县域文化的发展进行规划并落实，从而完善县级公共文化服务体系和建立健全县级文化市场，推动文化产业的发展。

县域文化建设的主要特征有以下几点。第一，文化建设偏向于政策性用语，较多出现于各类官方文件之中，例如我国各个时期的文化规划文件均表述为"文化建设"或者"文化发展"，因此县域文化建设主要指政府行为。第二，县域文化建设责任的主要承担者既不是乡镇政府，也不是省市政府，而是县级政府。第三，县域文化建设的内容包括县域文化事业和文化产业建设，其中文化事业建设主要指县域内的公共文化服务建设，而文化产业建设则以县域内的文化市场培育为主。

二 县域文化建设内容

（一）县域文化事业建设

县域文化事业建设遵照国家文化事业建设的总体要求，同时也需要结合县域自身实际情况展开。汉典网中对事业的解释为："人们所从事的，具有一定目标、规模和系统的对社会发展有影响的经常活动；特指没有生产收入，由国家经费开支，不进行经济核算的文化、教育、卫生等单位。"[②] 由此可见，文化事业包含两个层面的含义：一是指为满足人民精神文化需求，提高人们的素质水平，实现我国社会主义文化强国伟大理想而从事的文化相关活动；二是特指文化事业相关单位，也即一些事业编制单位。就县域而言，这些单位主要指由公共财政保障运转、从事文化事业相关工作的单位，例如文化旅游局、新闻出版局、电视台、博物馆、图书馆、学校、文联、作协等。

---

① 不同的国家体制不同，其文化建设的主要主体也有所不同，但国家是无法完全"摆脱"的主体。
② 汉典网，https://www.zdic.nelt/hans/事业。

公共文化事业[①]的核心内容是提供公共文化服务，因此县域公共文化服务供给是县域文化事业建设的主要内容。《公共文化服务保障法》第4条规定："县级以上人民政府应当将公共文化服务纳入本级国民经济和社会发展规划，按照公益性、基本性、均等性、便利性的要求，加强公共文化设施建设，完善公共文化服务体系，提高公共文化服务效能。"

县域公共文化服务建设包含硬件建设和软件建设两个方面。硬件建设主要指公共文化服务基础设施的建设和保护，公共文化设施指用于提供公共文化服务的建筑物、场地和设备。设施的水平因为每个县实际情况的不同会有所不同，但"三馆一站"、村村通电视、农家书屋等基础公共文化服务设施在县域已经基本实现全覆盖。[②] 软件建设主要指精神文化产品的创作、文化活动的开展以及各类公共文化服务管理服务标准体系的建设。例如公共文化服务经费投入、公共文化资源挖掘、公共文化服务体系建设、新闻出版、广播影视创作以及人才队伍建设等。[③] 概言之，县域文化事业建设的内容主要包括公共文化服务基础设施建设、公共文化服务体系建设以及提供具体的公共文化内容。其中，公共文化服务体系既包括管理服务的组织结构、体制机制，也包括具体的服务和设施等，是文化事业建设的重要内容，后文将具体论述。

（二）县域文化产业建设

县域文化产业建设的主要服务于国家文化产业目标任务，同时也服务于县域发展。因此也可以将其目标概括为促进文化产业的繁荣发展，实现县域经济转型升级和提质增效。《"十四五"文化产业发展规划》（以下简称《规划》）中提到的文化产业发展内容包括七个方面：文化产业创新发展、促进供需结构升级、优化文化产业空间布局、推动文化产业融合发展、激发文化市场主体活力、培育文化产业国际合作竞争优势以及深化文

[①] 从逻辑上来说，文化事业是公共文化服务和文化产业的上位概念，含义较为宽泛，但官方文件中通常将文化事业和文化产业并列，一般指公共文化事业，例如《"十四五"文化发展规划》的目标任务中就使用了"文化事业和文化产业更加繁荣"的表述。

[②] 吴理财、解胜利：《中国公共文化服务体系建设40年：理念演进、逻辑变迁、实践成效与发展方向》，《上海行政学院学报》2019年第5期。

[③] 刘新成、张永新、张旭主编《中国公共文化服务发展报告（2014~2015）》，社会科学文献出版社，2015，第2~4页。

化金融合作。

根据国家文化产业建设内容，县域文化产业建设的内容也可以分为以下几个方面：一是推动县域文化产业的创新发展，在推动现有文化产业发展的同时发展新的文化产业业态；二是促进县域文化产业供给和需求优化升级，在生产优质文化产品的同时挖掘县域内的文化产品消费潜力；三是优化县域内文化产业的空间布局，将文化产业发展同城镇化结合，同时注意城乡均衡；四是将文化产业和县域旅游以及其他相关产业融合；五是构建良好的县域文化产业发展环境，包括培育更多的主体、做好文化企业支持和服务以及建设文化产业园区等。

文化产业也包括公共文化产业，因为许多文化行业和领域既有公益性，又有产业属性。比如传媒行业的电视、报刊、剧院等。这是由文化事业及其产品本身的性质决定的，即部分文化事业提供的文化产品是一种准公共产品，而且随着人们文化消费需求的上升，有的文化产品就逐渐具备了经济价值。[1] 因此，县域文化产业建设从另一个维度来说可以分为发展公共文化产业和非公共文化产业两个部分。但它们的具体建设内容仍然包括以上五个方面。

第二节 县域公共文化服务体系建设

公共文化服务与公共文化服务体系有一定的区别。所谓公共文化服务，法律上是指由政府主导、社会力量参与，以满足公民基本文化需求为主要目的而提供的公共文化设施、文化产品、文化活动以及其他相关服务。[2] 而公共文化服务体系是后来者，它的提出主要基于政策性的考量，是为了更好地提供公共文化服务，超越了对公共文化服务本身的讨论。所谓公共文化服务体系，作为国家公共服务体系的有机组成部分，是以满足公民基本文化权益为逻辑出发点，向公众提供公共文化产品和服务的行为及其相关制度与系统的总称。[3] 可以看出，公共文化服务体系是更为系统

---

[1] 徐海龙编著《文化产业基础理论》，高等教育出版社，2015，第31页。
[2] 参见《公共文化服务保障法》第2条。
[3] 陈威主编《公共文化服务体系研究》，深圳报业集团出版社，2006，第4页。

化的行为、制度与系统的总和，包含了创作、提供、管理等各个环节。

在政策实践中，2005年党的十六届五中全会首次提出公共文化服务体系的概念，并在2006年发布的"十一五"规划纲要中正式表述为"逐步形成覆盖全社会的比较完备的公共文化服务体系"。之后，2011年"基本公共文化服务均等化"被提出，2013年"现代基本公共文化服务体系"被提出。

一 县域公共文化服务体系的构成

从公共文化服务体系建设的发展过程中可以看出，该体系从开始提出就致力于发展为"完备的"和"全覆盖"的形态。之后，均等化、现代化、兜底保障等被相继提出，而县域在国家文化治理体系中拥有面向基层、承上启下、城乡兼备、功能完整等特点，具有基础性地位，[1] 因此也是实现国家文化治理体系目标的重要场域。总的来说，县域层面的公共文化服务体系建设主要包含三个子系统：设施网络体系，产品、服务及活动供给体系和支撑体系。[2]

（一）县域公共文化服务设施网络体系

县域公共文化服务设施网络体系由县域内公共文化服务硬件设施组成，包括公共图书馆、文化馆、博物馆、乡镇综合文化站以及村社文化活动室等，"三馆一站"是县域内基本的公共文化服务设施。[3] 对于这些设施，《公共文化服务保障法》规定，"县级以上地方人民政府应当将公共文化设施建设纳入本级城乡规划，根据国家基本公共文化服务指导标准、省级基本公共文化服务实施标准，结合当地经济社会发展水平、人口状

---

[1] 郭远远：《县域文化治理的理论建构与实践创新》，《理论导刊》2017年第11期。
[2] 参见张启春《公共文化服务体系建设财政保障研究》，中国社会科学出版社，2019，第21页。2021年印发的《"十四五"公共文化服务体系建设规划》中表述为：覆盖城乡的公共文化设施网络更加健全，优质公共文化产品和服务日趋丰富，服务能力和水平明显提高，公共文化事业经费保障能力稳步提升，高素质专业化人才队伍不断壮大。
[3] 《公共文化服务保障法》中规定的全部公共文化设施包括：图书馆、博物馆、文化馆（站）、美术馆、科技馆、纪念馆、体育场馆、工人文化宫、青少年宫、妇女儿童活动中心、老年人活动中心、乡镇（街道）和村（社区）基层综合性文化服务中心、农家（职工）书屋、公共阅报栏（屏）、广播电视播出传输覆盖设施、公共数字文化服务点等。

况、环境条件、文化特色，合理确定公共文化设施的种类、数量、规模以及布局，形成场馆服务、流动服务和数字服务相结合的公共文化设施网络"，"公共文化设施管理单位应当按照国家规定的标准，配置和更新必需的服务内容和设备，加强公共文化设施经常性维护管理工作，保障公共文化设施的正常使用和运转"。

因此，县级政府是县域公共文化服务设施网络体系建设的责任主体，主要履行统筹规划建设和管理的功能。当前，根据《规划》要求，县级政府在公共文化服务设施网络体系规划建设和管理上有一些新的变化。首先，由于县域城乡二元结构的特殊性以及公共服务体系均等化的要求，新建公共文化设施要适当向城乡接合部和远郊区县倾斜，补齐薄弱地区建设短板，"编实织密"基层公共文化设施网络。其次，在管理上要稳妥推进县以下基层公共文化设施社会化管理运营。

（二）公共文化服务产品、服务及活动供给体系

供给体系是实现公共文化服务的关键，指可向社会公众提供服务的公共文化产品及其生产和提供机制，公共文化产品既包括有形产品，又包括数字产品。[1] 县域公共文化服务产品、服务及活动的供给体系主要包含以下几个方面。

第一，推进县域公共文化设施免费开放和使用。免费开放和使用县域内公共文化设施是提供公共文化服务的重要方式。[2] 全面落实公共图书馆、文化馆（站）、美术馆免费开放政策，进一步完善免费开放信息公开、监督评价、绩效管理等机制，确保"三馆一站"高质量开展基本公共文化服务。

第二，大力发展县域流动公共文化服务体系。流动公共文化服务是对静态文化产品的重要补充形式。要积极开展流动文化服务，通过流动舞台车、流动图书车、文艺小分队等形式，把慰问演出、文艺辅导、展览讲座等文化活动内容送到百姓身边，持续实施"戏曲进乡村"活动。

---

[1] 罗云川、张彦博、阮平南：《"十二五"时期我国公共文化服务体系建设研究》，《图书馆建设》2011年第12期。

[2] 胡智锋、杨乘虎：《免费开放：国家公共文化服务体系的发展与创新》，《清华大学学报》（哲学社会科学版）2013年第1期。

第三，健全县域数字文化发展和供给体系。数字文化服务是正在崛起的公共文化供给方式，有助于缓解县域城乡文化供给的不均衡状况。《规划》将数字化、网络化、智能化建设作为专题进行了论述，强调利用现代信息技术加强基层公共文化机构的智慧化服务与管理，并提出了"全国智慧图书馆体系建设"项目和"公共文化云"项目。这些都可以在县域内进行落实，丰富县域公共文化产品供给。

第四，扩大县域公共文化服务覆盖范围。其中重点是县域公共文化服务供给体系需要考虑到特殊人群，比如农民工、流动人口、老人儿童、残障人士等。《规划》要求针对不同地域不同群体文化需求，统筹做好特殊群体公共文化服务供给。

第五，增强群众文艺创作积极性。群众文艺也是县域公共文化服务供给体系的组成部分。县域是一个基层社会，拥有广泛的城乡群众文艺资源，县级政府支持引导这类文艺资源是公共文化服务供给体系的重要内容，比如组织倡导百姓大舞台、广场舞表演、村晚等。《规划》从三个方面指出了建设路径，即广泛开展群众文艺创作和活动、实施全民艺术普及工程、培育一批扎根基层的群众文艺团队和文艺骨干。

（三）公共文化服务支撑体系

县域公共文化服务支撑体系主要包括基层文化人才队伍、现代科学技术、资金以及管理组织支撑、运行评估体系等。

基层文化人才队伍建设涉及人才规模、人才结构、人才素质、人才培训、人才投入、人才待遇、人才工程、人才效能、人才政策等指标。[1] 县级政府需要积极履行文化职能，科学规划人才队伍建设，建立健全人才选拔、培养、激励和评价机制，尤其要针对县域实际情况，采取吸纳村干部、社团文化骨干、退休教师和文化干部等参与基层文化设施的日常运行管理。[2]

---

[1] 吴理财等：《中国公共文化服务体系建设的实践探索》，高等教育出版社，2017，第13页。
[2] 结合本地实际，采取县招乡用、派出制、县乡双重考核等形式，配齐配强乡镇综合文化站文化专干。实施乡村文化和旅游能人支持项目，支持培养一批扎根乡村、乐于奉献、服务群众的乡村文化骨干。鼓励乡村文艺团队参与乡村文化设施的管理运营和服务，激活基层文化阵地。参见文化和旅游部、国家发展改革委、财政部发布的《关于推动公共文化服务高质量发展的意见》（文旅公共发〔2021〕21号）。

科学技术的应用能够提高公共文化服务提供的效率和质量。当前，将数字技术和县域内的公共文化服务供给结合起来是公共文化服务体系建设的重要任务，可以创新公共文化享受方式以及提高公共文化服务的覆盖率。有学者提出，高新信息传播技术发展迅猛，已成为公民享受公共文化资源的重要载体，成为创新公共文化服务体系建设的重要途径。① 当前，县域创新公共文化体系建设的主要方式包括智慧图书馆建设、数字文化馆建设、地方云建设、线上文化视频制作等。

资金和组织管理是县域公共文化服务有序提供的保障。首先，县域公共文化服务体系建设需要资金支持，这些资金一方面由县级财政进行统一保障，另一方面也有其他多元化的资金来源渠道。文化建设的财政投入是政府履行文化职能的体现，《规划》规定要明确各级政府公共文化服务财政支出责任划分，依法将公共文化服务经费纳入本级预算。关于公共文化服务财政保障的研究认为，公共文化服务财政保障方式日趋多元共治，但效能有限，亟须转向以预算支出和规范化转移支付为依托、社会资本有序参与的保障体系。② 其次，组织管理建设包括组织领导体系和制度规则体系建设。县级文化和旅游行政部门要在党委政府领导下，积极协调配合宣传、发展改革、财政、广电、体育等部门，在规划编制、政策衔接、标准制定和实施等方面加强合作。

运行评估体系是对县域内公共文化服务的评价与考核。评价与考核应该是全方位的，既注重过程也注重效果，既应有自上而下的考核与评价也应该有自下而上的监督和评价。具体而言，这些考核与评价需要涉及县域内公共文化服务设施网络体系的建设与管理情况、公共文化服务提供情况以及保障情况等。

---

① 高福安、刘亮：《基于高新信息传播技术的数字化公共文化服务体系建设研究》，《管理世界》2012 年第 8 期。
② 张启春：《公共文化服务体系建设财政保障研究》，中国社会科学出版社，2019，第 288 页。

二 县域公共文化服务体系的建设

(一) 县域公共文化服务体系建设的实践

从2010年开始，我国开始大规模开展公共文化服务体系示范区建设，从历年示范区建设名单来看，基本是以市、区、县为单位进行创建，这为我们认识县域公共文化服务体系建设提供了众多的案例。海南省澄迈县是第一批国家公共文化服务体系示范区建设单位中的唯一一个县级单位，其目标任务是在全国率先建成具有普遍示范意义的县域现代公共文化服务体系。具体而言，澄迈县为建设现代公共文化服务体系，在示范区后续建设中采取的主要措施包括如下几方面。[①]

第一，以标准化促进均等化。制定基本公共文化服务保障标准，健全公共文化设施建设、机构运行和系统管理标准。建立公共文化服务绩效评估标准。第二，深化公共文化体制改革。实施政府购买公共文化服务；深化公共文化管理体制改革，引入竞争机制，引导社会力量参与公共文化服务；改革公共文化投入方式，扶持公共文化机构和各种参与公共文化服务的社会力量。第三，加强公共文化服务统筹协调。推动各级各部门公共文化资源、项目、渠道的统筹整合；加强政府条块之间的协调，加强文化部门与人民团体的协调以及统筹基层公共文化服务设施网络建设；加快建设基层综合文化服务中心，实现全覆盖。第四，建立群众评价和反馈机制。加强群众文化需求调研，因地制宜地设立群众文化需求征询渠道和载体；吸纳群众参与绩效评估，建立群众意见反馈机制。第五，推进公共文化机构建立法人治理结构。明确图书馆、文化馆、博物馆等公共文化机构定位；试点推进澄迈县图书馆理事会建设，形成政府主导、多元共治格局；推进图书馆、文化馆总分馆体系建设；健全管理和服务标准。第六，推动公共文化服务社会化发展。积极培育非营利性文化组织，拓宽社会力量参与领域和渠道，扶持群众自办文化。第七，加快发展公共数字文化服务。实施好国家公共数字文化工程，建立公共文化"一张网"，建立全县公共

---

① 参见《坚持不懈推进示范区后续建设率先建成县域现代公共文化服务体系——澄迈县国家公共文化服务体系示范区后续建设规划（2014—2016）》。

文化管理信息系统，运用数字网络技术推进服务创新。第八，加强现代公共文化服务体系建设保障，包括加强组织领导，强化任务部署和落实，健全制度设计等。

(二) 县域公共文化服务体系的建设要点

海南省澄迈县的公共文化服务体系建设涉及设施网络、服务供给以及支撑保障三个子系统，较为全面和深刻，能够为其他县域公共文化服务体系建设提供一定的借鉴。结合国家相关要求以及实践经验，县域公共文化体系建设的要点包括以下几个方面。

第一，紧紧围绕公共文化基础设施网络中的"三馆一站"，它们是承载县域基本公共文化服务的重要载体，也是提供服务方式创新的阵地。以"三馆一站"为中心，逐步扩大基础公共文化服务设施的数量和类型，提高质量，编织一张完整的县域公共文化服务基础设施网络。

第二，县级政府和乡镇政府要明确自身在公共文化服务体系建设中的角色和功能，确立"政府主导，多元共治"的公共文化服务模式和体制机制，政府在履行自身文化职能的同时要积极引导社会参与。公共文化服务从实质上而言既是文化治理的一种形式，也是文化治理的一项内容，[①]将"文化治理"理念引入公共文化服务体系建设之中十分必要。

第三，县域公共文化服务体系建设尤其要注重弥合城乡差距，可以从设施网络、服务供给以及支撑保障三个方面适当向农村倾斜，同时也要通过公共文化服务体系标准化建设实现均等化供给，让县域公共文化服务体系均等化建设赋能国家乡村振兴战略目标的实现。

第三节 县域文化产业发展

文化产业是县域文化建设的另一重要组成部分。2002年党的十六大首次将传统的大文化事业分为公益性文化事业和经营性文化产业，因此文化产业与公益性文化事业主要的不同就是其经营性，其是以营利为目的的文化活动。当然，文化产品与普通商品也有一定差异，其是一种半公共产

[①] 吴理财：《把治理引入公共文化服务》，《探索与争鸣》2012年第6期。

品,具有外部性。[1]

我国文化产业的发展经历了一个较长的时期,与国家文化体制的改革与转型紧密相关。在改革开放以前,我国实行的是计划经济,此时的文化体制类型是"国家全能主义型",国家基本垄断文化供给,完全排斥文化产业的存在,文化产业未能成长,在行政高度"条条化"的背景下,县域文化体制也同样如此。进入改革开放以后,我国的文化体制开始了"以文补文"的市场化探索改革。国务院于1988年9月批转《文化部关于加快和深化艺术表演团体体制改革的意见》,决定进行文化体制的"双轨制"改革。这客观上划定了文化事业发展与文化产业发展的两种格局。世纪之交,我国的开放程度加深,文化产业也面临世界市场的竞争。在此背景之下,国家把发展文化产业列为深化文化体制改革的重要目标。[2] 县域文化产业发展逐渐进入发展快车道。

一 县域文化产业的结构

(一)文化产业结构的理论与实践

澳大利亚学者思罗斯比对文化产业的定义获得学界较多的认可,他在《经济学与文化》中将文化产业定义为:通过具有创意的生产活动提供的文化产品与文化服务,它们具有知识产权与传递某些社会意义的功能。[3] 以此为基础,他将文化产业概括为一个同心圆的行业体系。该体系一共包含三个层次:核心层、外围层、相关层。其中"核心层"指原创艺术创作,主要是艺术创作及与之相关的行为;"外围层"指文化制作与传播业,特别是借助现代媒介的复制与传播;"相关层"指与传播文化内容和意义具有相关性的所有产品(见图8-1)。[4]

在我国生产实践中,文化产业概念规范化应用的开端是2004年国家统计局在《国民经济行业分类》的基础上制定的《文化及相关产业分

---

[1] 周正兵:《文化产业导论》(第二版),经济科学出版社,2014,第33页。
[2] 洪明星、吴理财、朱懿:《文化体制改革的转型与出口》,《学术论坛》2015年第3期。
[3] David D. Throsby, *Economics and Culture* (New York: Cambridge University Press), 2011, p. 112.
[4] David D. Throsby, *Economics and Culture* (New York: Cambridge University Press), 2011, pp. 112-113.

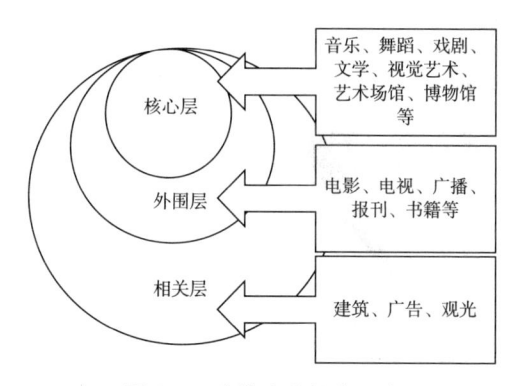

图 8-1　文化产业概念示意

资料来源：周正兵《文化产业导论》（第二版），经济科学出版社，2014，第 33 页。

类》。该分类将文化产业定义为，"为社会公众提供文化、娱乐产品和服务的活动，以及与这些活动有关联的活动的集合"。在 2012 年版《文化及相关产业分类》中，国家统计局对分类进行了调整，将文化产业确定为"为社会公众提供文化产品和文化相关产品的生产活动的集合"，具体包括：以文化为核心内容，为直接满足人们的精神需要而进行的创作、制造、传播、展示等文化产品的生产活动；为实现文化产品生产所必需的辅助生产活动；作为文化产品实物载体或制作工具的文化用品的生产活动；为实现文化产品生产所需专用设备的生产活动。新修订的《文化及相关产业分类（2018）》沿用了之前版本的定义，将文化生产活动范围概括为两部分。一是以文化为核心内容，为直接满足人们的精神需要而进行的创作、制造、传播、展示等文化产品（包括货物和服务）的生产活动，具体包括新闻信息服务、内容创作生产、创意设计服务、文化传播渠道、文化投资运营和文化娱乐休闲服务等活动。二是文化产品的生产活动所需的文化辅助生产和中介服务、文化装备生产和文化消费终端生产（包括制造和销售）等活动。[①]

[①] 《国家统计局解读〈文化及相关产业分类（2018）〉》，中国政府网，https：//www.gov.cn/zhengce/2018-04/23/content_5285149.htm。

(二) 县域文化产业的组成

县域文化产业是国家文化产业体系中的关键性、基础性环节，也是中小型、微型文化企业的主力军。根据《文化及相关产业分类（2018）》可以将其定义为"在县级行政区域内给社会公众提供文化产品及文化相关产品的生产活动的集合"。① 具体而言，县域内文化产业可以根据同心圆体系划分为三个组成部分。

一是以创作为主的内容生产文化产业，即文化意义的生产。县域是一个文化资源丰富的空间，一方面存在大量的民俗文化、人文历史、自然景观等文化资源，它们都是县域内特殊和特有的文化遗产，已与当地居民的生活理念和生产生活方式融为一体，与地理区位、历史人文、特定资源紧密关联，相互交织共同构成了一个文化生态系统，② 是重要的"文化资本"，③ 可以成为文化意义生产的重要对象。另一方面县域相比大城市来说，相对缺乏一些优秀的文化艺术创作型人才，但实际上并不缺乏大众性、地域性的文化创作人才，尤其是一些民间艺人和艺术家，他们生产的往往是具有地域特色的文化意义，这也是重要的文化资本。优质的文化意义生产可以带来文化产业的发展，例如山东曲阜"三孔"文化产业、浙江周庄水乡文化旅游产业、安徽宣城宣纸文化产业、江西景德镇陶瓷文化产业、浙江义乌文化用品生产批发业等。④

二是以文化产品制作和传播为主的县域文化产业。内容生产以原创和创意为基础，而文化产品的制作和传播更多以技术为基础，是将文化内容进行制作、加工和复制，从而使其能够在文化市场中流通。对一个县域来说，这些外围文化产业主要包括广播电视、报刊书籍出版以及一些文化产品制作。对于不同的县域来说，由于文化内容的丰富程度不同以及产业结

---

① 周海鸥、张云：《新时代县域文化产业的功能定位与发展路径》，《河北学刊》2020 年第 3 期。
② 周海鸥、张云：《新时代县域文化产业的功能定位与发展路径》，《河北学刊》2020 年第 3 期。
③ 〔澳〕戴维·思罗斯比：《什么是文化资本》，潘飞编译，《马克思主义与现实》2004 年第 1 期。
④ 周海鸥、张云：《新时代县域文化产业的功能定位与发展路径》，《河北学刊》2020 年第 3 期。

构的差异，文化产业的类型也是不同的。

三是与文化内容和意义相关的县域文化产业，抑或称之为"文化周边"产业，即利用文化元素开展经营性活动，虽然这些活动与文化没有直接关系，也不是以繁荣文化为目标，但它们将文化要素融合进了相关产业形态。例如利用文化元素的广告、文化旅游等。对于县域来说，文化与其他产业的融合是文化产业发展的重要路径。《"十四五"文化产业发展规划》提出，促进文化产业与国民经济相关领域深度融合，进一步拓展文化产业发展空间，以文化赋能经济社会发展。具体而言，可以将文化和县域内的旅游、建筑设计、城乡规划、日用消费品生产、体育产业、农产品等结合。

综上所述，县域文化产业结构呈现出三个特征。第一，县域文化产业具有地域性，县域与县域之间存在较大差异，这些差异体现在文化资源类型、文化市场水平、社会经济水平等各方面，因此文化产业在不同的县域会有不同的结构特征和不同的文化产业模式。有研究证明，在省、市文化产业政策推动下，多数县努力打造"一县一业（特色文化产业）一品（特色文化产品）"的文化产业发展格局，不同县域间呈现了各种业态百舸争流的局面。[1] 第二，县域文化产业具有民间性，由于县域空间的有限性，大多数县域很少有成群的文化创意内容生产单位，文化产业的丰富文化资源多来源于民间，来源于县域内的文化遗产，因此文化产业也承载着一定的弘扬和保护民间文化的功能。第三，县域文化产业具有一定的乡土性，县域是一个城乡兼具的特殊空间，县域文化产业与城市文化产业的最大不同在于其"三农"背景，[2] 县域文化产业中大量的文化资源也来自农村。

二 县域文化产业的发展

（一）县域文化产业与城乡融合

对于县域文化产业的发展，《"十四五"文化产业发展规划》作了如

---

[1] 王彦林、姚和霞、曹万鹏：《县域文化产业发展方式的确定与培育》，《学术交流》2014年第1期。

[2] 柏定国：《县域文化产业发展的关键问题及对策》，《科技进步与对策》2005年第3期。

下表述，鼓励中小城市、小城镇立足特色资源和产业基础，因地制宜发展特色文化产业，促进城镇居民、农业转移人口就业增收。大力发展县域和乡村特色文化产业，推进城乡融合发展，促进要素更多向乡村流动，建设一批文化产业特色乡镇、文化产业特色村，促进乡村特色文化资源、传统工艺技艺与创意设计、现代科技、时代元素相结合。由此可以看出，县域文化产业发展的话语背景是城乡协调发展。换言之，城乡融合是县域文化产业发展的重要目标。

2023年，国家开始从政策和实践层面将文化产业和乡村振兴结合，并以县域为单位实施试点工作。《关于开展文化产业赋能乡村振兴试点的通知》提出，要充分发挥县域统筹规划、资源配置作用，推动各试点地区因地制宜，突出特色，改革创新，探索实施文化产业赋能乡村振兴新路径，在体制机制、发展举措、产业导入、政策保障等方面先行先试，促进乡村文化和旅游融合发展，形成可复制可推广的典型经验做法在全国推广，推动建设宜居宜业宜游和美乡村。

（二）县域文化产业的影响因素

有学者对县域文化产业发展方式要遵循的原则、形成因素、类型和发展方法作了研究，指出文化资源、文化政策、文化市场、文化技术、文化创新等是影响县域文化产业发展方式的主要因素。不同因素的结合产生不同的发展方式，主要包括三种类型，即资源主导型（拥有较多文化资源的县域）、政策主导型（文化产业强县、文化产业示范园、重大文化产业项目的打造等）、市场主导型（市场经济发达的东部沿海城郊县域）。[①]

另有研究认为，县域文化产业发展的关键问题是如何将丰富的县域文化资源转换为文化资本，并从全域性资源配置、消费体验市场创造、创意品牌创造三个层面提出了发展方式。一是以全域性的思路对地方资源进行整合，突出文化资源的在地性，充分调动县区政府的主体作用，实现文化资源向文化资本的转化；二是用文化场景构建消费空间，以文化的"在

---

① 王彦林、姚和霞、曹万鹏：《县域文化产业发展方式的确定与培育》，《学术交流》2014年第1期。

地性"实现从地区的"文化场"向"消费场"的转变，以此增强文化产品在区域间的流动，实现文化增值和影响力的提升，以有限的物理空间创造无限的消费空间；三是特色品牌的塑造，用创意设计拓展文化的深度和广度，以此来获取文化产品的高附加值，同时通过品牌创新推动综合竞争力提升，进一步实现产业的可持续发展。[①]

（三）发展县域文化产业的要点

结合国家层面的政策倡导和县域文化产业的结构以及影响文化产业发展的诸要素来看，发展县域文化产业既要遵照国家的政策目标要求，也要遵循县域文化产业本身的发展规律。

一是要将国家层面的文化产业发展规划同县域目标结合起来。县域是国家行政体系中非常重要的一环，发挥着落实国家各项政策的功能，《"十四五"文化产业发展规划》的重要目标将通过省、市、县逐步落实。对于县域来说，在一般的文化产业目标之外还有基于县域特殊性的目标，正如前述提及的文化产业与城乡融合发展、文化产业与城镇化的推进等。这要求县级政府在发展县域文化产业时要统筹全局，合理规划文化产业的空间布局，做到政府在场。

二是要从县域文化产业结构出发，根据不同的产业要素结构选择不同的发展路径，形成县域的主导文化产业，从而形成不同的县域文化产业类型。需要注意的是，这并不是严格意义上的取舍问题。县域文化产业结构的三个层次是紧密关联的，文化内容、文化制作与传播以及文化周边都是发展县域文化产业的要点，但最为核心的是要不断挖掘文化资源，生产丰富的文化内容，然后通过市场的培育、消费的培育以及文化企业的培育将文化资源转化为文化资本。

三是要从县域文化产业发展的环境出发，以县域行政主体为主导，为县域文化产业的发展营造良好的环境。《"十四五"文化产业发展规划》提出，"政府要加强宏观规划引导和服务，主要从落实经济政策、强化法治保障、加强人才培养、规范市场秩序、抓好组织实施等五个方面入

[①] 管悦：《资源配置、市场创造、品牌创新：推动县域文化产业发展的三个关键维度分析》，《中国文化产业评论》2023年第1期。

手"。因此县域政府也要通过以上几个方面为文化产业发展保驾护航。此外，还要创新县域文化管理体制和文化生产经营机制，要充分发挥各类市场主体在县域文化产业发展中的作用，正确把握文化事业和文化产业的关系，理解文化产业的文化功能和经济功能，理解文化产品的外部性特征，注重引导文化产业社会效益的发挥。

第九章　县域生态文明建设

生态文明建设是建设中国特色社会主义事业的重要内容。党的十八大作出"大力推进生态文明建设"的战略决策，正式提出"把生态文明建设放在突出地位，融入经济建设、政治建设、文化建设、社会建设各方面和全过程"。[①] 党的十八大以来，我国全面加强生态文明建设的决心之大、力度之大前所未有。以习近平同志为核心的党中央站在国家战略与历史全局的高度，对我国生态文明建设提出了一系列具有划时代意义的新思想和新要求，为我国国家治理现代化目标的实现，明确了新的前进方向，提出了更高的治理要求。

县域是我国生态文明建设的重要场域，在我国生态文明建设过程中起着重要的基础性作用。作为具备一定资源统筹能力与实体治理能力的一级行政主体和治理层级，县域是国家治理的基本单元，在中国国家治理的各方面均起到重要的基础性作用。

县域生态文明建设是我国生态文明建设的重要组成部分，关乎人民福祉与民族未来。县域在中国生态文明建设中具有独特的层级地位和诸多独特优势，在实际建设过程中也产生了诸多具有县域特色的治理机制与治理成效。整体而言，县域生态文明建设，就是要结合县域经济社会发展实际，落实好县域自然生态保护和县域人居环境整治工作，将县域治理提升到绿色发展的战略高度。

---

① 中共中央党史和文献研究院编《全面建成小康社会重要文献选编》（上），人民出版社、新华出版社，2022，第676页。

第一节 县域自然生态保护

生态兴则文明兴，生态衰则文明衰。保护好自然生态环境是最具普惠意义的民生福祉，县域自然生态保护亦是县域生态文明建设的重要内容。作为国家治理的基础性单元，县域的自然生态保护厚植于时代进步的发展需要，根源于国家治理现代化的转型要求。县域对于国家层面的生态环境治理而言，具有其独特的结构位置与实践优势，在自然生态保护的实践中承担着重要的功能角色。

一 县域自然生态保护的时代背景和理论基础

（一）县域自然生态保护的时代背景

1. 我国当前社会主要矛盾的转变

党的十九大报告指出，中国特色社会主义进入新时代，我国社会主要矛盾已经转化为人民日益增长的美好生活需要和不平衡不充分的发展之间的矛盾。随着我国社会生产力的飞速发展，社会物质财富的急剧增长使得我国人民的物质生活面貌已发生极大的改变。人民群众对于美好生活环境的向往以及对于生命健康的重视程度愈发提高，良好的自然生态环境是保障人民群众享有健康生活质量的基本前提。

随着我国社会经济发展步入新常态，县域发展的目标也从过去单纯追求经济发展增速，转变为重视全方位、多领域协调发展，推动实现高质量发展。我国正处于城乡融合发展的新阶段，城乡居民对于县域治理的要求也更加多元与丰富。新时代人民对于美好生活的需要，很大程度上表现为对于自身生活环境改善的迫切需要，县域治理有效性的评判标准，也自然应顺应人民的实际需要，注重县域自然生态与人居环境的改善。基于此，加强对县域自然生态环境的保护是顺应我国当前社会主要矛盾转化的历史背景以及经济社会发展需求的必然选择。

2. 县域自然生态保护的严峻形势

党的二十大报告中明确指出，当前我国"生态环境保护任务依然艰巨"。县域是我国推进城镇化建设的主要场域，几十年来我国经济社会的高速发展，使得县域发展的整体面貌日新月异。与之伴生的是城乡融合发展进度的持续加快，城乡居民的生产生活方式与生活观念均发生系统性转变。

单纯追求 GDP 增长速度的传统发展模式，以牺牲自然生态环境为代价，不但导致县域经济社会的发展结构面临严重的失衡问题，更致使县域治理结构出现失调。县域城镇的过度开发、对自然资源的过度索取、城乡居民消费水平的提高及其环保意识的相对滞后，激化了人类生产生活活动与自然生态保护之间的资源结构矛盾，产生资源环境约束趋紧与生态环境污染问题，对县域城乡居民整体的生产生活与个体生命健康造成不容忽视的负面影响。县域自然生态资源的开发利用，最终由发展问题演变为治理问题，为追求经济增长所付出的沉重环境代价最终又会由人类自身承担，加强对县域自然生态的保护迫在眉睫。

3. 县域治理现代化目标的实现要求

县域自然生态保护是践行国家生态环境治理要求、推动实现国家治理现代化目标的基础性实践。党的十九届五中全会明确提出，到 2035 年"基本实现国家治理体系和治理能力现代化"。"生态环境根本好转是实现 2035 年远景目标的前提，更是关键所在。"[①] 县域自然生态保护是县域生态环境治理的重要抓手，保护好自然生态是构建现代化的国家生态治理体系、推进国家生态治理能力现代化的重要基础。

在此意义上讲，要实现县域治理的现代化目标，必须通过完善相应的体制机制，明确县域自然生态保护的基础性意义以及具体的工作目标，推动县域自然生态保护工作走向常态化，将其上升为县域治理实践中一项必须长期坚守的中心工作，确保自然生态保护工作在县域整体工作结构中的优先性地位，以保障县域自然生态环境始终向着稳定、可控和持续向好的良性方向发展。

（二）县域自然生态保护的理论基础

1. 马克思主义人与自然关系理论

马克思主义人与自然关系理论强调人与自然的相互作用。马克思主义

---

① 于法稳：《当前县域生态环境治理困境及对策建议》，《国家治理》2022 年第 4 期。

认为"自然资源作为劳动资料，是构成生产力的基本要素"。[1] 人与自然在社会生产中共同发生作用。没有自然界与感性的外部世界，就无法创造人类社会生存发展所需的一切原料与必需品。[2]

在马克思主义人与自然关系理论中，人类社会发展必先要处理的一大任务即"人类与自然的和解"。[3] "人与自然关系"与"人与人之间的社会关系"之间的影响是双向度的，二者辩证统一于人类生产实践。人类能够通过自己的主观能动性改造自然世界，自然世界也会为人类生存发展提供必要的物质条件，人与自然的关系于社会生产中实现，必将会影响到人与人之间的社会关系，影响整个人类社会的生产与发展。恩格斯也曾指出，"我们不要过分陶醉于我们人类对自然界的胜利。对于每一次这样的胜利，自然界都对我们进行报复"。[4] 因此，"保护生态环境就是保护自然价值和增值自然资本，就是保护经济社会发展潜力和后劲"。[5] 县域自然生态保护既顺应人类社会发展的时代性需要，也源于县域生态文明建设的实践需要。

2. 习近平"两山"理念

2013年，习近平总书记在谈及生态环境保护问题时，对"两山"理念的核心内容进行了明确而又深刻的阐释，即"我们既要绿水青山，也要金山银山。宁要绿水青山，不要金山银山，而且绿水青山就是金山银山"。[6] 绿水青山和金山银山，是对生态环境保护和经济发展的形象化表达，二者绝非对立关系，而是辩证统一的。"绿水青山"代表了我们赖以生存和发展的良好自然生态环境，"金山银山"代表我们得以发展的社会经济效益。[7]

---

[1] 中共中央宣传部编《习近平新时代中国特色社会主义思想学习问答》，学习出版社、人民出版社，2021，第355页。
[2] 《马克思恩格斯选集》（第一卷），人民出版社，2012，第52页。
[3] 《马克思恩格斯文集》（第一卷），人民出版社，2009，第63页。
[4] 《马克思恩格斯全集》（第二十六卷），人民出版社，2014，第769页。
[5] 习近平：《论坚持人与自然和谐共生》，中央文献出版社，2022，第10页。
[6] 中共中央宣传部编《习近平新时代中国特色社会主义思想学习问答》，学习出版社、人民出版社，2021，第354页。
[7] 付伟、罗明灿、李娅：《基于"两山"理论的绿色发展模式研究》，《生态经济》2017年第11期。

3. 中国式现代化理论

习近平总书记在党的二十大报告中对"中国式现代化"的中心任务、本质要求、重大原则等理论和实践问题作出全面系统阐释，明确提出"中国式现代化，是中国共产党领导的社会主义现代化，既有各国现代化的共同特征，更有基于自己国情的中国特色"。中国式现代化是人口规模巨大的现代化，是全体人民共同富裕的现代化，是物质文明和精神文明相协调的现代化，是人与自然和谐共生的现代化，是走和平发展道路的现代化。[1] 其中，"人与自然和谐共生"作为中国式现代化的本质要求之一，凸显了党和国家对我国自然生态保护的高度重视及其对于我国建设社会主义现代化强国的战略意义。

建设并实现人与自然和谐共生的现代化，就要处理好人与自然的关系，从根本上认识到自然生态保护的重要性。县域治理的现代化是国家治理现代化的基石，县域自然生态保护是县域生态环境治理的重要举措，更是县域生态文明建设的重要内容。因此，县域自然生态保护实践，要汲取中国式现代化理论的思想营养，并以中国式现代化理论为指导。中国式现代化理论为县域生态文明建设提供了重要的理论遵循。

二 县域自然生态保护的独特性

(一) 县域在自然生态保护中的独特地位

县域自然生态保护是县域生态文明建设的基本要求，也是县域生态环境治理的重要前提与基础。县域对于我国自然生态保护而言，同样具有独特意义。

首先，县域自然生态保护是实现县域良性健康发展的前提。绿水青山就是金山银山，保护好自然环境就是保护生产力。过去多年来，县域承担着我国社会经济发展的重要使命，原有的粗放式县域经济发展模式在推动我国城镇化建设水平迅速提高的同时，也对我国的自然生态环境造成了诸多负面影响。过去单纯追求经济价值而过分依赖自然资源开采与使用的产

---

[1] 习近平:《高举中国特色社会主义伟大旗帜　为全面建设社会主义现代化国家而团结奋斗——在中国共产党第二十次全国代表大会上的报告》，人民出版社，2022，第22页。

业发展方式，加速了对县域自然生态资源的损耗并加剧了对县域自然生态环境的破坏。

县域良性健康发展的前提在于协调好经济社会发展与自然生态保护之间的关系，这需要县域从源头上重新锚定总体治理目标，从根源上认清制约县域经济社会发展的生态短板问题，强调县域自然生态保护的底线性与优先性，着力解决发展的可持续问题。因此，县域自然生态保护，本质上是涉及县域经济社会未来如何发展的问题，是实现县域良性健康发展的前提。

其次，县域自然生态保护是县域治理有效性的最直观体现。当前，我国整体的生态环境质量同人民群众对美好生活的期盼相比还有较大差距。人民群众对生态环境质量的期望值更高，对生态环境问题的容忍度更低。县域自然生态保护不单是一项对外部环境加以改造的综合治理工程，更是一项关乎老百姓生命健康质量的民生工程。良好自然生态环境是老百姓随处可见、触之可及的治理成果，是最普惠的民生福祉，更是群众获得感、幸福感和治理参与感提升的重要来源。良好的县域自然生态环境是县域老百姓的共同财富，也是最具有公平性的公共品。因此，县域自然生态环境的改善是民之所愿，更是县域治理有效性最直观的体现。

（二）县域开展自然生态保护的独特优势

一方面，县域层级处于我国城乡地理空间的交接点，也是国家治理与基层社会的关键衔接面。国家治理的资源、目标与政策影响均需要通过县域层级的转化进入基层社会。质言之，要解决国家生态环境治理的"最后一公里"问题，县域是关键。国家层面的治理行动均要通过县域层级完成从治理资源到实际治理成果的转化。因此，县域具备开展自然生态保护的层级结构优势。

另一方面，县域蕴含着我国生态文明建设所需的自然资源与文化资源，更蕴含着县域实现良性健康发展所需的动力。县域拥有较大的自然基底面积，也掌握着自然生态保护所需的丰富的治理资源，更是我国生态环境治理与自然生态保护的主阵地。

（三）县域在自然生态保护中的功能角色

从古至今，县域政府作为我国国家政权结构中的基本单元，稳定存在并作用于国家治理中的各个面向，县域层级在国家各项治理活动中承担着独特的功能角色。作为生态文明建设中的重要内容，自然生态保护是县域政府理应承担的一项重要治理职能。只有厘清县域对于我国生态文明建设的重要意义，认清县域在我国自然生态保护中的功能角色，才能推进县域生态文明建设，助力乡村振兴与国家治理现代化。

1. 统筹角色

作为一级相对完整的政权结构，县域的职能完整性决定了县域治理具有治理面向多元性的特征，需要在治理系统中统筹协调多种治理功能的实现。任何治理功能的实现都需要行政主体具备调动相关资源并服务于特定的治理目标的统筹能力。县域政府在自然生态保护中同样承担着统筹相关治理资源并进行权力分配的责任。

由于纵向诸多政府层级的存在，政策制定与政策执行之间往往存在一定的空间距离。在自上而下的政策传达过程中，各级政府对政策进行再规划，尤为必要。[①] 在我国政府行政层级中，县域政府既要承接来自上级政府的相关政策要求与政策资源，对于进入县域的治理资源进行统筹，又要面向乡村两级将治理目标及相关资源于属地内进行转化、分解与分配，统筹各类治理事务，保证各项治理功能的有效实现。县域承上启下，保证着各项治理任务的接续完成，协调着治理资源在治理层级间与属地范围内的顺畅流动，并作为国家治理目标与基层治理实践的衔接点，发挥着重要的统筹功能。

2. 执行角色

长期以来，县域始终作为我国国家治理体系中一级具备完整建制的基层治理单元，是国家治理重要的一级行动主体。在我国政府层级结构上，县级政府下设有乡镇一级政府，但囿于乡镇政府治理资源的有限性及其"不完备政权"的特性，其在当前我国基层治理实践中普遍面临着权责不匹配以及财权与事权不匹配等实际运行问题。在这种治权配置结构下，为了保证属地内各项治理目标的完成，县级政府要对乡镇政府具体的执行过

[①] 田先红：《县域政策共同体：理解中国公共政策过程的一个新视角》，《学海》2023年第4期。

程进行必要的资源补充，这意味着县级政府要对国家治理各个面向中相当一部分治理事务承担起实际执行者角色。"在行为主体方面，中央政府的基层政策执行职责主要在县级政府，而作为主要行为主体的县域干部，在政策执行过程中发挥着至关重要的作用。"[1]

我国行政管理体制运行过程中长期坚持的属地管理原则，决定了县级政府对属地内的自然生态保护负有主体责任。县级政府要根据中央对自然生态保护工作的总体部署，并结合省市两级政府出台的相关政策要求及当地实际，积极制定并出台相关落实举措，承担起县域自然生态保护的实际责任。县级政府不仅要统筹县域可支配的有关于自然生态保护的各类政策资源，还要投入实际的工作力量，参与落实有关自然生态保护的各项治理举措。因此，县级政府是县域范围内国家各项治理目标达成与各项治理任务执行的核心主体，是基层治理活动的实际参与者与"能动者"。

3. 管护角色

自然生态保护是一项长期的系统性工程，是否将县域自然生态保护的治理成果转化为固定的、可持续的县域生态治理良性样态，是评判县域自然生态保护是否落实到位的关键。作为县域自然生态保护的统筹者与执行者，县域自然生态保护所产出的治理成效也要由县域进行必要的管护。国家生态环境治理的成效主要显化于县域，保护也应落实在县域。换言之，县域政府及相关治理主体对属地内自然生态保护的治理成效有着不可替代的管护责任。

突出的农业生产功能与繁杂的乡村治理事务，是县域治理有别于省市治理的两个核心特征。县域属地内广大的农村地区，是县域生态环境治理与自然生态保护的重点实践场域。传统的农业生产生活模式与自然环境保护之间存在着客观张力。县域党委政府需要充分运用自身掌握的创制权，凭借政策工具对既有粗放的、不可持续的农业生产模式加以引导和纠偏。例如在当前县域治理实践中，县域通过河长制强化对属地内企业生产或农业生产排污行为的整治与监管，维护县域河湖生态治理的成果；通过落实

---

[1] 王敬尧、黄祥祥：《县域治理：中国之治的"接点"存在》，《行政论坛》2022年第4期。

秸秆禁烧与粉碎还田政策，减少传统农作方式对县域大气生态环境所产生的负面影响，提高农业生产次生品的资源化率，提升县域大气生态环境质量。

三 县域自然生态保护的实践要求

（一）党建引领

县域自然生态保护是县域生态文明建设的前提与基础，是一项必须坚持底线意识的政治任务。要落实好县域自然生态保护工作，必须坚持党对生态文明建设的全面领导。党的十八大以来，生态文明建设摆在全局工作的突出位置，坚持党建引领是各项基层治理工作落到实处的关键抓手。具体而言，以党建引领县域自然生态保护，能够充分发挥我国党政体制的领导优势，增强面向县域自然生态保护工作的政治动员能力，为县域自然生态保护注入强大的政治势能，引起县域各级党委政府领导干部的高度重视，用好政治激励机制，促使县级政府各职能部门与有关监管部门各司其职，形成治理合力，强化县域行政主体对于自然生态保护的责任意识。

（二）系统治理

系统治理即要认识到县域自然生态保护工作的综合性，坚持系统观念，进行系统治理。

一方面，县域治理的空间范围中既包括城镇区域也包括农村区域，县域自然生态保护与生态环境治理，要坚持统筹城乡两类空间场域的系统治理。城乡建设过程中持续暴露的生态环境问题并非独立产生于单一场域，问题普遍具有迁移性和复杂性。当前农村地区暴露出来的很多生态环境问题与城镇化建设及城市活动息息相关，农村地区产生的生态环境负面影响也能够直接影响到城镇地区。县域自然生态保护绝不能将城镇与农村相割裂，要统筹城乡资源，明确共同责任，系统地开展县域自然生态保护。

另一方面，县域自然生态资源的种类多样性与生态环境问题的复杂性，意味着要坚持统筹山水林田湖草沙系统治理。"山水林田湖草沙"本身就是一个综合性的自然生态系统集群，任何一个子系统出现问题，都会对其他子系统以及整个生态系统产生负面影响。县域自然生态保护同样也要坚持系统观念，"从生态系统整体性出发，推进山水林田湖草沙一体化保护和修复，更加注重综合治理、系统治理、源头治理"。[①]

（三）"三治"融合

"三治"融合即"自治、德治、法治"融合。党的十九大报告在论及乡村振兴战略时明确指出要"加强农村基层基础工作，健全自治、法治、德治相结合的乡村治理体系"。"三治"融合的治理机制在基层治理的各个方面均具有明显的实践意义，同样可以为县域自然生态保护提供有效的机制支撑。"三治"融合就是要在县域自然生态保护中坚持人民主体、坚持道德约束、坚持法治底线。

"自治"即坚持和保障人民群众的主体性与主体利益。县域自然生态保护关乎人民福祉，关乎县域人民群众的切身利益。坚持自治导向就是尊重人民群众在县域自然生态保护中的主体地位，开展县域自然生态保护就是保障民生。

"德治"即强调道德规范对主观意识层面的改造作用。县域自然生态保护不光是对自然生态环境的改造，更是对县域公众主观意识层面的改造。加强面向县域居民的环保宣传教育，引导居民树立正确的环境保护意识，强化对破坏自然生态行为的道德约束，从而构建生态文明的良好社会风气，是"德治"机制在县域自然生态保护中的实践目标。

"法治"即坚持法治底线，强调规则制度的惩戒性。法治的重点在于规范社会个体的行为，能够为县域自然生态保护提供最有力的底线保障。县域自然生态保护中的"法治"实践，即用最严格的制度和最严密的法治，保护生态环境。对于破坏自然生态环境的行为与个体，依法依规予以惩戒，以维护县域自然生态保护的相关秩序，筑牢县域社会对于维护自然生态安全的底线意识。

（四）"三共"协同

"三共"协同即"共建、共治、共享"协同，其核心逻辑在于动员多元主体的协同参与治理过程。县域自然生态保护是人民群众共同参与、共同建设、共同享有的事业。人民群众不单是生态文明建设的受益者，更是实际的参与者与建设者。县域自然生态保护不能单纯依靠政府主体，也要

[①] 《习近平谈治国理政》（第二卷），外文出版社，2023，第465页。

积极调动企业、社会组织与公民群体的积极性，夯实多元主体协同参与县域自然生态保护的社会治理基础。

县域政府要坚持以绿色发展为导向，结合当地实际，制定并出台县域自然生态保护的相关政策，为县域居民提供可持续、高质量的生态产品与生态公共服务，同时要科学利用行政手段与法律手段，保证属地内各主体践行自然生态保护的激励效度。企业等市场主体应积极承担起自然生态保护的社会责任，在经营生产过程中自觉践行绿色生产与节能减排。县域城乡居民则要践行绿色生活方式，减少生活垃圾的产生，养成健康生活习惯，积极承担起环境保护的监督责任。

第二节 县域人居环境整治

党的十九大报告中明确提出"着力解决突出环境问题……开展农村人居环境整治行动"。[1] 人居环境整治的治理面向在于"人"，直接观照到老百姓的日常生活场景。习近平总书记指出"要集中攻克老百姓身边的突出生态环境问题，让老百姓实实在在感受到生态环境质量改善"。[2] 县域人居环境整治旨在保障县域居民得以享受到最公平、最基本的生态福祉，是县域生态文明建设的重要内容。

一 县域人居环境整治的实施背景

（一）县域人居环境整治的政策环境

2018年2月，中共中央办公厅、国务院办公厅印发《农村人居环境整治三年行动方案》明确提出，改善农村人居环境，建设美丽宜居乡村，是实施乡村振兴战略的一项重要任务，事关全面建成小康社会，事关广大农民根本福祉，事关农村社会文明和谐。[3]

---

[1] 习近平：《决胜全面建成小康社会 夺取新时代中国特色社会主义伟大胜利——在中国共产党第十九次全国代表大会上的报告》，人民出版社，2017，第51页。
[2] 《习近平谈治国理政》（第四卷），外文出版社，2022，第364页。
[3] 《中共中央办公厅 国务院办公厅印发〈农村人居环境整治三年行动方案〉》，中国政府网，https://www.gov.cn/zhengce/2018-02/05/content_5264056.htm。

2021年12月，中共中央办公厅、国务院办公厅印发了《农村人居环境整治提升五年行动方案（2021—2025年）》重申并升华了改善农村人居环境的现实意义，提出"改善农村人居环境，是以习近平同志为核心的党中央从战略和全局高度作出的重大决策部署……事关农民群众健康，事关美丽中国建设"。与此同时，该方案在认真总结并充分肯定过去三年（2018~2021年）农村人居环境整治行动开展成效的同时，还明确指出当前阶段我国农村人居环境整治的现实情况，我国农村人居环境总体质量水平不高，还存在区域发展不平衡、基本生活设施不完善、管护机制不健全等问题，与农业农村现代化要求和农民群众对美好生活的向往还有差距。[1]

2022年5月，中共中央办公厅、国务院办公厅印发《关于推进以县城为重要载体的城镇化建设的意见》，该意见明确将"提升县城人居环境质量"作为我国今后城镇化建设的一项基本内容与实践目标。[2] 由此可见，改善人居环境是一项需要长期付出努力的系统性工程，随着我国经济社会发展进入新的阶段，会被赋予新的实践意义与目标内容并被提升到新的建设高度。县域作为国家治理的基本单元，居于国家与基层社会进行治理互动的衔接层级。县域人居环境整治对于改善我国总体人居环境、推动国家生态文明建设，具有基础性意义。

（二）县域人居环境整治的社会环境

伴随着我国经济社会从高速发展步入高质量发展阶段，国家治理也顺应时代要求开始迈向现代化转型新阶段，我国县域开展人居环境整治有着基于当前县域治理的实践背景。

1. 县域农业生产方式的转变

现代农业生产技术的推广与运用带来了农业生产力的巨大提升，但是农药化肥等现代农资的广泛使用却对农村整体的生态环境治理造成了一定的不良影响。一方面，农药化肥等现代农资的广泛应用，增加了农村土壤

---

[1]《中共中央办公厅 国务院办公厅印发〈农村人居环境整治提升五年行动方案（2021—2025年）〉》，中国政府网，https://www.gov.cn/zhengce/2021-12/05/content_5655984.htm。

[2]《中共中央办公厅 国务院办公厅印发〈关于推进以县城为重要载体的城镇化建设的意见〉》，中国政府网，https://www.gov.cn/zhengce/2022-05/06/content_5688895.htm。

面源污染的防治难度，过量使用的农药化肥伴随着农业灌溉渗透到地下水层与河道，对农村水体环境同样造成负面影响。另一方面，在当前农民群体环保意识相对不足的情况下，农药化肥等产品使用后的塑料外包装会被随意丢弃于田间地头。

2. 县域居民生活方式的转变

城乡融合发展的加速与县域居民生活水平的提高，致使县域生活垃圾的产生量急剧增多。不单是城镇地区，广大农村地区农业生产与生活垃圾的产生量也在剧增。县域经济的飞速发展和城乡间人口流动的加速，使得县域城乡居民可购买使用的商品种类在增加，各类生活垃圾产生的源头与渠道变得复杂多样，垃圾处理的成本在提高。除此之外，县域城乡居民生产生活的用水用电量也在增加。因缺乏足够的污水处理设施，县域污水处理能力不足，大量的生活污水简单处理后直接排入河道，对县域水域生态环境造成了污染，黑臭水体也会直接影响到县域居民的日常生产生活。

3. 县域城镇化对人居环境产生的影响

县域处于城市与乡村的接点位置，兼具城市与乡村两类生产生活空间的场域特点，同时面对并承接着来自城乡两个场域的环境问题与治理压力。一方面，城镇化的持续建设使得城乡之间各种资源与生产要素的传递速度加快，城镇地区的工业企业得以向监管力度相对较小、地租相对廉价的县域转移。伴随着城市产业结构的调整与优化，部分县域承接了由城市地区下沉的大量工业与制造业企业。企业生产活动所产生的废水、废气与固体垃圾，给县域人居环境改善带来巨大压力。另一方面，城市空间内发达的产业集群和密集的人口数量使得城市垃圾处理的压力增加。部分地区为了降低城市生态风险，出现了将城市垃圾向县域转移的现象，县域沦为城市建筑垃圾的堆放场所以及生活垃圾的填埋场，这无疑会对县域整体生态环境造成巨大负面影响。

二 县域人居环境整治的独特性

（一）县域人居环境整治的独特地位

县域人居环境整治是县域治理的重要组成部分，亦是县域生态文明建设的一项关键举措。人居环境整治对于县域社会而言是一种外部性的国家治理行为，体现出国家开始越来越倾向于进入人们的生活领域，开展生活治理。① 国家试图通过这种特定的治理行为，规范引导社会个体的生活方式，改造私人生活环境，服务于国家的总体治理目标与未来发展目标。

县域是落实国家治理政策的重要环节与基本单元。要实现预期的治理目标与整治效果，就要综合考量治理规模、治理能力、治理成本与治理成果的转化效率等诸多因素。县域因在国家治理结构中独特的层级位置成为国家面向基层社会开展人居环境整治的最佳选择。

（二）县域在人居环境整治中的功能角色

首先，县域是国家治理政策的基层传递枢纽，在县域人居环境整治实践中发挥着关键的政策转化功能。县域是国家面向基层社会开展治理活动的重要执行主体，各类治理政策均要通过县级政府加以统筹、转化与输出，才能实际作用于基层社会。人居环境整治可视为国家面向基层社会下达的一项政策，政策传递至县域层级，县级政府要结合当地实际情况，对政策目标进行分解细化并融合本级政府的治理意志，再向下传达至乡村两级治理单元。这一政策传递过程中包含着县域针对国家宏观治理目标的政策创新过程，体现着县域在落实人居环境整治政策过程中的能动性。县域通过将政策目标进行在地化转化，使其能够更加贴合于当地基层社会的实际情况，由此来推动实现政策目标。

其次，县域是城乡社会关系的调节枢纽，在县域人居环境整治中发挥着关键的城乡统筹功能。人居环境整治是一项系统性工程，其间涉及的治理内容非常丰富。当前在基层暴露出的诸多人居环境问题并非单纯源于单一场域，而是源自城乡两个场域的诸多因素间的相互渗透、相互影响。因此，县域人居环境整治过程在本质上也是对城乡发展关系的优化调适过程。有学者指出，在县域范围内统筹城乡人居环境整治，能够优化县域内或县域之间的资源要素，最大限度地释放县域发展潜能，改善城市居民和

---

① 田先红、吕德文：《"生活国家"的构建：中国国家建设的历史进程与基本经验——以乡村生活治理为讨论中心》，《社会科学》2023年第4期。

农村居民的生产、生活、生态环境。① 由此可见，县域在人居环境整治中发挥着重要的城乡统筹功能。

最后，县域是基层治理资源的配置枢纽，在县域人居环境整治中发挥着重要的协调动员功能。县域人居环境整治目标的实现需要投入大量的治理资源，囿于县域治理资源的有限性，县级政府既需要向上协调国家自上而下传递的体制治理资源，又需要向下动员社会力量参与到具体的治理实践之中。县域人居环境整治的政策执行过程，嵌套在县级政府与上级政府职能部门的多重委托代理关系之中，使其可以向相关条线部门寻求诸如政策项目以及其他可以服务于人居环境整治的体制资源支持，同时也可以凭借其正式治理权威的体制身份，向下衔接村庄社区的社会治理资源，具备实质性的协调动员能力。

三　县域人居环境整治的实践运作方式

当前，县域人居环境整治的实践运作方式主要有三种，分别是行政主导型、市场外包型、居民自治型。三种运作方式各有特点，共同存在并作用于县域人居环境整治的治理实践中。在当前县域人居环境整治的治理实践中，多数地区多采取三种实践运作方式并行的组合治理模式，以便于统筹县域有限的治理资源，综合三种实践运作方式的优点，实现治理效果的最优化。

（一）行政主导型

行政主导型的人居环境整治，即充分发挥县域政府作为一级国家正式治理权威的政治动员能力，协调相关行政主体落实人居环境整治任务。行政主导型的实践运作模式，其所调动的治理资源与治理力量主要来源于行政体制内部。在具体的治理实践中表现为，主要依托具有正式体制身份的基层干部或是半正式身份的村干部，来落实县域人居环境整治的各项政策要求。行政主导型的治理运作模式会倾向于借助目标责任制及其他监督考核机制，压实相关主体的治理责任，以此确保执行效率。

---

① 王宾：《县域城乡人居环境整治：关键问题与路径策略》，《当代经济管理》2023年第7期。

行政主导型的县域人居环境整治，在实践运行过程中注入政治势能相对较强，治理实践中所需投入的体制治理成本相对较高，存在过分依赖体制资源、动员效度有限以及难以协调多元主体等弊端。此类运作方式在体制治理资源非常充裕的地区或是治理资源相对匮乏的地区比较常见，容易出现"行政替代自治"或是执行主体的"选择性执行"等非良性实践后果。尤其是在当前基层治理现代化的背景下，单一的行政主导型实践运作模式并非一种可持续性的治理运作形式，也不利于县域人居环境整治整体目标的实现。

（二）市场外包型

市场外包型的实践运作方式即充分发挥市场在资源配置方面的决定性作用，发挥市场要素在资源配置方面的相对优势。这种运作方式在具体的治理实践中表现为，县域行政主体将人居环境整治所要求的某些具体执行环节，发包给市场主体，由作为承包方的市场主体承担相应的执行责任，完成县域人居环境整治所需落实的某些具体任务。作为发包方的县级政府及相关职能部门主要负责执行过程中的监管与成果验收，双方以合同契约的形式达成合作关系。例如在当前县域环境治理实践中，县乡两级政府经常会将属地内村庄社区的保洁工作统一打包后，承包给相应的市场主体，再由市场主体负责组织和管理保洁人员对县域内的村庄与社区进行日常清扫。县域政府则阶段性地考核作为承包方的市场主体，这种形式节省了大量的工作时间与执行成本。市场外包型的实践运作方式极大缓解了县域政府在具体执行环节中的体制资源投入，充分调动了市场主体参与县域治理活动的积极性，但同时也会存在监管落实不到位或是执行偏差等其他暴露于执行端的问题。

（三）居民自治型

以居民自治为主导的县域人居环境整治是最为理想的治理形态。人民群众是人居环境整治的最终受益者，也理应是最主要的参与者。鼓励推广居民自治型的县域人居环境整治实践方式，旨在充分发挥人民群众在人居环境整治中的主体性作用。构建居民自治型的县域人居环境整治模式，离不开县域政府的积极引导，县域政府需要通过建立健全相应的规则制度与激励机制，鼓励引导县域城乡居民积极参与到县域人居环境整治的具体实践中来，增强居民人居环境整治的主人翁意识，自觉维护公共环境卫生。例如在我国不少地区已经开始探索将县域人居环境整治与积分制相结合，以"小积分"撬动"大治理"，这种治理模式在某些地区已经取得了一定的治理效果。

第三节 县域绿色发展

一 县域绿色发展概述

（一）县域绿色发展的理论基础

1. "五位一体"总体布局

2012年，党的十八大首次明确了"五位一体"是中国特色社会主义事业的总体布局，强调要统筹推进"经济建设、政治建设、文化建设、社会建设和生态文明建设"五个方面。生态文明建设自此被纳入中国特色社会主义事业总体布局中并被置于突出位置。2017年，习近平总书记在党的十九大报告中，对"五位一体"的总体布局进行了明确与重申，生态文明建设的战略地位得到进一步明确。

我国社会主义现代化强国的建设目标即建立"富强、民主、文明、和谐、美丽的社会主义现代化强国"，其中的"美丽"所对应的正是我国推进生态文明建设的目标要求，旨在建设美丽中国。"五位一体"总体布局的提出对我国县域治理的现代化转型提出了新的实践要求，同时也为我国县域转变未来发展方式、探索绿色发展路径提供了理论指导与实践遵循，县域绿色发展也成为实现建设美丽中国目标重要实践方式与基础。

2. 新发展理念

新发展理念是习近平新时代中国特色社会主义思想的重要理论成果，是新时代发展中国特色社会主义的重要遵循，也是学术界研究讨论的理论问题。[1] 在党的十八届五中全会上，习近平总书记系统论述了创新、协

---

[1] 谢林垚：《五大发展理念研究述要》，《北京交通大学学报》（社会科学版）2018年第4期。

调、绿色、开放、共享的新发展理念,"绿色发展"成为完成我国"十三五"时期的发展目标乃至更长时期经济社会发展目标的一个重要理念支撑。

县域绿色发展根本逻辑在于处理好县域经济社会发展与自然生态保护之间的平衡关系,是县域谋求可持续健康发展的必然选择。新发展理念的提出,为县域未来发展模式的选择与探索明确了目标指向,其中的绿色发展理念集中体现了中国特色社会主义生态文明建设的基本要求,它厚植于习近平总书记提出的"两山"理念,是推动县域生态文明建设的具体方式与科学路径。

3. 习近平生态文明思想

习近平生态文明思想是习近平新时代中国特色社会主义思想的重要组成部分。"习近平生态文明思想提出了一套相对完善的生态文明思想体系,形成了面向绿色发展的四大核心理念,成为新时代马克思主义中国化的思想武器。"[1] 习近平生态文明思想以生态文明建设为发展战略,以绿色发展方式为发展路径,以建设美丽中国为发展目标。

绿色是生命的颜色,绿色发展理念体现了以习近平同志为核心的党中央在国家治理实践中形成的对于人与自然相互关系的更深层次的认识。党的十九届五中全会上,习近平总书记强调,我国建设社会主义现代化具有许多重要特征,其中之一就是我国现代化是人与自然和谐共生的现代化,注重同步推进物质文明建设和生态文明建设。[2] 县域是贯彻落实习近平生态文明思想的重要实践场域,习近平生态文明思想也为县域未来发展路径的选择指明了正确方向。践行绿色发展方式的发展路径,就是在深刻领悟习近平生态文明思想的基础上,于作为国家治理基石的县域层面,筑牢国家绿色安全意识,进而推进县域治理走向更加科学、更高水准和更加可持续的现代化道路。质言之,习近平生态文明思想为县域绿色发展提供了路径遵循。

---

[1] 赵建军:《习近平生态文明思想是开放与发展的新思想》,中国新闻网,https://www.chinanews.com/gn/2018/06-02/8528892.shtml。

[2] 《习近平谈治国理政》(第四卷),外文出版社,2022,第362页。

（二）县域绿色发展的核心内涵

党的十八届五中全会上，习近平总书记系统论述了创新、协调、绿色、开放、共享的新发展理念。其中"绿色发展"，即"坚持节约资源和保护环境的基本国策，坚持可持续发展，坚定走生产发展、生活富裕、生态良好的文明发展道路，加快建设资源节约型、环境友好型社会，形成人与自然和谐发展现代化建设新格局，推进美丽中国建设"。[1]

县域绿色发展是县域生态文明建设具体实现方式，是推动实现县域治理现代化的重要支撑。县域绿色发展即结合县域在我国国家治理结构中独特的层级位置与功能特点，从发展理念、发展目标和具体实现方式着手，创新县域治理的实践机制与未来发展模式，构建人与自然和谐共生的发展关系，推动县域治理结构向着科学化、绿色化与可持续化的方向优化转型。

二　县域绿色发展的独特性

（一）县域对于推动绿色发展的独特地位

县域是我国数量最多、政权结构相对完整、治理功能相对完备的基础治理单元。截至 2020 年底，我国有县级行政区 2844 个，县域面积约占全国面积的 93%，县域人口约占全国人口的 74%，县域 GDP 约占全国 GDP 的 53%。[2] 县域所涵盖的治理规模与经济人口体量，决定了县域对于推动我国绿色发展具有不可替代的关键性地位。作为我国城乡融合发展、工业与农业产业协调发展、国家与社会治理互动的接点，县域的绿色发展的实践成效直接关乎我国绿色发展的全局性成效。

（二）县域推动绿色发展的独特功能

县域作为宏观与微观、工业与农业、城市与乡村的接合部，是生态文明建设的微观主体、关键环节和主战场，是实践绿色发展理念的空间核心，具有无可替代的作用。[3] 县域直面基层社会，县域治理活动能够直接

---

[1] 中共中央文献研究室编《十八大以来重要文献选编》（中），中央文献出版社，2016，第 792 页。
[2] 何晓斌：《以县域为基础的现代化和共同富裕》，《探索与争鸣》2021 年第 11 期。
[3] 彭红心：《基于生态文明的县域绿色发展路径探析》，《农村经济与科技》2017 年第 13 期。

影响到基层社会的各方面。

从治理能力上看，县域政府是我国政府行政体制中政权结构相对完整的一级政权组织，具备基本的资源统筹能力与政策转化能力；从治理结构上看，作为国家各项治理政策的实际执行者，县级政权的治理能力与治理规模相对适配，以县域为基本单元落实各项治理政策相较于省市而言在政策执行效果上具有显著优势。从县域的层级位置上看，县级政府不仅承担着县域政策转化与输出的任务，还要为乡、村两级执行政策提供资源配套并提供方案遵循。① 县域绿色发展需要借助政府公共政策得以产出和实现，县域在国家治理体系中所处的层级位置及其所承担的功能角色，对于推动和实现绿色发展具有独特的功能优势。

（三）县域对于推动绿色发展的独特意义

从县域推动绿色发展的意义上看，县域推动绿色发展基于独特的治理背景与现实意义。作为我国城乡融合发展的接点，县域兼具城镇工业与乡村农业的产业结构特征。随着大城市产业结构的调整，大量高污染、高能耗的产业开始向地租相对廉价、人口密度相对较低的周边县域转移。县域在承接区域核心城市的产业，面临经济发展机遇同时，也承担了高昂的环境污染成本。县域的自然生态环境随着城镇化建设的推进与城乡之间产业结构的调整，遭到破坏。原本出现在大城市的生态环境问题开始向县域转移，暴露在城镇地区的生态环境问题开始蔓延至乡村地区，不进则退的经济发展要求与保护生态环境形势使县域面临两难选择，二者之间的张力与矛盾在县域层级尤为明显。

倘若不改变县域当前所延续的以牺牲生态环境为代价的传统发展模式，县域自然生态保护与人居环境整治的治理成效难以持久，县域生态文明建设的努力终将流于形式，县域所面临的生态环境挑战也将直接影响国计民生，成为县域治理现代化转型路上的障碍。基于此，县域对于未来发展方式的选择直接关乎县域生态文明建设的最终效果，更直接体现出县域整体治理能力与治理水平，映射出国家治理现代化的推进实效。

---

① 田先红：《县域政策共同体：理解中国公共政策过程的一个新视角》，《学海》2023 年第 4 期。

三 县域绿色发展的实践内容

(一) 发展县域绿色产业经济

谋求绿色发展，绿色产业是基础。绿色发展指引着当前县域产业转型与未来经济社会发展的方向。伴随着城镇化的发展，城乡之间产业结构开始出现整体性的调整与迁移，越来越多的企业开始向县域转移。为了推动经济发展，一些地区甚至不惜以环境污染为代价，引进了一批高污染、高能耗的企业进驻，短期内虽然收获了一定的经济效益，却对当地的生态环境造成了严重的污染。"宁要绿水青山，不要金山银山。"竭泽而渔的粗放型发展方式注定不可持续，也会使今后的县域经济社会的发展付出更大代价，更违背县域绿色发展中以人为本的根本理念。

推动实现县域绿色发展，需要充分考虑当地自然生态环境的承载能力，协调好经济发展与生态环境保护的关系，发展绿色产业。绿色产业是指立足于自然生态环境保护，以经济可持续发展为目标的新型产业样态。县域政府要充分发掘当地的生态资源优势，以正确的发展思路，对既有的产业结构进行调整，严格依法依规淘汰掉县域范围内高污染、高能耗的落后产能，因地制宜发展绿色产业经济。县域党委政府要重视发挥"绿水青山"的经济效益与价值，结合当地独特的自然生态资源条件，鼓励发展特色文旅产业与绿色农业，推动县域整体产业结构向着环境友好型的第一、第三产业转型，打造一批具有高活力、高质量与可持续发展动力的县域绿色产业经济。

(二) 培育县域绿色文化

践行绿色发展，绿色文化是内核。县域生态文明建设不光要作用于客观环境，还要重视个体主观意识层面的建设，要实现县域绿色发展，就要坚持绿色思想先行，培育发展绿色文化。培育县域绿色思想文化，关键在于提升各主体的环保责任意识，在县域社会形成资源节约与环境保护的良好社会风气。县级政府要加强面向公众的绿色宣传教育，开展形式多样、内涵丰富的生态文明建设活动，引导公众树立正确的生态文明观。企业等市场经营主体要积极推广并践行绿色经营理念。其他社会组织要积极承担起环境保护宣传教育的社会责任，加强对其组织成员的宣传教育，并积极面向公众传递绿色理念，提倡低碳生活。社会公众要自觉加强环保知识学习，提升自身环境保护素质与能力。

（三）倡导县域绿色生活方式

实现绿色发展，绿色生活是目标。县域居民的绿色生活方式是县域生态文明建设最直观的成果体现，也是维系县域生态文明建设效果最持久有效的实践方式。县级政府及各类社会组织要倡导绿色健康的生活方式，提倡绿色出行，推广使用节能产品与技术。公众要自觉履行垃圾分类与节约用水的社会义务，提升个人及家庭的环保责任意识，夯实县域绿色发展的社会基础。

四　县域绿色发展的实现方式

（一）发掘县域绿色发展独特优势

实现县域绿色发展，首先要厘清并发掘好县域推动实现绿色发展的独特优势。县域绿色发展的独特优势根植于县域所掌握的得天独厚的自然资源条件、独特的地域文化以及民众长久以来形成的生产生活习惯。发掘县域绿色发展的独特优势，要求县级政府增强其工作创新能力，创新推动县域绿色发展的体制机制，厘清县域党委政府内设科室及其各职能部门有关于生态环境治理的业务责任，形成县域绿色发展的工作合力。同时要因地制宜地引导发展立足于县域生态环境保护的绿色产业，充分利用其得天独厚的自然资源条件，发挥自然生态资源的经济效益与价值，增加县域老百姓居家就近就业的机会与收入，让老百姓在生态环境保护中得到实实在在的经济实惠。

另外，县域要充分发掘当地有利于推动其绿色发展的独特地域文化因素。在某种程度上，独特的地域文化是一种长期存在于当地社会，却极容易被忽视的稀缺性发展资源。推动县域绿色发展，要与当地治理需求与实际情况相结合，而独特的地域文化因素是动员其他社会主体参与县域绿色发展的重要基础。我们要从独特的地域历史文化中汲取能够顺应时代发展要求与客观发展规律的文化营养，凸显县域绿色发展的独特优势，增强县域绿色发展的软实力。

(二) 构建新型城乡绿色发展关系

县域是我国城乡建设体系中的重要组成部分，是推动实现城乡融合发展的关键枢纽，对于构建新型城乡绿色发展关系具有重要意义。构建新型城乡绿色发展关系，是推动实现县域绿色发展的结构基础，也是县域实现绿色发展的成果体现。

构建新型城乡绿色发展关系，就要着眼于城乡产业结构、社会思想文化、居民生活方式等层面，彻底打破既有的城乡发展二元结构。要尊重县域独特的发展规律与功能角色，以绿色发展理念统筹县域城乡发展思路，加速绿色发展资源在城乡场域之间的连通与流动，推动城乡绿色发展合作。县域要把握发展的战略主动性，以县域为基本单元统筹城乡发展资源，共建绿色发展关系、共享绿色发展资源、共享绿色发展福利。

(三) 推行可持续化的城乡建设模式

县域作为我国城乡建设体系中的重要支撑，欲要真正实现县域绿色发展，就要处理好城乡建设与自然生态保护的关系。2022年5月，中共中央办公厅、国务院办公厅印发了《关于推进以县城为重要载体的城镇化建设的意见》。该意见中明确指出要科学把握县城的功能定位，"有序发展重点生态功能区县城……发展适宜产业和清洁能源，为保护修复生态环境、筑牢生态安全屏障提供支撑"，[1]再度明确了县域对于我国生态文明建设有着关键性的功能地位。

与过去的城乡建设模式不同，过去的城乡建设模式偏重于追求城镇地区的更新建设速率而有意忽视乡村地区的建设需求、注重服务于经济发展的单一目标而有意忽略生态环境保护的需要。自然生态环境问题，愈发成为县域经济社会发展过程中不容忽视的短板弱项。实现县域绿色发展，就要统筹县域城乡发展建设与生态文明建设的需要，对既有的城乡建设关系进行调整，推行可持续化的城乡建设模式。

可持续化的城乡建设模式立足于县域资源环境的实际承载能力，同时以保护与修复县域自然生态环境为基本出发点，严守生态保护红线，严禁

---

[1]《中共中央办公厅 国务院办公厅印发〈关于推进以县城为重要载体的城镇化建设的意见〉》，中国政府网，https：//www.gov.cn/zhengce/2022-05/06/content_5688895.htm。

大拆大建。县域作为责任单元，要统筹协调好属地内城乡空间内部的生态责任关系，严禁将乡村地区作为疏解和转嫁城镇地区生态环境问题与责任的场所。坚持以人为核心推动新型城镇化建设，依据县域自身生态资源条件打造生态空间，提高县域环境基础设施建设水平与生态环境公共品供给能力。

第十章　县域政治领导机制

党的十九大报告强调，"中国特色社会主义最本质的特征是中国共产党领导，中国特色社会主义制度的最大优势是中国共产党领导，党是最高政治领导力量"。[①] 党的领导包括政治领导、思想领导、组织领导。其中，政治领导是根本，思想领导是灵魂，组织领导是保证。在县这一层级，党的政治领导主要体现在县级党委能够把党中央的路线、方针、政策同本地区的实际结合起来并转化为地方政策，通过政策实施来执行党中央的意志，落实党中央的各项任务。党的思想领导主要体现在县级党委能够通过开展各种形式的活动，使党的经典理论和最新思想深入党员和人民群众心中，提升他们的思想觉悟，对其实现思想引领。党的组织领导则主要体现在县级党委对各层级党组织的绝对领导，以及在同级其他组织中的领导地位。此外，组织领导还体现在县级党委通过党的组织实现对广大党政干部的领导，发挥党政干部在人民群众中的模范带头作用。只有坚持党的全面领导，特别是政治领导，才能确保县域发展方向与党中央精神保持一致，为县域治理增势赋能。

第一节　党对县域治理的全面领导

县域治理是对县域公共事务的治理，治理主体包括政府、企业、社会组织及公民个人等。[②] 党对县域治理的全面领导主要体现在两个方面：一是领导对象的全面，二是领导过程的全面。党的领导对象包括广大党政干

[①] 《习近平谈治国理政》（第三卷），外文出版社，2020，第94页。
[②] 杨华：《县域治理中的党政体制：结构与功能》，《政治学研究》2018年第5期。

部和民众,也包括其他参与县域治理的同级组织。全过程领导则主要体现在县级党委对县域治理事务的决策、执行、考核等各环节的领导。

一 对同级组织的领导

虽然县域治理的主体多元,但是党的组织在同级组织中处于绝对的领导地位。党对同级组织的领导主要通过三种途径来实现。一是设立党组。党组是党在中央和地方国家机关、人民团体、经济组织、文化组织和其他非党组织的领导机关中设立的领导机构,在本单位发挥领导作用,是党对非党组织实施领导的重要组织形式。[①] 二是通过党的纪律。各组织中的党员,必须严格服从党的纪律。三是向人大推荐组织负责人人选。县级党委可以通过县人大中党组的作用,使党推荐的各组织人选在人大会上获得通过,完成法定程序。[②]

(一) 对县级人民代表大会的领导

县级人民代表大会,是根据我国人民民主专政的国家性质、人民代表大会的政治制度,按照区域的划分而建置的地方国家权力机关。[③] 县级人民代表大会由选民直接选举的县人大代表组成。县人大设常委会,在县人大闭会期间代行县人大部分职能。县级党委有推荐县人大常委会领导成员人选的权力,县级人大党组织必须认真贯彻县级党委的推荐意见。县级党委对县级人大的领导主要体现在组织领导和工作领导上。在组织上,县人大常委会内部设置党组,党组书记由县人大常委会主任担任,服从县级党委的领导。具体工作上的领导主要体现在两个方面,一方面是县级党委将县人大作为重要的治理主体,将县人大的工作纳入县域治理的整体工作布局。另一方面,把县级党委有关县域治理的主张通过县人大的法定程序转化为人民群众的共同意志。

(二) 对县级人民政府的领导

县级人民政府是县级人大的执行机关,是县级国家行政机关。县级政

---

① 参见《中国共产党党组工作条例》。
② 刘伯龙、竺乾威主编《当代中国公共政策》,复旦大学出版社,2000,第3页。
③ 王元俊、朱侗荣、陈奋林、顾善祥:《中国县域政治学》,南京出版社,1989,第117页。

府的领导成员人选由县级党委推荐，县级人大选举产生。县级人民政府依照法律规定的权限，管理本行政区域内的经济、教育、科学、文化、卫生、体育事业等行政工作，发布决定和命令，任免、培训、考核和奖惩行政工作人员。① 县级政府是县域治理中最主要的治理主体。县级党委对于县级政府的日常领导同样是通过设置党组来实现，县政府党组书记一般由县长担任。此外，县长还兼任县级党委副书记，协助县委书记开展各项工作。

（三）对县级人民政治协商会议的领导

中国人民政治协商会议是中国人民爱国统一战线的组织，是中国共产党领导的多党合作和政治协商的重要机构。县级政协是县级政治协商机构。县级党委对政协领导成员人选具有重要推荐权。县级政协内设党组，由政协主席担任党组书记。政协委员和政协机关中的党员主要任务是使党的决策和工作部署成为各民主党派和社会各界的共识。②

（四）对县级人民法院的领导

县级人民法院作为县级审判机关，依照法律规定独立行使审判权，不受行政机关、社会团体和个人的干涉。③ 县级人民法院内部设置党组，由院长担任党组书记。县级党委对于法院领导成员构成具有推荐权。党对法院的领导是政治、思想、组织上的领导，并非工作业务上的领导，县级法院依法独立开展审判工作。

（五）对县级人民检察院的领导

县级人民检察院是基层法律监督机关。县级党委对于检察院领导成员构成同样具有推荐权。县级党委对检察院的领导也是政治、思想、组织上的领导。县级人民检察院内设置党组，检察长担任党组书记。县级党委并不介入具体的检察业务。

（六）对县级群团组织的领导

群团组织是"群众性团体组织"的简称，是当代中国社会团体的一

---

① 参见《中华人民共和国宪法》第107条。
② 黄福寿：《中国共产党领导人民政协的途径、载体、方式》，《探索与争鸣》2008年第9期。
③ 参见《中华人民共和国宪法》第131条。

种。县级群团组织主要包括工会、共青团、妇联等。群团组织实行分级管理、以同级党委领导为主的体制,工会、共青团、妇联受同级党委和各自上级组织双重领导。① 县级党委负责指导县级群团组织贯彻落实党的理论和路线方针政策,研究决定群团工作重大问题,管理县级群团组织领导班子,协调群团组织同党政部门的关系及群团组织之间的关系。

(七) 对县域内企业的领导

企业分为公有制企业和非公有制企业。公有制企业包括国有企业和集体企业。国有企业是公有制企业的重要组成部分。国有企业内部又分为中央国有企业和地方国有企业。县级党委在地方国有企业内部设置党委(党组),国有企业党委(党组)在企业内部发挥领导作用。② 县级党委对于非公有制企业的领导主要是组织领导。在设置了党组织的非公有制企业,党组织在企业职工群众中发挥政治核心作用,在企业发展中发挥政治引领作用。而在那些未建立党组织的非公有制企业,县级党委主要是通过选派党建工作指导员、确定党建工作联络员、建立工会和共青团组织等方式,积极开展党的工作。③

(八) 对县域内社会组织的领导

社会组织主要包括社会团体、民办非企业单位、基金会、社会中介组织以及城乡社区社会组织等。④ 社会组织党组织是党在社会组织中的战斗堡垒,发挥政治核心作用。党对社会组织的领导,不仅仅体现在将党组织建在社会组织中,即"有形领导",还体现在党组织的核心价值观、议题设置、政治引领、利益协调机制等会实际作用于社会组织日常工作,即"无形领导"。⑤

二 对党政干部的领导

党政干部是指地方各级党委、人大常委会、政府、政协、纪委监委、

---

① 参见《中共中央关于加强和改进党的群团工作的意见》。
② 参见《中国共产党国有企业基层组织工作条例(试行)》。
③ 参见《关于加强和改进非公有制企业党的建设工作的意见(试行)》。
④ 参见《关于加强社会组织党的建设工作的意见(试行)》。
⑤ 郑琦:《社会组织党建:目标取向与实践逻辑》,《求实》2017年第10期。

法院、检察院等机关内的成员。党管干部是我国干部选拔任用的首要原则，同时也是党实现全面领导的重要手段。党管干部是指干部管理及其相关事务必须由党的各级委员会及其职能部门管理和处置，任何其他组织均无管理干部的权力。[①] 县级党委对于党政干部的领导贯穿干部成长的全过程，包括选拔、任用、监督。其中，县委组织部和县纪委扮演着重要角色。

（一）党政干部选拔

"我国公务员队伍中党员比例超过80%，县处级以上领导干部中党员比例超过95%。"[②] 我国公务员管理中的各个环节和各种制度都体现着党管干部的原则。在公务员的选拔阶段，按照我国公务员法规定，录用担任主任科员以下及其他相当职务层次的非领导职务公务员，采取公开考试、严格考察、平等竞争、择优录取的办法。公务员考试分为国家公务员考试和省级公务员考试。县域内的公务员一般通过省级公务员考试招录。考试由省委组织部、人力资源和社会保障厅、公务员局组织，采取笔试加面试的方式。考试由省委组织部负责，考察由考生所报考的单位负责，县委组织部负责招录干部的档案管理、试用期与转正等事宜。县域内各单位招录的干部数量由县委组织部决定，县委组织部领导整个公务员的选拔过程。

（二）党政干部任用

在干部任用过程中，县级党委的意志起决定性作用，县委组织部则负责具体的组织实施。县委组织部综合有关方面建议和平时了解掌握的情况，对领导班子和领导干部进行动议分析，就选拔任用的职位、条件、范围、方式、程序和人选意向等提出初步建议。[③] 干部晋升的决定权在县级党委，这也就保障了县级党委对任用干部的领导权。党政干部想要晋升，就必须严格服从县级党委的指示，通过工作实绩来获取县级党委主要领导干部的认可，以便形成自身优势，获取晋升机会。

---

① 景跃进、陈明明、肖滨主编《当代中国政府与政治》，中国人民大学出版社，2016，第24页。

② 习近平：《在第十八届中央纪律检查委员会第六次全体会议上的讲话》，人民出版社，2016，第22~23页。

③ 参见《党政领导干部选拔任用工作条例》。

(三) 党政干部监督

县级党委不仅负责选拔、任用干部,更负责监督干部。加强对干部的监督工作,能够促使干部正确认识权责关系,切实履行自身职责。在县一级,党对干部的监督主要是通过县级纪律检查委员会来实施。县级纪律检查委员会是对广大党员干部实行监督的主要机关。县级纪律检查委员会接受县级党的委员会和上级纪律检查委员会的双重领导。县级纪律检查委员会对干部的监督手段主要包括对相关人员进行调查谈话、查阅、复制有关文件资料,查核有关信息,暂扣、封存、冻结涉案款物,提请有关机关采取技术调查、通缉、限制出境手段等。① 对于党政干部的监督可以提高干部行为的规范性,是县级党委推动工作的一种常用手段。

三 对治理事务的领导

党对县域治理的全面领导不仅体现在对同级组织和党政干部的领导,还体现在对县域治理事务的领导。具体而言,县级党委在决定治理事务的优先序、监督治理过程、运用治理结果这一治理全过程都拥有绝对的领导权。

(一) 决定治理事务的优先序

在县域内,治理事务大致可以分为两类:一类是行政性的日常工作,这些工作主要由政府部门完成;另一类是政治性的中心工作,这类工作综合性较强,需要多个党政部门配合完成。中心工作是县域治理的重中之重,但是其并不是凭空产生的,而是从日常工作转化而来。县级党委是将行政业务转化为中心工作的唯一主体。② 这种转化权赋予了县级党委在治理事务选择上的领导地位。县级党委可以通过召开党委会议,讨论决定将哪些行政性的日常工作转化为中心工作。中心工作较之日常工作具有治理上的优先级。为了推动中心工作的完成,县级党委通常会选择成立领导小组等议事协调机构,安排县级强势部门来协调各部门。

---

① 参见《中国共产党纪律检查机关监督执纪工作规则》。
② 杨华、袁松:《中心工作模式与县域党政体制的运行逻辑——基于江西省 D 县调查》,《公共管理学报》2018 年第 1 期。

（二）监督治理过程

除了决定治理事务的轻重缓急之外，县级党委对于治理事务的领导还体现在对治理方式的规范化要求上。这种要求的实现往往伴随着对治理过程的严格监督。党的十八大提出了"四个全面"战略布局，这为基层治理转型提供了基本遵循。治理的规范化是县域治理转型的重要方向。农业税取消之后，大量的国家资源开始源源不断地输入农村。在资源下乡的背景下，如何确保资源得到合理高效的使用成了县域治理的一个难题。增强治理过程的规范性为解决这一难题提供了抓手。党委对于治理过程的监督重点放在对干部的监督上。具体而言，干部在治理中的行为必须符合制度规范。县纪委注重对干部具体行政行为的监督和矫正，[①] 通过严格的过程监督，确保党员干部合理合法进行治理活动，贯彻落实党的意志。

（三）运用治理结果

县级党委运用好治理结果对于调动县域内干部的干事积极性具有重要意义。在治理实践中，各项治理工作的完成情况是单位主官的政绩来源，影响其政治前途。为了调动干部的积极性，县级党委会将各项工作完成情况纳入年底考核，并按照重要性差异赋予不同的分值，年底对各单位的工作完成情况进行量化打分和排名。通过这种排名的方式引导干部不遗余力地完成各项工作。同时，主要领导还会把注意力集中在中心工作上，在中心工作中表现优异的干部往往能够获得主要领导较高的政治评价。在干部晋升过程中，各项日常工作的完成情况和排名只是基本的参考依据，起到决定性作用的还是干部在中心工作中的表现。县级党委对于治理结果的运用，主要是将其与干部晋升建立联系，这种政治激励可以有效调动干部的干事积极性。

第二节　县域政治领导的主要方式

党的政治建设是党的根本性建设，坚持党的政治领导是党的政治建设

---

① 田先红：《从结果管理到过程管理：县域治理体系演变及其效应》，《探索》2020 年第 4 期。

的重要内容。在县域治理中,坚持党的政治领导,就是坚持县级党委对于县域发展路线、方针、政策的领导。理解县域政治领导的主要方式,可以从县域政治领导的制度体系和县域政治领导的运作机制两方面着手。

一 县域政治领导的制度体系

在县域治理中,政府作为行政机关,承担着执行党的政策,提供公共服务的重要职责,是最主要的治理主体。县级党委全面进入并领导县级政府,履行政治职能。[①]"党委领导,政府主导"是县域党政体制下形成的治理格局。制度是县级党委实现政治领导的载体,而县域政治领导的制度体系主要是指县级党委领导县级政府及其部门的制度安排体系。具体而言,这种制度体系包括党委(党组)制度、归口管理制度、临时机构制度。

(一) 党委(党组)制度

党委(党组)制度是指党在各级国家机关、人民团体、企事业单位内部建立党组织的制度。党组织在各单位中处于领导核心,负责贯彻执行党的路线、方针、政策。在县域内,县级政府、人大、政协、法院、检察院等都设置党组,乡镇村组也都设置了党委或者党支部。党委(党组)书记一般由所在单位的行政负责人担任,例如县长一般任县级政府党组书记。县域各组织和各层级的党组织都必须服从县级党委的领导。党组织的嵌入为党委领导提供了组织载体,确保县级党委的意志在各个单位得到落实。

(二) 归口管理制度

归口管理制度是指党委根据国家和社会事务性质的不同,将其划分为不同的口,每一个口由特定的党委部门或者常委来负责主管的制度。每个口下面包含职能属性相近或者相关的党政部门及企事业单位。比较常见的如组织口、宣传口、政法口等。党委的部门在各归口领域中处于领导地位。例如,组织口的领导部门是组织部,领导人事局等;宣传口

[①] 景跃进、陈明明、肖滨主编《当代中国政府与政治》,中国人民大学出版社,2016,第4~8页。

的领导部门是宣传部，领导教育局、文化局、卫生局等。县级党委可以通过该制度有效整合职能相近或者相关的党政部门，协同完成对口工作。

(三) 临时机构制度

虽然归口管理制度解决了一部分工作中的部门协作问题，但在县域治理过程中还是有大量的综合性工作需要成立临时性的协调机构，依托党委的权威来进行部门协调。这种由县委牵头成立临时性的协调机构来推进工作的制度被称为临时机构制度。相较于归口管理制度，临时机构制度的灵活性更强，成立的临时协调机构通常只为专项工作服务。这种临时协调机构包括各种"领导小组"和"委员会"等。临时协调机构一般下设办公室，办公室设在负责牵头协调的部门，这些部门通常是县级强势部门，例如组织部、政法委等。临时协调机构的成立为县级党委领导推动重点工作提供了组织载体，县级党委的强势部门在进行协调时具有天然优势，能够有效整合各部门资源，推动中心工作的完成。

二 县域政治领导的运作机制

县域政治领导的运作机制主要是指县级党委在参与并推动治理事务的过程中形成的具有规律性的工作方式。这些工作方式可以成功地调动县域内各组织和个人的积极性，有效地整合分散在各个部门的治理资源，推动各项治理事务的完成。总结而言，县域政治领导的运作机制主要包括工作转化机制、政治动员机制、资源整合机制、督查考核机制。

(一) 工作转化机制

虽然县级党委对于县域治理的领导呈现出全方位与全覆盖特征，但并不是所有的工作都需要县级党委的关注和参与。县级党委关心的工作一般是县域内的重点工作，又被称为中心工作。中心工作是由日常工作转化而来的。为了体现党的领导意志，县级党委会根据党中央、省级党委、市级党委的发展思路，结合本县实际情况，依据治理事务的重要程度，通过党委会议的形式，从众多日常工作中挑选出重点工作并转化为县域中心工作。

(二) 政治动员机制

对于党政干部而言，不同于日常性工作，县级党委确定的中心工作是一项政治任务。干部如果不重视政治性的中心工作，会被认定为"不讲政治"或者是"思想出现滑坡"。中心工作内含强大的政治压力，压力的传输渠道是党的组织系统。县级党委在确定完中心工作并制定出相应的政策后，会通过党的各种会议进行宣讲动员，强调中心工作的重要性，以提高党政干部的重视程度。政治动员是对人的动员，在短时间内凝聚集体共识，激发出强大的精神力量，从而调动各种资源实现治理目的。

(三) 资源整合机制

县级党委关注的中心工作一般综合性较强，涉及多个职能部门。资源对于完成中心工作至关重要。受科层制影响，县级政府的资源分散在各个职能部门，部门之间存在利益壁垒，难以自主协调整合资源来完成中心工作。为应对这一问题，县级党委作为领导核心通常会通过成立领导小组、委员会、工作专班等，将中心工作涉及的部门纳入其中，并安排党委强势部门来牵头协调。如果是特别重要的工作，县委书记或者县长还会亲自担任协调机构的负责人。领导小组、委员会、工作专班等的成立主要是为了整合分散在各部门的资源，推动中心工作的完成。

(四) 督查考核机制

过程督查与结果考核是县级党委推动完成中心工作的常用手段。县级党委组织的督查活动包括听取汇报、查阅资料、现场查看等。县级督查一方面是通过检查干部治理行为的合规性，规范干部治理行为。另一方面也是通过督查活动来对各单位施加压力，推进各项工作的完成。考核则主要为了调动干部干事的积极性。各单位的考核结果直接影响县级党委对该单位干部的政治印象与评价。常规的目标管理考核绩效仅作为评价领导干部的基本参考，而关键事件、重点任务的完成情况才是评价和提拔领导干部的主要依据。[①] 中心工作的考核结果与官员的晋升紧密相关，这也成为官

[①] 田先红：《"目标管理"与"政治评价"：县域官员二元评价体系研究》，《行政论坛》2022年第6期。

员完成中心工作的重要动力来源。

第三节 县域政治领导的功能

县域治理是国家治理的基石。县域治理的好坏不仅关系到整个国家治理，还直接影响广大人民群众的发展获得感。在县域治理中，坚持县级党委的政治领导，不仅能够确保县域发展方向与党中央规划保持一致，还能够使基层在政策执行过程中提高治理能力与水平。

一 把握发展方向

正确、科学的发展方向与政策是县域发展的基础与前提，方向领导是县域政治领导的灵魂所在。县域政治领导能够确保县域发展方向与党中央精神保持一致。中国共产党是马克思主义使命型政党。[1] 新时代中国共产党的历史使命，是继续推进实现中华民族伟大复兴。作为使命型政党，中国共产党始终强调人民至上，坚持全心全意为人民服务。党中央制定的有关县域发展的路线、方针、政策，无不是从提高县域治理现代化水平、增强人民群众生活幸福感这一角度出发的。党中央的政策是站在全国全局的层面制定的，理论启发性强，但是对于基层治理的具体实践而言，还需要进行政策转化。县域在国家政策执行体系中具有基础性地位。[2] 县域内政策执行的关键在于将中央、地方的政策进行适应性的转化。县级党委是县域政策转化中的领导核心，对上级政策和县情最为熟悉，在县级党委的领导下，各县制定出更加符合县域发展实际的政策。

二 整合多方力量

县域政治领导能够使得县域内各治理力量紧紧团结在县级党委周围，协同配合，发挥治理合力。县域治理主体是多元的，除县级党委、政府之外，还有县级人大、政协、企业、社会组织等。整合各方力量，

---

[1] 李海青：《中国共产党：马克思主义的使命型政党》，《江西社会科学》2018 年第 2 期。
[2] 田先红：《县域政策共同体：理解中国公共政策过程的一个新视角》，《学海》2023 年第 4 期。

实现治理效能的最大化是推进县域治理现代化的关键。县级党委是县域内多元治理主体中的领导核心，其他治理主体都团结在县级党委周围，服从县级党委的领导。同时，县级党委在各同级组织内部都设有党的组织，这为主体间的协调合作提供了组织载体。将组织间的合作转化为组织内部的合作。这种合作主要是通过党组织的内部会议来实现。在决策阶段，县级党委通过召开党组织会议，与各组织负责人共同商讨县域发展事项，达成合作共识。在执行阶段，县级党委可以依托组织内部定期的汇报协商制度，加强组织间的沟通与交流，及时克服出现的各种治理难题。

三 弥补科层制不足

县域政治领导能够弥合科层制下的部门合作间隙，实现部门合作。在县域治理各主体中，县级政府是最主要的政策执行者，承担了大多数治理事务。按照科层制的原则，县级政府内部门齐全、分工明确，但这同时也导致部门之间职权分散。在县级党委的归口管理制度下，通常由党委某部门领导统合相关领域部门，这能够部分解决部门合作难题。但是这一制度在应对综合性强、变化性大的县级中心工作时有些无能为力。为了解决这一难题，县级党委通常会选择成立领导小组等议事协调机构来促进部门间的合作。议事协调机构一般由县级主要领导担任负责人，党委强势部门担任牵头部门，负责部门间的协调工作。在具体工作过程中，议事协调机构可以依托党委的政治权威，打破部门间的合作壁垒，有效整合分散在各个部门的资源，走出科层制下的部门合作困境。

四 应对复杂事务

县域社会不仅包括城市，还包括广大农村，是一个构成复杂且高度分化的现代社会。基层社会内部的社会关系与利益关系密集，治理难度大，特别是乡村社会。相较于城市社会，乡村社会具有不规整性。乡村社会事务的模糊性强，标准化程度低。这导致制度化的治理规则在处理一些乡村社会事务时难以发挥作用，往往需要采取非正式的方式或随机处理的弹性手段。[①] 以问题为导向的弹性治理强调灵活、自主，注重治理效率，但是如果缺少领导与约束，可能会跑偏走样造成治理失范。党的政治领导不仅可以协调整合各种治理资源与政策工具，提供弹性治理空间，同时还可以通过党的组织纪律强化对治理人员的监督，确保治理的规范性。

---

① 欧阳静：《"维控型"政权——多重结构中的乡镇政权特性》，《社会》2011年第3期。

第十一章　县域行政运行机制

第一节　县域决策机制

决策是组织或者人围绕特定目标，运用科学合理的方式方法，选取最优的具体活动行动方案。而决策机制是指相互关联的决策环节、步骤、阶段，按照一定的次序排列形成的规范、有序的决策流程。[1] 所谓县域决策机制是指县域决策主体按照法定的环节和方式，对县域的重要公共治理问题进行决策的流程。因此，县域决策机制由县域决策主体、县域决策方式等部分构成。

一　县级决策主体

（一）县级党委的决策

县级党委决策机制是我国县域内党委政府制定政策的核心机制。由于中央和地方的党委居于决策体制的核心，因此，县级党委决策机制直接决定了县域决策的效能。县级党委决策机制是县级党委决策主体运用准确的信息和科学的思维，通过讨论决策议题，形成决策方案，来确定决策目标并进行县级政策输出的一套行之有效的做法和程序。[2]

《中国共产党章程》规定：党的地方各级委员会全体会议，选举常务委员会和书记、副书记，并报上级党的委员会批准。党的地方各级委员会的常务委员会，在委员会全体会议闭会期间，行使委员会职权；在下届代

---

[1] 徐国冲：《会议：公共管理亟需研究的议题》，《中国行政管理》2021 年第 8 期。
[2] 孙蔚：《县级党委决策机制分析与改进策略研究》，《求实》2010 年第 6 期。

表大会开会期间,继续主持经常工作,直到新的常务委员会产生为止。在制度上,县党代会是县级党委决策机构。在县委全委会闭会期间,县委常委会承担日常的领导、决策职能。县委常委会的权力有三类:一是人事推荐和决定权,尤其是对全县域内副科级及以上干部的推荐和决定权;二是重大问题的决策权;三是其他权力,比如干部评优决定权、农转非指标权等。[1] 由此可知,县域党委的日常决策主要依靠县委常委会承担,它成为县域内最核心的决策机制。

(二) 县级政府的决策

县长作为县委决策会议的成员,在县委常委会决策会议上就公共问题作出决定后,会召集相关县级政府成员就某项公共问题进行讨论并制定具体执行方案。因此,县域政府决策机制是县委决策机制的执行机制,涉及对县域内重大问题和各项工作的具体执行方案的制定,以及对相关单位执行责任的确定过程。

由于县委决策机制只对县域内重大的公共问题进行决策,并不是对全县范围内所有的公共问题进行决策。因此,县政府还需对全县范围内的其他公共管理事务进行决策。[2]

二 县域决策方式

决策会议是县域内最重要的集体决策方式,它主要包括县委常委会会议和县级政府常务会议。

(一) 县委常委会会议

县委常委会成员包括县委书记、副书记、县长、常务副县长、纪律检查委员会书记、组织部部长、宣传部部长等。县委书记是县域内党的"一把手",其在县域政治、经济、社会发展决策中发挥着至关重要的作用。县委书记的能力、素质往往会直接影响县域决策的质量。

一般而言,县委常委会的决策流程大致为:相关负责人介绍有关议题基本情况,然后由常委会会议进行讨论,最后由常委会集体决定,交由分

---

[1] 杨雪冬:《市场发育、社会生长和公共权力构建——以县为微观分析单位》,河南人民出版社,2002,第197~198页。
[2] 刘伯龙、竺乾威主编《当代中国公共政策》,复旦大学出版社,2000。

管常委负责执行。具体决策程序包括三个部分。第一，意见共识达成。在县委常委会会议决策之前，县委书记和其他常委会成员进行商议或者由县委书记委托相关常委会成员进行商议，交换意见、协调立场，基本达成一致，以此保证整个常委会议决策顺利进行。[①] 在确定会议议题之后，一般不进行临时动议。第二，相关议题汇报。相关常委会成员就某项议题简明扼要提出工作部署的意见。第三，议题决策讨论。议题讨论决策过程中坚持民主集中制原则，运用举手、投票等方式。对于因故不能出席会议的成员，要以书面形式提交意见，未到会的常委的意见或者表决并不计入投票。上述县委常委会的决策会议体现了集体决策的特征。

在县域治理过程中，县委常委会凭借其在县域内的权威领导地位，承担着重要的工作转化职责。县级党委政府为了推进县域经济和社会治理，通过县委常委会会议机制，将一般工作转化为中心工作，利用县委常委会权威和合法性来推进县域内工作，有学者将其界定为中心工作模式。[②]

（二）县级政府常务会议

县级及以上地方人民政府会议分为全体会议和常务会议。在全体会议闭会期间，常务会议成为政府日常工作中最高的决策机构和决策会议机制。县级政府的常务会议由县长、副县长、县级政府党组成员、县级分管领导以及办公室主任等成员组成。常务会议由县长召集和主持，县长因故无法参与的，由县长委托的常务副县长代理召集和主持。县级政府常务会议原则上每个月召开1~2次，参与会议人数要超过应参会人数的1/2，除固定的参与人员之外，在涉及重大社会问题决策时，也会将相关政府职能部门负责人、乡镇人民政府主要负责人作为临时列席人员。

县级常务会议的流程一般包括：第一，由相关职能或者乡镇政府部门的负责人汇报议题内容，列席单位人员就相关议题表达意见；第二，由主管议题单位的分管副县长表述补充情况，并表达意见；第三，与会其他成员表达自己的意见，最后由县长或者代理常务副县长拍板，表达自己的意

[①] 杨雪冬：《市场发育、社会生长和公共权力构建——以县为微观分析单位》，河南人民出版社，2002，第197页。

[②] 杨华、袁松：《中心工作模式与县域党政体制的运行逻辑——基于江西省D县调查》，《公共管理学报》2018年第1期。

见；第四，该议题结束之后，由县人民政府办公室将相关负责人带离会议室，下一个议题负责人列席并阐述自己的议题内容，所有会议议题表达和表决完毕后，常务会议基本结束。

第二节 县域政策执行机制

执行是将上级政府的政策具体化进而实现政策目标的过程。县域各类决策能够落地，中央和省市的政策能够在县域内顺利执行，都依赖于县域内有效的执行机制。所谓县域政策执行机制是指县域各级政府组织或个人采取不同手段和措施执行县域内决策内容的过程。因此，县域政策执行机制包括县域政策执行主体、执行内容和执行过程三个方面的内容。

一 县域政策执行主体

从政策行动主体视角来看，整个县域政策执行过程涉及三个主体，即县级政府、乡镇政府、村社组织。

（一）县级政府

县是一级完备的政权，除外交和军事权之外，县具备了全部的行政机构和功能，是国家治理的基本单元。在政策执行的过程中，县级政府承担的职能包括：一是公共政策的决策，根据县域范围内的实际和政策执行情况制定本地政策，结合实际和政策执行情况对国家政策进行调整和优化；[1] 二是政策转化，县级政府对上级政府政策的目标和内容进行政策转化，并制定精细化的执行方案等，使下级政府能够有效进行操作和执行；三是政策统筹，县级政府会对整个政策执行过程进行过程控制和结果考核，对乡村两级政策执行的情况进行督导检查，并配合精细化的考核指标体系对政策结果进行控制，实时调控政策执行的具体环节。可以说，县级政府是县域政策执行的决策者，执行过程中的资源统筹者和执行结果的考核者。

---

[1] 田先红：《县域政策共同体：理解中国公共政策过程的一个新视角》，《学海》2023年第4期。

(二) 乡镇政府

乡镇政府是国家行政体系的末端，是最低一级的国家政权。由于缺乏独立的人事和财政的权力，乡镇政府是不完整的政权。[①] 然而，乡镇政府又是县级政府政策转化之后，具体政策的落实者、执行者和被考核者。因此，乡镇政府执行县域政策就需要依赖县级政府对乡镇政府的资源供给和政策支持。在县级政策支持不足和治理资源紧缺的情况下，乡镇政府为了完成县级政府交办的各项中心工作，往往采取不变体制变机制的创新举措，[②] 如湖南中部乡镇的组线制、片线制，山东地区的管区制度等。可见，乡镇政府是县域政策转化后的具体执行者，在执行县域政策过程中具有较强的能动性和自主性。

(三) 村社组织

村社组织是村民（居民）自治的具体组织载体，具有法定的自治权。近年来，村社组织的行政化程度不断增加，越来越成为乡镇政府完成县域政策任务，积极宣传上级政策的重要力量。乡镇政府为了积极吸纳村社组织，推进干部驻村制度、异地干部调派制度等，同时，还制定精细化的考核制度对村干部完成工作的绩效进行考核。村社组织为了完成乡镇政府交办的各项工作，往往根据本管辖区域内的具体情况，采取结合社情伦理的方式具体执行相关政策。由上可知，村社组织是县域政策执行的重要力量，其执行行为兼具非正式性。

二 县域政策执行内容

县域执行主体根据法定的规章和制度，具体执行上级交办的各类任务，同时还根据本县域内的实际情况，制定和执行本县域内具体工作政策。根据执行内容的重要程度，县域党委政府的工作类型可以划分为常规工作和中心工作。

(一) 常规工作

县域常规工作是县域政府及其职能部门的日常业务性工作，具有长期

[①] 陈文琼：《富人治村与不完整乡镇政权的自我削弱？——项目进村背景下华北平原村级治理重构的经验启示》，《中国农村观察》2020年第1期。

[②] 杨华：《治理机制创新：县域体制优势转化为治理效能的路径》，《探索》2021年第5期。

性、经常性的特征。县域常规工作因政府部门承担的功能不同，而具有不同的工作内容，比如县教育局的常规工作与县财政局的常规工作内容具有较大差异性。县域内的常规工作已经常规化和一般化，常规的科层体制投入一定的资源就可以完成相关工作内容，并不需要全县范围内的政治动员。常规工作内容在县域政策执行过程中，占据了较大的工作比重。

（二）中心工作

县域中心工作是县级党委政府、县委书记重点关注的工作任务，具有高要求、全局性、政治性的特征。中心工作往往是重难点工作，工作内容涉及面较广，涉及主体较多，需要党委政府协调各个部门或者乡镇政府，集中全县的治理资源在固定的时期内完成。县域内的中心工作根据完成的时间长短可以划分为阶段性中心工作、长期性中心工作和短期性中心工作。如县域美丽乡村建设是阶段性中心工作，需要在一个时间段内集中全县资源完成，而招商引资工作是一些县域内重要且长期需要做的中心工作。

县域中心工作的来源不同，一般有以下几种来源：一是中央或省市党委政府对县级政府考核规定的任务；二是县域内重点或者涉及面较广的工作通过县委常委会、县政府常务会议决策形成的工作；三是县委书记重点关注，注意力高度集中的工作任务，体现了县委书记整体的治理方略和发展思路等。[①]

三 县域政策执行过程

（一）政治动员机制

所谓政治动员机制是县级党委政府通过协调议事组织或者联席会议机制将某项工作任务重点突出，依靠党的政治权威进行政治势能推动，以此完成各类中心工作和重点工作。[②] 县域政治动员机制往往与各种目标管理责任制联系在一起，即县级党委政府为了动员乡镇政府执行各类中心工作，往往要求乡镇政府签订目标责任书。县级政府通过目标责任书将中心工作的具体内容进行分解，并纳入相关工作绩效考核中，实现整个县域的

---

① 杨华：《事务分类与激励匹配：对基层"干部分流"现象的新理解》，《江西师范大学学报》（哲学社会科学版）2022年第2期。
② 田先红：《县域政策共同体：理解中国公共政策过程的一个新视角》，《学海》2023年第4期。

强动员。

一般而言，政治动员机制主要运用于县域中心工作的执行过程，而县域政府执行常规工作只需要依靠科层动员。当前县域内的目标制定权由县级党委政府掌握，县级党委政府为了更好推动各类中心工作，就在全县范围内制定统一化的执行规则，保障政策执行的一体性。但是这也导致县级部门工作越来越依靠县级党委权威推动，带有较强的政治属性。随着越来越多的工作任务需要自上而下的政治动员，从县到乡都试图通过建立领导小组、工作专班，将乡镇政府、村两委干部纳入议事协调机构中，将原来的常规科层动员转化为政治动员。

（二）行政包干机制

行政包干制是上级组织将任务、责任和权力下放给下级组织，下级组织可以自行安排完成任务的时间、方式和方法，同时也要承担相应的治理风险。[1] 在政策执行过程中，有效的政治和经济激励机制保障了行政包干制的运行。在县域中心工作执行过程中，县域行政包干制的典型表现形式就是领导包干制，即县级重要的中心工作都发包给县级领导。在乡镇政策执行过程中，也会经常看到行政包干制的身影，包括"钉子户"治理的包干、基层信访户治理中的"包保制"[2] 等。

行政包干制是一种非正式的执行机制，往往通过各类激励方式对乡镇级、村级组织进行组织动员，将责任和治理任务直接包干到人或者组织，防止基层治理冲突事件继续扩大。当然，行政包干制也是一种强化属地责任的制度安排，为了保证县域政策执行保质保量完成，县级政府会对乡镇政府的包干责任制的运行进行技术化监控。

第三节 县域考核机制

考核是政府部门重要的工作机制，一般指上级政府对下级政府或者个

---

[1] 欧阳静：《强治理与弱治理：基层治理中的主体、机制与资源》，社会科学文献出版社，2018，第105～106页。

[2] 田先红：《基层信访治理中的"包保责任制"：实践逻辑与现实困境 以鄂中镇为例》，《社会》2012年第4期。

人进行绩效考核，其目的是实现控制、评估和提升组织和个人的行政绩效。所谓县域考核机制是指县域政府及其职能部门制定详细的考核指标体系，通过多种考核方式对职能部门或者乡镇政府进行绩效评估、排名，对其产生一系列激励效应的工作机制。依此概念划分，县域考核机制主要包括县域考核主体、考核内容、考核方式、考核功能等四部分。

一　县域考核主体

县域内考核主体主要包括县级政府、县级政府职能部门。

（一）县级政府

县级政府考核主要是对政府职能部门和乡镇政府的考核。县级党委政府会内设综合考核工作领导小组（以下简称"考核办"）。考核办主要负责制定年度综合考评的考核规划、组织实施中期工作和考核结果的后期审核工作。考核办会抽调一部分县纪委、县委办等的工作人员成立工作组，对全县的职能部门、乡镇政府、工作人员进行整体年度考核。

（二）县级政府职能部门

县级政府职能部门考核主要是对县级职能部门和乡镇政府对应的条线站办所进行考核。县级政府职能部门更多根据自身的条线职能对其他职能部门协同完成相关任务的情况，对属地政府积极完成条线部门下派任务等的情况进行考核。同时，并不是所有的县级政府职能部门都有考核权。除去一部分重要的部门，如财政部门、发改委等，少部分担任县级重大的中心工作的牵头部门才会拥有一部分对其他部门的考核权。因此，在整个县域范围内，部门考核权是一种稀缺性的权力资源，对推动县域的部门中心工作具有重要影响。

二　县域考核内容

根据考核主体的不同，县域考核的内容也分为县域年度考核内容和条线部门职能考核内容。目标考核责任指标体系是县域年度考核内容重要载体。不同县市的目标考核责任指标体系不同，分值计算也有差异，有的是百分制考核指标体系，有的是千分制考核指标体系。无论考核指标体系差异多大，其所含考核内容均主要包括高质量经济发展指标、党的建设指标、文化发展指标、高质量教育发展指标等。县级政府考核指标体系更具有综合性、全面性和系统性。

县级政府职能部门考核内容以条线专项职能业务考核为主，也是以相关目标指标体系为载体，对相关考核指标进行赋分。以上海市金山区12345市民热线工作绩效考核为例，考核指标主要包括受理数量情况、先行联系情况、按时办结情况、诉求解决情况、市民满意情况等五项考核指标，其考核分值权重分别为0.05、0.2、0.2、0.25、0.3。由此可知，县域部门考核指标体系更加精细化、专业化和专门化。

三 县域考核方式

根据考核主体和考核内容的差异，县域考核方式可以划分为部门考核、综合考核、单项考核等三种方式。①

（一）部门考核

部门考核是县级政府职能部门对乡镇相关条线工作完成情况的考核。部门考核只有年终考核，但是为了完成上级政府交办的中心工作，相关职能部门会成立督导小组，对乡镇进行年度中期督导检查，检查结果也会直接影响年度考核绩效排名。部门考核时，负责业务的主管部门会抽查相关考核资料，听取乡镇领导汇报工作或者进行现场查看等。部门考核结果以年终考核排名的形式呈现，对表现比较好的乡镇，部门会给予较多的项目资金支持，而表现较差或者排名靠后的乡镇要在考核大会上检讨表态。②

（二）综合考核

综合考核由考核办或者考核小组来进行，一般每年只有一次，但是对于重点工作，县级政府还会进行季度或者月度的考核，同时也会强化对重点工作的督查考核。综合考核大多涉及中心工作完成的情况，与乡镇领导或者部门负责人的政绩相关，具有较强的政治性。③ 近年来，随着行政权

---

① 杨华：《县乡中国：县域治理现代化》，中国人民大学出版社，2022，第324页。
② 杨华：《县乡中国：县域治理现代化》，中国人民大学出版社，2022，第324~327页。
③ 杨华：《县乡中国：县域治理现代化》，中国人民大学出版社，2022，第327~330页。

集中化配置的转变，县域"多中心工作"模式的推行，[1] 县域内的综合考核内容也在不断增加。

(三) 单项考核

单项考核是县委领导为了突出某项重点工作，从综合考核内容中选择一部分工作内容进行单独考核。县级党委政府根据上级任务、县域发展目标、工作重点和县委书记推动的工作，明确5~8项单项考核工作。比如浙江宁波某区单项考核包括党建、生态保护、新型城镇化、农村人居环境、社会治理等五项内容。考核方式是由牵头部门成立专门的考核小组进行考核。此外，单项考核又分为年中考核、季度考核等，包括暗访、督查等考核手段。单项考核一般设置差异化的考核奖励机制，县级党委政府对于表现比较好的乡镇可能给予一定的单项奖金奖励，或者给予单项月度奖励，甚至有些县会将单项奖励设置为县级领导的政治评价。[2]

四 县域考核功能

(一) 县域考核的正功能

从工作机制角度来讲，县域考核的正功能体现了考核的正向激励效应。作为一种激励方式，县域考核通过全面而精细的考核体系明确和规范组织或者个人的职能，规范基层治理体系。县级政府通过明确任务目标，分解各类任务，对相关主体治理过程进行全过程约束，对相关治理行为进行纠偏，调动相关主体的工作积极性。由此，县级政府得以实现以考核促治理的目标。[3]

(二) 县域考核的负功能

县域考核的负功能体现为县域考核过程中会出现目标替代现象。县级政府推动中心工作越来越依靠督查考核机制，并借助严格的指标体系来推动工作开展。这会导致乡镇政府或者县级政府职能部门面临较大的县级政

---

[1] 仇叶：《行政权集中化配置与基层治理转型困境——以县域"多中心工作"模式为分析基础》，《政治学研究》2021年第1期。
[2] 杨华：《县乡中国：县域治理现代化》，中国人民大学出版社，2022，第333页。
[3] 吴晓林、白一媚：《以考核促治理：基层治理专项考核的效能转化机制——来自四川省宜宾市的考察》，《华中师范大学学报》(人文社会科学版) 2022年第5期。

府的考核压力，相关主体为了完成考核指标，会采取一系列策略行为，比如将完成数字指标作为治理的最终目标，或者制造大量的虚假数字。正是县域考核的泛化，导致基层陷入不同形态的形式主义，包括留痕型形式主义、数字形式主义、迎检式形式主义等，极大地弱化了基层治理效能。

第四节 县域问责机制

问责概念具有广义和狭义之分，从广义上来讲，问责是一种普遍的社会关系形式，存在于许多社会环境和社会关系之中，属于一般问责。[1] 广义上的问责既包括正式问责，如行政问责、政治问责等，也包括非正式问责，如民众问责、网络问责等。从狭义上来讲，问责与公共行政联系在一起，被视为一种行政结构和治理方式，即行政问责。[2] 本部分侧重从狭义的角度来理解问责。行政问责是指法定主体对行使公共权力的组织与个人在履行法定职责以及绩效等方面实施监督、质疑与责任追究的制度规范。[3] 县域问责即指问责主体基于相关责任内容采取多维问责方式对行使公共权力的个人和组织进行过程性和结果性的监督和责任追究。

一 县域问责主体

从广义上来讲，县域政府问责体系既涉及横向上的党委、政府、人大、司法机构和政协，也涉及纵向上县级政府和乡镇政府。[4] 因此，从县域政府体系层面角度来看，行政问责主体包括行政体系内问责主体和行政体系外问责主体两种。

（一）行政体系内的问责主体

从横向政府体系上来讲，行政问责的主体包括行政领导、同级的政府

---

[1] 宋涛：《行政问责概念及内涵辨析》，《深圳大学学报》（人文社会科学版）2005年第2期。
[2] 宋涛：《行政问责概念及内涵辨析》，《深圳大学学报》（人文社会科学版）2005年第2期。
[3] 姜晓萍：《行政问责的体系构建与制度保障》，《政治学研究》2007年第3期。
[4] 樊红敏：《转型中的县域治理：结构、行为与变革——基于中部地区5个县的调查》，中国社会科学出版社，2013，第15~16页。

职能部门、行政监察部门、审计部门等。从纵向政府体系上来讲，行政问责主要是指上级政府对下级政府的问责。因此，在行政问责体系中，问责主客体是相对的。问责客体是指对相关执行的事务作出解释、承担问责后果的责任机构或者组织成员。

整个行政问责体系的良性运作取决于行政问责主客体之间的平衡。行政问责主体与客体基于制度安排，各司其职，良性互动，才能实现制度规定的目标，保证政府秩序和社会关系的稳定。相反，主客体之间关系失衡，问责主体借用问责体系强化组织支配意志，满足自身利益，则会引发制度失序，降低行政效率。因此，在行政体系内，保持良性的问责运作和秩序需要坚持权责一致的原则。

（二）行政体系外的问责主体

行政体系之外的问责主体主要是指除行政机构之外的权力机关、执政党、参政党、社会力量等，也有学者将其界定为异体问责，即行政系统外部对行政系统内部的问责。[1] 行政体系之外的问责主体可以基于法律法规、党纪等，对掌握公共行政权力的组织或者个人进行制度性、正式性的问责。行政体系外的问责主体的多样性保证了整个县域政府政策执行的科学性、民主性和有效性，是我国建设中国式的民主政治的重要组成部分。如各级党组织对党政干部实施的监督、质询。党组织自身通过组织纪律对组织成员的违规行为进行问责和处罚，保证党政干部行政行为的廉洁性。《宪法》和《地方组织法》都对权力机关对行政机关的监督和问责作了相关规定。司法机关主要通过行政诉讼、民事诉讼和刑事诉讼等方式对行政机关及其工作人员进行责任追究。

二 县域问责内容

所谓问责的内容是指问责主体向问责客体或者问责对象"问什么"。问责主体在对行使公权力的组织或者个人进行监督的过程中，发现组织或者个人有违反宪法法律、行政法规、渎职、拒绝履行职责等行为的，依法依规对其问责。问责内容不同，问责的力度也不同。

---

[1] 卢智增：《我国地方政府异体问责机制研究》，武汉大学出版社，2020，第21页。

2009年中共中央办公厅、国务院办公厅印发《关于实行党政领导干部问责的暂行规定》中指出有以下情形之一的,对党政领导干部进行问责:决策严重失误,造成重大损失或恶劣影响的;因工作失职,致使本地区、本部门、本系统或本单位发生特别重大事故、事件、案件,或者在较短时间内连续发生重大事故、事件、案件,造成重大损失或者恶劣影响的;政府职能部门管理、监督不力,在其职责范围内发生特别重大事故、事件、案件,或者在较短时间内连续发生重大事故、事件、案件,造成重大损失或者恶劣影响的;在行政活动中滥用职权,强令、授意实施违法行政行为,或者不作为,引发群体性事件或者其他重大事件的;对群体性、突发性事件处置失当,导致事态恶化,造成恶劣影响的;违反干部选拔任用工作有关规定,导致用人失察、失误,造成恶劣影响的;其他给国家利益、人民生命财产、公共财产造成重大损失或者恶劣影响等失职行为的。

除国家出台对党政干部问责的相关规定之外,地方政府也会根据本地区实际出台相应的行政问责办法,并详细列出行政问责的相关内容。如2009年《铜川市王益区人民政府行政问责暂行办法》中指出,行政问责对象在行政决策和行政管理工作中,有下列情形之一的实施问责:不按决策程序和规定决策,超越权限擅自决策,重大决策应进行廉政风险评估而未进行的;发生滥用职权、徇私舞弊、失职、渎职等严重违法违纪行为,或对严重违法违纪行为不管不问,甚至包庇、袒护、纵容的;因疏于管理或处置不当,引发集体上访或其他大规模群体性事件,造成不良社会影响的;对重大安全事故、自然灾害及其他突发公共事件不及时向上级请示报告,未及时有效进行处理或防范、救援、救治不力,以及弄虚作假、隐瞒真相的;因决策失误,造成重复建设、资源浪费、重大人员伤亡、重大经济损失、生态环境破坏或环境严重污染的。

三 县域问责方式

县域问责方式是指问责主体如何根据问责内容相关规定对被问责对象进行问责,也就是"如何问"。根据问责的程序,问责主体对相关问责对象进行责任追究。一般而言,县域问责方式包括通报、诫勉谈话、停止领导职务等,近年来也出现了新的问责方式,如绩效问责等。

《中国共产党问责条例》中指出对党的领导干部的问责，根据危害程度以及具体情况，可以采取以下方式。一是通报。进行严肃批评，责令作出书面检查、切实整改，并在一定范围内通报。二是诫勉。以谈话或者书面方式进行诫勉。三是组织调整或者组织处理。对失职失责、危害较重，不适宜担任现职的，应当根据情况采取停职检查、调整职务、责令辞职、免职、降职等措施。四是纪律处分。对失职失责、危害严重，应当给予纪律处分的，依照《中国共产党纪律处分条例》追究纪律责任。

除此之外，相关地方政府也根据本地实际细化行政问责方式，如2009年《铜川市王益区人民政府行政问责暂行办法》中指出凡被实施问责的对象，采取下列方式追究责任：诫勉谈话，责令整改；责令作出书面检查；通报批评或通过媒体向社会公开道歉；取消评先评优资格；离岗培训或调离工作岗位；责令辞去或建议免去领导职务。

四　县域问责偏差

随着中央及其地方问责制度的不断完善，问责力度也不断加大，问责取得了一定的成果。但是问责实践中也出现了一些偏差问题。所谓问责偏差是指问责过程中问责行为与问责目标不一致，包括问责异化、问责滥用等。[1] 这些问责偏差不仅影响问责体制的权威性，同时也影响行政效率。

问责是根据相关责任主体的履职情况进行责任认定和处置。但是，随着问责力度的增大，问责过程中不断出现避责现象。问责和避责是相伴而生的，问责压力过大可能会引起基层干部在政策执行过程中采取不同的避责策略，导致基层干部不敢为、不作为，降低县域治理效能。

---

[1] 谷志军：《问责乱象的生成机理及精准治理》，《深圳大学学报》（人文社会科学版）2021年第2期。

第十二章　县域依法治理机制

依法治国是国家治理的基本方略。党的十八大以来，全面依法治国被纳入"四个全面"战略布局，以此全面推进法治中国建设。"郡县制，天下安"，县级政权是法律法规、国家政策的重要执行者，几乎所有的法律法规、国家政策都要在县域落地。另外，县域也是国家与社会的接合处，我国有超过半数的人口生活在县域，县级行政、执法、司法等机构都直接与人民群众打交道。因此，县域能否严格依法治理事关全面依法治国战略的实施，也事关人民群众的切身利益。本章从县域依法治理的内涵、依法治理的方式以及县域综合执法体系改革实践三个方面来阐释当下县域依法治理机制。

第一节　县域依法治理的内涵

县域依法治理是指县域内的所有治理活动均要严格依照法律法规开展，治理主体将法律法规视为最高行动准则，能够利用法治思维、法治方式推进县域治理实践。具体而言，一方面，县域治理主体应当在法定职责范围之内实施治理，遵循"法无授权不可为"的原则，切实将法治落到实处；另一方面，县域治理主体应当在法定程序之下实施治理，杜绝恣意专断的人治，在遵循法律程序的前提下保障县域内各项事业的全面发展。

一　严格依照法律规则实施治理

根据《宪法》，中华人民共和国的一切权力属于人民，人民行使国家权力的机关是全国人民代表大会和地方各级人民代表大会。由县级人民代表大会所产生的县级政权的权力来源于人民，理应对人民负责，接受人民的监督。县域政权严格遵照法律法规开展治理实践是宪法原则的应有之义，也是充分尊重人民权力的体现。在我国，法律规则是人民意志的凝聚，是各地方政府应当遵守的底线原则。除此之外，法律规则所固有的确定性、稳定性、普适性特征能够保障县域各项治理活动稳定有序开展。在实践中，县级政府在行政或执法的过程中容易出现权力扩张、权力滥用的现象，不仅会损害人民的合法权益，更会损害政府的公信力。

县域政府严格依照法律规则实施治理能够杜绝公权力扩张、特权泛滥的现象，从而维护公民的合法权益。在新时代，我国法治建设进程不断推进，政府依法行政成为主流。但是官本位思想、官特权思想依然存在，官员以权谋私、公权私用的行为仍有发生。县域严格依法治理能够有效约束权力，促使县级各行政官员合法行使公权力。另外，公权力具有天然的扩张性，其势必会对公民权利造成挤压，甚至会损害公民的合法权利。而法律规则能够平衡公权力与公民权利之间的关系，"法无授权不可为"的公权力行使原则使得公权力能够尊重公民权利。尤其是在县域范围内，各行政部门多是直接与公民打交道的，行政部门能否依法行政、依法执法事关公民的切身权益。

县域政府严格依照法律规则实施治理能够确保"政出于法"，杜绝县域政府的"乱作为"和"不作为"。作为地方政府的典型代表，县域政府需要发挥积极性和主动性，推动县域内经济、文化、社会等全方位发展。但是县域政府的积极性、主动性必须建立在合法合规的基础之上，不能为了眼前的政绩而损害人民的利益。在"唯GDP"的治理模式之下，在项目引进、开发区建设、旧城改造等项目中"先建后批""先斩后奏"的现象时多有发生。另外，在国家监督体系日臻完善的当下，党内巡察监督、政府责任监督更加制度化、规范化，少数政府部门遵循"少做少错，不做不错"的原则消极行政。上述县域政府积极过头的"乱作为"，以及消极避责的"不作为"现象都是不严格依照法律规则实施治理的表现。

由以上分析可以看出，依法治理能够克服公权力泛滥、特权滥用、政府"乱作为"和"不作为"的治理乱象。应该如何做到依法治理？依法治理的内涵有哪些？首先，县域范围内任何公权力的设置都应基于法律规则，这是国家权力源于人民的宪法原则的体现；其次，任何公权力的实施都应在法律规定的范围内行使，不能恣意违反法律规定；最后，任何违反法律规定的行政行为都应宣告无效，应由人民法院、上级行政机关等予以撤销。另外，县域政府依法治理中的法是广义中的法，包括法律、地方性法规、行政规章等，政府部门在治理中要切实做到有法必依、违法必究。而且，县域依法治理是政府全过程都要遵循法律规则，县域政府要做到依法决策、依法行政、依法监督，使县域的一切治理活动均在法律规则的规定下开展。

二 在法定职权范围内实施治理

县域依法治理的首要内涵是"治官"，即县级政府部门、政府官员要在法定职责范围内开展治理活动。这包括两方面的内容：一是各政府部门必须履行法律规则规定的职责，"法若授权必须为"；二是各政府部门绝对不能做法律规则所禁止的事项，以及不能超出法定职责范围实施治理活动，"法无授权不可为"。以上两方面的内容体现了"国家（公权）—个人（私权）"之间的关系。政府严格履行法定职责，其本质是通过增益公共利益来促进社会发展，从而维护公民权益；而政府部门严格依法约束自身行为，履行"法无授权不可为"的原则是尽可能降低公权力的实施挤压、侵犯公民私权的风险。由以上两点可以看出，法律规则对行政部门的授权或约束，其根本目的都是维护公民的私权。当然，在实践中，公权力的实施有时会与公民私权产生冲突，此时在缺乏法律规则时，不能以牺牲私权为代价来满足公权力的需求。

具体而言，县域政府各部门的职责范围是由宪法、法律、地方性法规、部门规章等不同层级的法律规则所规定的。《宪法》第107条提出，县级以上地方各级人民政府依照法律规定的权限，管理本行政区域内的经济、教育、科学、文化、卫生等行政工作，乡镇人民政府执行本级人民代表大会的决议和上级国家行政机关的决定和命令，管理本行政区域内的行政工作。《地方组织法》则明确规定了地方各级人民代表大会、县级以上的地方各级人民代表大会常务委员会、地方各级人民政府的主要职权、生成方式等。以上两部法律对地方各级人民政府的性质、职权等作了根本性、原则性的规定。另外，行政法规及部门规章对各职能部门的权责范围予以更为明确的规定。比如，由国务院制定并颁布的《物业管理条例》，由住房和城乡建设部制定的《业主大会和业主委员会指导规则》，对县级以上人民政府房地产行政主管部门的职责也有相应规定。除此之外，《行政处罚法》《行政许可法》《行政诉讼法》等法律也对县级以上地方政府的职权范围予以规定。

当然，在强调县域行政部门要依法治理的同时，也要看到法律法规的局限性。法治并非万能，法律法规本身的滞后性使其往往落后于社会发展，法律法规不可能对政府所有行为都予以明确规定。另外，县域作为国家治理最前线，治理事务纷繁复杂，而且充斥着各种非规则性、非形式化的事务，这本身就与规则化、形式性的法律规则之间存在张力。如果仅要求地方政府依法行事，也有可能会出现"实质非正义"的情况。因此，法律的局限性以及治理事务的复杂性实质上赋予县域政府部门一定的自由裁量权。在理想情况下，这种自由裁量权使得县级政府部门能够灵活高效地完成治理任务。当然，自由裁量权不能被滥用，其一方面要在法律规定的幅度和范围之内，符合现代法治的目的和精神。另一方面自由裁量权的行使要具有合理正当性，要符合人情常理、道德习惯等社会规则的要求。

三 在法定程序之下实施治理

在全面推进依法治国的当下，坚持程序的正当性尤其重要。从韦伯关于法律理想类型的划分来看，我国传统社会的法律属于实质非理性类型，法律规则不具有稳定性，行政及司法过程不具可预测性。[①] 虽然韦伯的归纳失之偏颇，但是也正确地指出我国传统社会法律对实质正义的追求高过对形式正义的追求。这一点在农村社会尤其突出，而县域属于城市与农村交融的复杂空间。基于此种社会生态，县域人民对实质正义仍有较高的期待。这对县域政府能否严格依照程序行政执法提出了一定的挑战。

---

① 〔德〕马克斯·韦伯：《法律社会学：非正当性的支配》，康乐、简惠美译，广西师范大学出版社，2011，第233页。

程序正当性是现代科层制的基本要求，也是推进法治建设的重要原则。县域的各项治理活动应当严格遵循法律规定的程序要求。在法定职权内实施治理是对公权力行使的实体内容予以约束，而依照法定程序实施治理则是对公权力实施的过程予以关注。行政部门依照法定程序行政或执法，一方面能够减少公权力实施对公民权利造成的损害，确保公民权利得到维护。另一方面，正当的程序本身就具有独立的价值。正当的程序能够赋予每一位公民平等的机会和地位，按程序行政或执法，能够消弭行政主体与行政相对人之间的冲突。程序正义并不一定能够实现实质正义，但是程序的非正义必定导致实质非正义。正如罗尔斯所指出的，虽然"纯粹的程序正义"可能存在诸多瑕疵，但是其仍应该是追求实质正义的首要选择。①

在治理的过程中坚持程序正当性，首先要遵循行政公开的原则。一方面，县域行政部门在行政或执法的过程中，应当及时公布行使职权的法律依据，在"师出有名"的前提下开展治理活动；另一方面，行政部门应当公开行政信息，相对于公民而言，政府具有绝对的信息优势，只有主动公开必要的行政信息才能保障公民的知情权。其次，坚持程序的正当性要求行政部门充分保障当事人的参与权和救济权。一般而言行政决策是由政府部门作出的，但这不意味着公民不能参与决策。在进行决策之前，要充分向社会征求意见，践行民主决策的原则，在决策作出之后也应当向全社会公布。另外，行政机关在执法的过程中，应该充分听取利害当事人的陈述和申辩，告知其具有的权利和义务，并充分尊重利害当事人申请行政复议和行政诉讼的权利。

第二节 县域依法治理的方式

县域依法治理要求不同部门在法律规则、法定程序之下各司其职，严格依法履行自身职能。具体而言，县域依法治理可表现为决策机关依法决

---

① 〔美〕约翰·罗尔斯：《正义论》，何怀宏、何包钢、廖申白译，中国社会科学出版社，1988，第351页。

策、行政机关依法行政、监督机关依法监督。

一 决策机关依法决策

根据《地方组织法》第 11 条第 3 款、第 50 条第 4 款的规定，县级以上的地方各级人民代表大会及其常务委员会具有讨论、决定本行政区域内的政治、经济、教育、科学、文化、卫生、生态环境保护、自然资源、城乡建设、民政、社会保障、民族等工作的重大事项和项目的职权。另外，根据第 12 条第 3 款的规定，乡镇人民代表大会同样具有根据国家计划决定行政区域内的经济、文化事业和公共事业的建设计划和项目的职权。由此可见，县域范围内的各级人民代表大会是重要的决策机关，是我国人民民主的重要表现。县级、乡镇人民代表大会依法决策首先要按照法律规定的时间召开会议，充分行使自身审批本级发展纲要及规划，讨论决定本行政区域内重大事项的权利。当然，由于人民代表大会召开的时间间隔较长，在人民代表大会闭会期间，人民代表大会常务委员会、乡镇人大主席团应依法履行自身职责，在自身职责范围之内履行好询问、质询以及听取人民政府工作报告等逐项职责，确保各项法律法规以及上级人大及常委会的决议的执行。

根据党章第 26 条的规定，党的地方各级代表大会可以讨论本地区范围内的重大问题并作出决议。另外在党章第 33 条规定，街道、乡、镇党的基层委员会和村、社区党组织，统一领导本地区基层各类组织和各项工作，加强基层社会治理，支持和保证行政组织、经济组织和群众性自治组织充分行使职权。可以说，在县域范围内，县党委、乡镇党委是地方发展建设的绝对领导者。党委的全面领导不仅体现在对重要事项的决策权方面，甚至会深入地介入政府的行政过程之中，尤其是在乡镇层面，党委的全面领导作用更加凸显。[①] 不同于西方的政党体制，中国共产党是国家及政府的创建者，党的合法性来源于人民，具有回应人民合法性需求的天然责任，因此县级党委组织往往会利用政治统合机制，将县域内重大事项转化为中

[①] 杨华：《县乡中国：县域治理现代化》，中国人民大学出版社，2022，第 43 页。

心工作来推进。① 而且，中国共产党利用自身领导权来统合政治、社会各方面的资源推进国家全面发展，这是我国实现超越式发展的关键路径。

由以上的分析可见，县级人民代表大会、党委组织都具有重大事项决策权。从法律赋予的职权性质来看，县级党委决策权与县级人大决策权的目的都是促进县域内经济社会的发展，维护人民的根本利益。在县域治理实践中，党委部门的决策具有及时、高效的优点，但"特事特办""政治挂帅"的决策形式容易使法律规则的要求遭到忽视。人大决策能够充分发扬人民民主，决策的内容和程序也更符合法律规范，但人大决策也存在决策周期长、应变性不足的劣势。应该如何调和两者之间的关系，让县域范围内的决策既能科学高效，又能依法依规？首先，县级党委应当依法依规进行决策，不能为了短期目标而逾越法律底线，而要更多地以法治思维进行决策。其次，县级党委应当充分重视和尊重人民代表大会的决策权，不能将其视为自身"下属部门"，更不能以政治思维来压制人民代表大会的决策权。县级党委应当将自身决策提议通过县级人民代表大会进行规则化、制度化，这不仅能够减少县级党委决策的短视性和不稳定性，而且能够促进县域治理的法治化和规则化。

二　行政机关依法行政

政府机关是我国各项法律规则、政策的主要执行者，依法行政、严格执法是我国政府机关的首要原则。在我国，政府的行政权力来源于人民，政府的各项职能是由法律规则所授予的。从法理层面来看，科层制政府的权力来源于法律规则，是法理性权威的典型代表，② 令行禁止、依法履职也是确保政府行政管理高效运转的前提。我国绝大多数的法律法规需要政府去履行，政府机关依法行政是推动全面依法治国的关键。另外，县级政府是拥有执法权的最基层机构，需要承担繁重的执法任务。

而在实践中，部门设置不合理、部门职能界定不清晰、部门权力责任

---

① 欧阳静：《政治统合制及其运行基础——以县域治理为视角》，《开放时代》2019年第2期。
② 〔德〕马克斯·韦伯：《支配社会学》，康乐、简惠美译，广西师范大学出版社，2010，第19页。

不对等的状况依然存在，组织结构的不合理使得政府难以真正依法行政，甚至出现责任推诿的"踢皮球"乱象。在执法方面，由于部门执法权边界不清晰、执法体制不顺畅、执法人员法治意识不强等原因，部分县级政府部门执法也存在执法不严、选择性执法、乱执法等现象。促进县级政府依法行政、严格执法首先要进一步优化政府部门设置、明确各部门的权力边界，减少政府部门权责不清晰带来的行政困境。其次要建立行政部门权力清单制度，规范政府行政权力的实施。在无法律授权的情况下，政府部门不能私自设定法外权力，更不能进行权力寻租，损害公民或其他社会组织的合法权利。最后应进一步优化行政执法体制，推动综合性执法体制改革，将县域执法纳入统一的制度和结构之中。另外，在县域执法权下沉的改革中，应根据县域的经济社会文化特征，探讨多元的执法类型和执法模式，比如下派式执法、委托式执法等。

第三节　县域综合执法体系改革实践

一　县域综合执法体系改革的界定

综合执法体系改革是对原来的行政处罚过程中的机构多重、多头、重复执法等执法困境进行应对。《法治政府建设实施纲要（2021—2025年）》指出，要深化综合执法体制改革，县一级实施"局队合一"体制，乡镇实现一支队伍执法。县域综合执法改革既要落实国家综合执法改革的顶层设计，又要兼顾地方发展实际的底层逻辑。

全国县域经济发展水平、发展资源、人口结构等方面的差异性导致县域综合执法的内容和综合执法的速度具有差异性。但是我们可以从整体视角出发观察当前县域综合执法改革具体的内容和存在的问题，进而为当前县域综合执法改革体系提出相应的建议。

二　县域综合执法体系改革的内容

县域综合执法体系改革的目标是建立整体性的行政执法体系，其具体改革内容包括三部分。一是整合执法权限。随着市场经济发展和城镇化发展,城市管理的相关事项越来越综合化和复杂化,为了保证城市管理事项的整体性治理,某些县域制定了相应的综合行政执法事项清单,依靠相应的执法清单使执法权限进一步清晰化。二是整合执法资源。县综合执法部门进行整体性改革,将综合执法局和城管局进行合署办公,甚至成立镇街综合执法中队。随着组织体系的完善,相关执法人员的编制也下沉到镇街执法中队中。在县综合执法局内部,按照职能专业化要求,加强对相关住建、卫生、民政等部门执法力量的专业化建设。三是下沉执法力量。根据不同的镇街的发展实际,使县综合执法局内部人员力量下沉到镇街,并将相关执法事权赋权到镇街的执法中队,发放执法证书。如江苏某些县探索出"片区分派+赋权"模式,由县综合执法局直接下派事权到各个镇街,执法人员以执法中队成员为主。

城市管理执法改革的方向是数字化执法,推进全域封闭式执法。一是数据汇集。东部发达地区的县市城管执法依靠大综合一体化平台,不断开发执法处置界面平台,并融合数字城管、民情系统等平台,打造多场景的智慧型数字执法机制,将相关省市县乡的数据直接融合到统一的综合执法平台。二是平台智办。随着数字化技术大量应用到城市管理中,数字化执法平台越来越强调平台上的执法闭环,形成从发现到处置、回应的全闭环的行政执法体系。三是数字监督。为了保障各个数字化执法平台的有效运转,部分地区在全县范围内建立了数字化监督评价机制,开发了数字化监管场景,为数字化执法提供信息、数据和算力的支持。

三 县域综合执法体系改革的困境

一是"执法失衡"。一方面执法事项量多责大,综合执法改革将环保、卫生、住建等部门的相关事务下放到镇街,并将相关编制和人员下沉到镇街。但是目前相关城管部门的改革只是将事权和人员下放到相关镇街,原来的镇街城管执法中队转变为镇街综合执法队伍,执法事项大大增加。有的乡镇的执法事项从原来的290项变成了500多项,下放事项增多带来的后果就是城管部门超负荷执法。另一方面随着执法事项的增多,对执法人员的专业素养的要求也有所提高,但是大部分执法人员是由原来的城管执法人员转变过来的,专业素养不足。这就导致县域城管执法改革需要花费较大的成本对相关城管人员进行专业化的培训。尽管培训力度不断增大，但是城管执法不规范行为仍然存在，这导致相关案件处置超时、滞留案件变多，基层执法超载。

二是"执法冲突"。县域城管执法改革存在职责不清的情况，某些县域城管改革尽管有相应的城市管理改革文件作为遵循，这些文件明确了相应的行政处罚事项和职责归属。但是在具体执法过程中仍存在执法主体和执法责任相分离、执法主体和执法规则体系相互冲突的问题。比如，在处置相关拆违过程中，违建定性是由自然规划局来进行的，认定之后的执法相关权限还是由相应的职能部门掌握。镇街作为执法主体，其本身并不具备执法权限，相反还是需要由县级政府职能部门授权。

三是"执法壁垒"。从县域城镇执法改革来看，执法改革并没有统一标准，这就导致许多部门执法信息并不能够共享，造成执法人员的执法困扰。除了执法标准无法统一之外，在执法平台管理权限方面也存在障碍，乡镇政府无法统一管理相关执法管理平台，甚至某些乡镇直接自设执法平台，替代县级政府执法部门平台。执法平台存在层级性也导致部分执法部门同时接受多个职能部门的考核和监督，造成多头部门管理进而影响城市管理综合执法效能。

第十三章 县域监督监察机制

第一节 县域监督监察概述

一 县域监督监察的含义

县域监督监察是包含县域政治监督、行政监督与社会监督三个方面的监督监察。县域监督监察可以概述为各类监督主体依法对县域政府及其工作人员行使权力行为是否合法、合理进行指导、协调、监察和督导。

县域监督监察具有以下特征。

其一，监督监察主体具有多样性。县域监督监察主体包括党委、政府、人大、政协、社会组织以及人民群众等。县级政府作为机构完备、功能齐全的基层政府其监督机制完整，监督主体广泛，既具有完整的政治监督、行政监督，又具有广泛的社会监督。

其二，监督监察对象具有特定性。县域监督监察的对象是县域范围内的党政机关及其公务人员。

其三，监督监察内容具有广泛性。县域监督监察的内容包括：县域党委政府及其公务人员是否认真贯彻落实党的路线、方针、政策，是否认真执行县域人大及其常委会的决议、决定，是否认真执行上级行政机关的决定、命令、指示，行政活动是否符合县域人民的利益福祉，行政行为是否合理、合法，公务人员是否有失职渎职、行贿受贿等行为。

二 县域监督监察的类型划分

县域监督监察体系建设较为完备，监督监察机制较为健全，监督主体多元，监督范围广泛，监督内容全面。按照不同的监督监察划分标准可以有不同的分类。

（一）以监督性质为标准划分

1. 政治监督

政治监督是"政治主体之间监视、控制和制衡的一种权力关系，是实现政治分权与权力整合的协调机制"。[1] 县域治理中的政治监督既包含县级人大、县级政协的政治监督，也包含县级党委依据党内法规条例进行的政治监督。

2. 行政监督

行政监督是"行政机关内部上下级之间的监督，以及行政系统内部专设的行政监察机关和审计机关对行政机关及其公务人员的监督"。[2] 县级政府及其公务人员既要接受行政系统内部自设的监督监察机关的监督，又要自觉接受国务院、省级政府及市级政府等上级机关的监察和督导。

3. 社会监督

社会监督是指"社会舆论、社会团体或者公民对国家机关及其工作人员的行政行为进行的监督"。[3] 社会监督具有非规范性、非程序性、非组织性等特性，因此县域治理中的社会监督更为广泛和普遍。

（二）以监督监察主体的职责为标准划分

1. 一般监督

一般监督是"行政机关内部按照隶属关系和其他关系而进行的监督"。[4] 一般监督是双向性监督，既有自上而下的监督，也有自下而上的监督。自上而下的监督主要是通过上级行政机关对下级行政机关及其公务人员工作考核、工作检查、工作指导以及计划核准等方式进行，而自下而上的监督主要是通过下级行政机关及其公务人员对上级行政机关申请复议、提出批评以及建议等方式进行。在县域监督监察中，行政机关内部自

---

[1] 陈国权：《政治监督：形态、功能及理论阐释》，《政治学研究》1998年第4期。
[2] 全国干部培训教材审定指导委员会组织编写《公共行政概论》，人民出版社，2002，第241页。
[3] 吴丕、袁刚、孙广厦：《政治监督学》，北京大学出版社，2007，第251页。
[4] 吴春华主编《行政管理学》，南开大学出版社，2008，第251页。

上而下的监督更为频繁和普遍。

2. 专门监督

专门监督是"行政机关内部设立的专门行政监督机关对行政工作实行的监督"。[①] 县党委政府设立县监察委员会、法制办等专门监督监察机关对县域内的其他行政机关及其公务人员是否贯彻执行国家法律法规、政策以及决定、命令,是否存在违反国家法律法规、党纪、政纪等行为进行监督检查。

3. 特种监督

特种监督是"行政管理主体内部依法对某种专门的行政管理活动进行的专业性监督"。[②] 在县域监督监察中,诸如县审计局、县生态环境局、县发展改革局等部门针对相应的领域进行专业化的监督。县审计局对县域经济活动进行控制和管理,监督财经纪律。县生态环境局负责县域生态环境问题的统筹协调和监督管理。

(三) 以监督时间为标准划分

1. 事前监督

事前监督是在行政活动开展之前对行政决策、行政规划、实施方案等进行审查监督。县人民代表大会对县政府下一年的各项计划进行审议、对县域内重大事项进行事前公示、针对特定问题召开听证会等都属于事前监督。

2. 事中监督

事中监督是在执行政策过程中对执行机关及其公务人员进行的行为监督。通过对日常工作的检查和考核来监督和督促行政主体执行决策规划和工作计划。县级人大常委会听取县级政府及其职能部门的工作汇报,视察、调查、走访等活动,上级行政机关对特定工作的中期考核等都属于事中监督。

3. 事后监督

事后监督是政策执行过程完成后对政策执行结果进行的监督。检查政

[①] 刘文军、李顺广、张保明、张存俭等:《县级行政学》,中国劳动出版社,1991,第419页。

[②] 夏书章主编《行政管理学》,高等教育出版社,2008,第371页。

策预期目标是否实现，政策过程是否合理、合法。县级人民代表大会对县级政府过去一年的各种工作进行审议就属于事后监督。

（四）以监督结果为标准划分

1. 督促性监督

督促性监督是"对国家机关及其工作人员的工作采取有关监督措施，督促其积极工作，恪尽职守，提高效率或改进某项工作"。① 在特定问题上县级人大提出质询和询问，社会公众主动询问、提出建议等都属于对行政机关及其公务人员的督促性监督。

2. 改进性监督

改进性监督是"对国家行政机关及其工作提出改进措施，以确保国家宪法、法律、党的路线方针政策和行政管理目标的实现"。② 县级政协发挥自己的界别优势去调研、考察、走访并向有关部门提出意见和建议，共青团、妇联、工会等群众团体以书面文字或口头言语等方式向县级政府及其有关部门提出要求、建议或批评等都属于改进性监督。

3. 惩处性监督

惩处性监督是"对国家行政机关及其公务人员采取惩处措施，追究其行政责任或刑事责任，以实现对国家行政机关及其公务人员的监督和教育"。③ 县级人大罢免公务人员、县人民检察院对违法的公职人员提起公诉等都属于惩处性的监督。

（五）以监督行为为标准划分

1. 合法性监督

合法性监督是"对行政机关及其公务人员在行使职权过程中实施的行为是否合法所进行的监督"。④ 其目的在于减少可能发生的违法行为以及纠正正在发生的违法行为。在县域监督监察体系中，县级人大对县政府出台的文件进行合法性审查，县级法院、检察院对行政机关及公务人员的监督等都属于合法性监督，确保行政行为符合法律规范，行政权力在法治

---

① 徐双敏、李明强主编《行政管理学》，中国人民大学出版社，2020，第139页。
② 徐双敏、李明强主编《行政管理学》，中国人民大学出版社，2020，第139页。
③ 徐双敏、李明强主编《行政管理学》，中国人民大学出版社，2020，第139页。
④ 章剑生：《行政监督研究》，人民出版社，2001，第147页。

轨道上运行。

2. 合理性监督

合理性监督是"对有关部门或个人是否按照客观规律和科学原则办事，是否公正、适当进行监督"。[1] 在县域监督监察体系中，对县域行政机关的行政行为是否符合本县域的实际情况进行审查，对行政规划是否符合人民群众的利益、福祉进行监督等都属于合理性监督。

三 县域治理中监督监察的必要性

（一）规范公共权力的需要

公共权力具有权威性、支配性、排他性、扩张性以及一定的腐蚀性，若其不受制约和监督，则很容易被滥用，甚至导致权力异化。县域治理过程中，县域内的任何违法或不当的权力行使都可能会直接影响甚至侵害到人民的利益，因此对县域范围内的公共权力进行监督监察使其被规范行使关乎人民的实际利益与福祉。

（二）规约权力主体的需要

"一切有权力的人都容易滥用权力，这是一条万古不易的经验。有权力的人们使用权力一直到遇有界限的地方才休止。"[2] 人性天生具有"自利"等道德弱点，天然会追求个人利益最大化，所以不能期盼通过人的自我发展完全弥补这一缺陷，应当以有效、健全的监督监察机制来规约行政主体，防止和克服人性中那些不易克服的弱点。在国家行政管理体系中，"县域一些部门处于治理链条末端的位置",[3] 这些部门在县域范围内承担着重要的治理责任，同时也拥有着绝对的政策制定、转换、输出以及资源的整合、分配的权力，而这些权力又大多集中于县域内主要负责人以及部门负责人手中，需要通过严密的监督监察机制来规约权力主体依法行政。

---

[1] 吴丕、袁刚、孙广厦：《政治监督学》，北京大学出版社，2007，第22页。
[2] 〔法〕孟德斯鸠：《论法的精神》（上册），张雁深译，商务印书馆，2009，第154页。
[3] 田先红：《县域末端治理的属性、困境及其破解之道——从条块关系的视角切入》，《理论月刊》2022年第7期。

(三) 加强民主政治建设的需要

民主是政治文明的核心内容，而"权力运用能否得到有效的制约和监督是衡量中国政治制度是否民主的重要标准"。[1] 从民主的实现与发展来看，人民必须保留对国家管理者的监督权、控制权、管理权，这样才能有效地保证行政机关及公务人员权力行使的合法性与正当性。县域政府作为基层政府与人民群众联系紧密，应当主动接受人民监督，加强民主政治建设，培育良好政治生态。

第二节　县域监督监察作用与原则

一　县域监督监察的作用

(一) 提高行政效能

在国家治理体系中，具体政策的落实大多由县域政府负责统筹，县域政府的工作效能直接关乎人民群众的实际利益与福祉。因此，可以通过县域监督监察机制来对日常行政管理工作及重大决策部署进行监督和督导，揭露并处理相关问题，不断促使行政机关及其工作人员总结经验教训，改进工作方法，实现行政效率提升。"县级督查巡查机制作为责任落实和效能提升的重要手段具有张弛有度的特征。"[2] 县域监督监察不以问责、整治以及惩处为主要目的，而是希冀通过组织内部的作风建设来实现责任落实与效能提高。

(二) 行政工作纠偏

县域监督监察的另一重要作用是工作纠偏，及时发现县域政府及其工作人员在工作中存在的问题，减少因工作偏差而造成的不必要损失。县域监督监察的首要环节是检查，通过检查审核县域内的各项决策、计划、方案是否能取得最佳的社会效益和经济效益，是否按照既定决策目标在进行，是否配备健全、有效的规章制度，行政人员是否严格按照法律、制度

---

[1]《习近平谈治国理政》(第二卷)，外文出版社，2017，第176页。
[2] 符平、卢飞：《制度优势与治理效能：脱贫攻坚的组织动员》，《社会学研究》2021年第3期。

和规范在执行等进行评估和评价，在此基础上对行政工作进行相应的纠偏。目前县域政绩考核仍以经济发展指标为主体，这容易使县域政府受困于"政绩冲动"，产生短期行为，为了实现县域经济发展对地方资源进行超额式开发利用，不管政策是否符合人民利益，只要短期见效就行。因此，县域监督监察机制中的行政纠偏功能是非常重要的。

（三）预防权力失范

监督监察的实质是对公共权力进行规范和监督，将公共权力置于国家和社会公众的监督之下，并形成严密的监督监察网络，对公共权力行使形成有效威慑，预防和遏制权力行使过程中的违法违纪行为，最大限度地减少渎职、失职行为。防止县域权力失范，根本在于推进政务公开，增加权力运行的透明度，加强对权力的制约和监督。

（四）强化廉政建设

近年来，县域腐败现象层出不穷，而"县域政治生态不佳甚至恶化是滋生县域官员腐败现象的重要条件"。[①] 县域监督监察机制建设是培育清正廉洁政治文化以及良好政治生态的重要法宝。监督监察机关可以通过整合政府的行政监察部门、预防腐败部门以及人民检察院的反贪反渎部门、职务犯罪预防部门等的力量，加强廉政建设、减少腐败，通过构建完善的监督监察机制使县域行政人员不敢腐、不能腐、不想腐。

二 县域监督监察的原则

（一）民主监督原则

人民当家作主是社会主义民主政治的本质与核心，人民群众作为国家的主人对一切行政事务享有知情权和监督权，各项行政事务也必须充分体现人民意志。在县域治理过程中，县域政府及其公务人员的行政管理活动，要反映县域人民的需求和意志，要维护县域人民群众的利益和福祉。因此，县域监督监察机制必须遵循民主监督原则，让广大人民群众充分监督政府的行政活动。县域政府监督机制的运行、建设和发展应遵循民主监督原则，加强民主监督制度和监督方式的创新，最大限度地保障县域公民

---

① 阎德民：《防止县域官员腐败与优化县域政治生态》，《中州学刊》2013年第2期。

的知情权、参与权。

(二) 依法依规监督原则

全面依法治国是国家治理的一场深刻变革，在行政管理过程中体现为权力行使的规范化和公共管理活动法治化以及行政监督监察活动法制化。监督监察活动应在法制的轨道上运行，坚持依法监督原则，"监督主体要依照法律赋予的职权和法律规定的程序开展监督工作"。① 县域实现依法监督包括两方面内容。一是要引导、规范社会监督主体监督行为，做到依法监督，避免恶意上访、操纵舆论等非法监督事件发生。二是加强政治监督和行政监督，依法监督是在有法可依的基础上做到有法必依、执法必严，现实中县域内的政治监督与行政监督容易形式化、虚化甚至缺位，因此县域各监督机关应严格按照监督法律规定的程序开展活动，积极行使法律赋予的监督权，将依法监督落到实处。

《中国共产党章程》明确规定，要"坚持依规治党、标本兼治，不断健全党内法规体系，坚持把纪律挺在前面，加强组织性纪律性，在党的纪律面前人人平等。强化全面从严治党主体责任和监督责任，加强对党的领导机关和党员领导干部特别是主要领导干部的监督，不断完善党内监督体系"。自党的十八大以来，以习近平同志为核心的党中央在强化和改进党的自身建设过程中，积极探索党内监督法规体系建设，颁布或修订《中国共产党党内监督条例》《中国共产党纪律处分条例》《中国共产党廉洁自律准则》等一系列党内法规和准则，为实现对党员的依法依规监督提供制度保障。

(三) 公开监督原则

公开监督原则要求县域政府在法定范围内主动公开政务活动和政府信息，自觉接受人民群众监督。"公开监督对领导干部不仅是一种软约束，还在拓宽群众参与强化行政监督力度上发挥了积极作用"，② 此外，县域监督监察活动信息也要主动公开，以不断提高县域监督监察工作透明度，使行政行为及监督过程置于人民群众及社会监督之下。在县域监督监察

---

① 荣仕星：《关于民主监督原则的若干思考》，《广西社会科学》1999年第1期。
② 吕德文：《运用公开监督重塑治理生态》，《中国党政干部论坛》2019年第3期。

中，公开监督包括两方面的内容。一是政务活动和政府信息公开，县域政府及各职能部门要依法公开相关信息，行政管理活动也应依法公开进行。信息公开是民主监督的前提，要保障社会大众知情权、参与权与监督权。二是各监督主体依法公开对县域政府的具体监督活动信息，确保监督活动本身也依法受到监督，杜绝监督主体与被监督者暗中合谋，致使监督活动无效的情况。

（四）客观公正原则

监督监察应坚持客观公正原则，"客观是基本方法，公正是义务，以事实为依据、以法律为准绳是核心"。[①] 县域监督监察过程中，要坚持实事求是原则，尤其是县域的纪检、检察以及司法等机关在监督监察过程中要以事实为依据、以法律为准绳，深入群众、深入事件进行调查研究，在充足的证据和资料的基础上进行综合评判，依法作出相应判断并公正处理相关问题。在县域监督监察过程中做到客观公正也涉及两方面的内容：一方面是监督人员要不断提高自身素质和职业道德，秉持客观公正的态度进行监督监察，自觉抵制县域内的人情关系网络和官场潜规则的消极影响；另一方面是要不断完善县域监察监督体制机制，以保障监督机关客观公正地行使监督权力。

（五）监督主体独立性原则

监督主体独立性原则是指在监督过程中监督主体依法独立行使监督权。监督主体既不依赖于监督客体，保持相对独立且地位不低于监督客体，又不受任何机关、团体和个人的非法干涉。监督监察主体保持相对独立性可以助力县域监督监察走出虚浮困境，实现监督监察有效落实。

第三节 县域监督监察机制构成

县域监督监察机制是对行政监督、政治监督以及社会监督的有机统合，而具体从监督监察主体的性质出发可以将县域监督监察机制分为党委系统内部的监督监察、行政系统内部的监督监察、立法与司法机关的监督

[①] 刘东杰：《行政检察如何深入履行客观公正义务》，《检察日报》2020年8月21日。

监察、人民政协的监督以及社会监督。

一 党委系统内部的监督监察

党委系统内部监督监察是指"中国共产党对国家机关及其工作人员行使国家权力的活动和行为的合法性、合理性所进行的监督"。[①] 在县域治理过程中，县党委对于县政府的行政管理活动的监督监察主要分为纪检监察和基层巡察两类。

（一）纪检监察

《中国共产党党内监督条例》明确规定党的各级纪律检查委员会是党内监督的专责机关，主要负责对所辖范围内党组织和领导干部遵守党章党规党纪、贯彻执行党的路线方针政策的情况进行监督检查。纪律检查委员会作为党内监督的专门监督机关，在县域党组织中也是重点建设机关。县级纪检监察机关是将纪检监察、反腐倡廉等各项工作落到实处的关键环节，在纪检监察、反腐倡廉工作体系中起着承上启下的重要作用。"县级纪检监察是县域治理实践中党政体制的重要组成部分，嵌入县域治理全过程，并形成了完备的具有全覆盖特征监督网络。"[②]

县级纪律检查委员会的职责主要包括：协助县级党委组织协调党内监督工作，组织开展对党内监督工作的督促检查；对县域内党员领导干部履行职责和行使权力的情况进行监督；检查和处理县域内党的组织和党员违反党的章程和其他党内法规的比较重要或复杂的案件；向上级党委和上级纪委报告党内监督工作情况，提出建议，依照权限组织起草、制定有关规定和制度，作出关于维护党纪的决定；受理县域内对党组织和党员违犯党纪行为的检举和党员控告、申诉，保障党员权利等。

（二）基层巡察

基层巡察是"由市、县纪委巡察组等专职巡察机构对县、乡（镇）、村（社区）等地方、部门企事业单位党组织进行的巡察监督"。[③] 巡视巡

[①] 王臻荣主编《行政监督概论》，高等教育出版社，2009，第239页。
[②] 李元珍、吕德文：《县域治理中的纪检监察监督：过程、机制与功能——基于A县的经验研究》，《探索》2020年第4期。
[③] 王立峰、潘博：《党内基层巡察制度优化路径探析》，《长白学刊》2017年第2期。

察作为上级党组织对县域党组织开展党内政治监督的重要方式，在新时代县域政治生态培育中发挥着重要作用。基层巡察是党内巡视向地方、基层的纵深发展与落实，上级党组织通过基层巡察可以有效实现对地方、基层的各党组织、党委的监督和管理。

基层巡察通过以下方式展开：听取被巡视党组织的工作汇报和有关部门的专题汇报；与被巡视党组织领导班子成员和其他干部群众进行个别谈话；受理反映被巡视党组织领导班子及其成员和下一级党组织领导班子主要负责人问题的来信、来电、来访等；抽查核实领导干部报告个人有关事项的情况；向有关知情人询问情况；调阅、复制有关文件、档案、会议记录等资料；召开座谈会；列席被巡视地区（单位）的有关会议；进行民主测评、问卷调查；等等。

二 行政系统内部的监督监察

行政系统内部的监督监察是"由法律规定独立行使监督权的行政机关对其他行政机关及其工作人员的行政行为实施监督监察"。[①] 在县域治理体系中行政系统内部的监督监察主要包括上级行政机关的监督、县域行政监察以及县域审计监督。

（一）上级行政机关的监督

上级机关的监督是具有隶属关系的上级行政机关对下级行政机关的领导与监督。地方各级人民政府是国务院统一领导下的国家行政机关，并且地方各级政府必须执行上级国家行政机关的决定和命令，接受上级的领导和监督。在县域治理中，"由于上下隶属关系是内容最丰富和最直接有效的主体联系，故上级行政机关对县政府的监督是政府运作中内部监督最主要的、经常性、功效明显的形式"。[②]

上级行政机关的监督主要涉及三种制度：一是备案审查制度，县级行政机关对某些具体的行政行为应当报送上级行政机关备案，以便实施监督检查；二是行政执法监督检查制度，上级政府对县政府、上级行政执法机

[①] 王臻荣主编《行政监督概论》，高等教育出版社，2009，第7页。
[②] 尤光付：《县政府行政监督研究》，博士学位论文，华中师范大学，2006，第89页。

关对县行政执法机关在行政管理工作中执行法律法规和规章的行为及活动实施监督，以保证具体行政行为的合法性、正当性；三是行政复议制度，通过行政复议防止和纠正违法或不当的行政行为。此外上级行政机关也可以通过计划核准、工作指导、工作检查、工作考核和处理上访等形式对县域政府进行监督。

（二）县域行政监察

"行政监察机关作为政府内部专门的监督机构，是行政机关对自身及其工作人员开展的自我监督，目的是保障行政权在规范的轨道上运行。"[1]监察机关是行政机关重要的组成部分，但与其他行政机关不同的是，监察机关不直接行使一般的行政职能，而是以对行政机关及其工作人员的工作行为进行合法性监督、合理性监督检查的方式行使职能。

县域监察机关对监察对象执法、廉政、效能情况进行监察，履行下列职责：检查县域行政机关在遵守和执行法律法规和人民政府的决定、命令中的问题；受理对县域行政机关及其公务员和县域行政机关任命的其他人员违反行政纪律行为的控告、检举；调查处理县域行政机关及其公务员和国家行政机关任命的其他人员违反行政纪律的行为；受理县域行政机关公务员和县域行政机关任命的其他人员不服主管行政机关给予处分决定的申诉，以及法律、行政法规规定的其他由监察机关受理的申诉；法律、行政法规规定由监察机关履行的其他职责。县域监察机关必须按照国务院的规定，组织协调、检查指导政务公开工作和纠正损害群众利益的不正之风。

（三）县域审计监督

"审计监督作为独立的、专门的经济监督主体，具有专业性、权威性的优势。"[2] 县审计局作为独立的、专门的经济监督主体，负责县域内的审计工作。县审计局依照法律规定对县域政府及各职能部门和乡镇人民政府的财政收支，对县域财政金融机构、全民所有制企事业单位以及其他有国家资产单位的财政收支实行审计监督。其主要检查上述部门及其工作人

---

[1] 张郁：《监察体制改革背景下行政监督的发展趋向》，《中国社会科学院大学学报》2022年第6期。

[2] 晏维龙、赵军锋、张淑缘：《推进审计监督融入民主监督 全面提升监督治理效能》，《中国行政管理》2023年第2期。

员是否正确地执行上级和县政府的有关规定，是否有侵占国家资产、严重损害国家经济利益的行为，并对违反财经法规的单位和个人进行处理。目的在于保证国家财政法令、政策和纪律得到正确贯彻执行。

县域审计监督主要包括五方面的内容：第一，预算执行及财务收支审计，主要是对县域年度收支情况、县域内的财税部门以及县域内的乡镇等重点财政领域进行预算执行审计监督，对包括县教育局、县医院、县交通局等在内的行政事业单位进行财务收支审计监督；第二，固定资产投资审计，主要是对县域内的项目建设的投资、效益等进行审计；第三，专项资金审计，对农业与资源环境保护金、农村养老保险基金、农业综合开发资金等专项资金进行审计；第四，金融外资审计，对诸如中国人寿保险县级分支机构进行跟踪审计；第五，企业审计，对县城市发展投资有限公司、县城郊公交公司等进行财务审计；等等。

三　立法与司法机构的监督监察

所谓立法与司法机构的监督监察，是指行政系统之外的立法、司法主体对行政主体进行的监督监察，包括来自县级人大及其常委会的监督和县级司法机关的监督。

（一）县级人大及其常委会的监督

县级人大及其常委会是权力机关，依法对县域政府及其公务人员实行监督。县级人大及其常委会对县域政府及其公务人员的监督分为对行政执法活动监督和对日常政务活动监督，监督其是否认真贯彻落实各项政策，确保其坚持依法行政。

县级人大及其常委会对县域政府的监督主要通过以下几种形式。一是听取和审议县政府的工作报告。听取和审议县政府负责人的报告，财政预决算报告、政府重大措施报告以及政府各部门的工作报告等，并作出评价，决定通过与否。二是提出质询和询问。在县级人大开会期间，县级人大代表可以按照一定的程序，就特定工作、政策以及规范性文件等向县行政机关及其工作人员提出质询和询问，并要求其进行答复。三是视察和调查。县级人大可以就特定问题到有关部门和地区进行视察和调查，并根据调查结果作出相应决议。四是罢免与撤销。县级人大及其常委会可以罢免县人民政府的公务人员,也可以撤销县级政府的决定、命令以及规范性文件。

(二) 县级司法机关的监督

县级司法机关的监督主要是人民法院与人民检察院的监督。县级人民法院与人民检察院作为国家司法组织系统设立在基层的组织机构,也被称为基层法院和基层检察院。人民法院和人民检察院对政府机关及其公务人员的监督过程也是二者行使审判权和检察权的过程。

人民法院是国家审判机关,其对于国家行政机关的监督主要是通过对行政诉讼案件的受理和审判来实现的,通过行政诉讼实现司法权制衡和行政权规约。人民法院对于行政诉讼案件的审理,"以自己独立的意志认定事实,适用法律,不受法院之外的任何力量支配"。[①] 县级人民法院通过受理和审判行政诉讼案件对县级政府机关及其公务人员的行政行为进行审查和判定,以此来纠正、规约和监督县政府机关及其公务人员规范行使权力。

人民检察院是国家法律监督机关,主要是通过"对触犯法律并构成犯罪的行政人员和事件,进行侦查、批捕以及提起公诉来实施监督"。[②] 县级检察院对县域行政机关及其公务人员的监督主要涉及两个方面:一方面是对司法行政机关及公安机关的活动进行监督,保证其行使职权时严格依法办事;另一方面是对公职人员职务犯罪或利用职权犯罪的案件行使检察权,对行政人员贪污受贿、玩忽职守、重大责任事故等进行立案侦查,严肃处理其违法犯罪行为。

四 人民政协的监督

人民政协民主监督是政协组织依据政协章程,以提出意见、批评、建议的方式进行的协商式监督。人民政协有权依据宪法和法律的规定对政府工作进行监督,其监督作用主要是通过提出意见、批评、建议间接发挥。

[①] 胡建淼主编《行政诉讼法学》,高等教育出版社,2003,第52页。
[②] 刘文军、李顺广、张保明、张存俭等:《县级行政学》,中国劳动出版社,1991,第122页。

政协发挥民主监督的方式主要有五种。一是会议监督。通过召开政协全体会议、常务委员会议、专题协商会等对县域内的经济社会发展问题以及党的大政方针在县域内的落实情况展开研究和商讨。二是视察监督。实地考察、走访、调研，对涉及县域改革发展稳定的重大议题提出批评、建议。三是提案监督。政协通过提案的方式向县域有关部门提出批评、意见、建议，发挥民主监督作用。四是专项监督。政协围绕特定问题开展专题调研，提出改进意见建议，并对重大问题进行持续性跟踪监督。五是其他形式的监督。例如，参与其他有关部门组织的调查、检查、听证等活动。

五 社会监督

社会监督通常是"社会团体、社会舆论、公民等社会行为主体，依据法定的权利，必要时经过法定的程序，对政府及其官员实施的监督"。[①] 不同于上述其他监督方式，社会监督是非规范性、非程序性、非组织性的监督方式，其对于县政府的监督使得县域监督监察更具广泛性。

（一）社会舆论监督

社会舆论监督是指"公民依据宪法和法律所赋予的权利和自由，通过批评、建议、评价，或者对于某些问题予以揭露"。[②]《宪法》第35条规定"中华人民共和国公民有言论、出版、集会、结社、游行、示威的自由"。第41条规定"中华人民共和国公民对于任何国家机关和国家工作人员，有提出批评和建议的权利"。社会舆论监督是宪法赋予公民的一项重要的民主监督权利，而"知情权是公民行使对政府及官员监督权的前提条件之一"，[③] 县域政府要积极推进政务公开，保障公民知情权。

（二）行政诉讼监督

《行政诉讼法》第2条规定，"公民、法人或者其他组织认为行政机关和行政机关工作人员的行政行为侵犯其合法权益，有权依照本法向人民法院提起诉讼"。当行政机关及其公务人员的行政行为侵犯个体的合法权

[①] 徐双敏、李明强主编《行政管理学》，中国人民大学出版社，2020，第142页。
[②] 吴丕、袁刚、孙广厦：《政治监督学》，北京大学出版社，2007，第251页。
[③] 张琳：《廉政建设，公民不能缺位》，《人民论坛》2017年第16期。

益时，个体可以通过提起行政诉讼的方式向司法机关控告违法者，主张自身合法权益。"行政诉讼的目的是保护公民、法人和其他组织的合法权益和监督行政机关依法行政。"① 行政诉讼监督是公民监督行政机关及其公务人员的行政行为的法律武器。《宪法》第41条规定，"对于公民的申诉、控告或者检举，有关国家机关必须查清事实，负责处理。任何人不得压制和打击报复"。在县域监督监察中，行政诉讼监督是社会监督的重要方式，但由于诉讼具有较强的专业性，所以并不能被普通群众所广泛掌握和运用。县域公民所提起的行政诉讼案例较少，其中"刘华秀不服长泰县环境保护局行政处罚决定案"② 与"张某诉百和乡政府案"③ 等较为典型。

（三）社会组织监督

社会组织监督是"社会组织作为监督主体对国家行政机关及其工作人员的行政管理活动所进行的监察和督促"。④ 社会组织既包括共青团、妇联、工会、居民委员会和村民委员会等群众性组织，也包括记者协会、律师协会、文学艺术界联合会、科学技术协会等行业性组织，还包括环境保护协会、消费者权益保护协会、慈善组织等公益性组织。社会组织具有多样性、开放性等特点，同时社会组织监督也具有广泛性、专业性等特点。社会组织在县域内的监督主要是通过召开会议，口头方式或书面文字向县域政府及其有关部门提出要求、建议和批评，从而实现对政府及其工作人员的监督。

---

① 马怀德主编《行政诉讼法学》（第三版），北京大学出版社，2013，第5页。
② 最高人民法院中国应用法学研究所编《人民法院案例选》，中国发展出版社，2000，第1179～1184页。
③ 张树义主编《行政诉讼证据判例与理论分析》，法律出版社，2002，第190～192页。
④ 王臻荣主编《行政监督概论》，高等教育出版社，2009，第300页。

第十四章　县域治理现代化

自秦全面推行郡县制以来,无论其他行政建制如何变动,县一级始终保持相对稳定,展现出强大的生命力与适应性。在国家政权体系中,县级政权是最低一级的完备政权,上接省、市,下连乡、村,处在承上启下的重要位置,具有除外交权、军事权以外的几乎所有政权机关职权,是党的主张和国家意志得以贯彻、人民意愿得以实现的关键环节。在社会治理体系中,县域具有相对独立且稳定的空间范围,是推进乡村振兴和新型城镇化,实现城乡融合发展的重要场域。

县所具备的结构特点和功能特性使其成为国家治理体系中的关键部分,县域治理现代化也成为国家治理现代化的基础环节与重点所在。县域治理现代化包括县域治理体系现代化和治理能力现代化这两个基本方面,在县域治理实践中,二者相依而生,相辅相成,共同构成了一个有机整体。

第一节　县域治理体系现代化

一　县域治理体系的内涵

党的十八届三中全会提出,"全面深化改革的总目标是完善和发展中国特色社会主义制度,推进国家治理体系和治理能力现代化"。[①] 关于国家治理体系的内涵,习近平总书记明确指出,"国家治理体系是在党领导下管理国家的制度体系,包括经济、政治、文化、社会、生态文明和党的

---

① 《中共中央关于全面深化改革若干重大问题的决定》,《人民日报》2013年11月16日。

建设等各领域体制机制、法律法规安排，也就是一整套紧密相连、相互协调的国家制度"。① 学界对于国家治理体系现代化的理解存在着诸多差异，尚未形成统一的观点。一个代表性的观点是，国家治理体系现代化应当从制度化、规范化、民主化、法治化、效率与协调这几个方面来理解。② 结合党中央给定的国家治理体系的概念内涵与学界关于国家治理体系现代化衡量标准的讨论，可以提炼出治理体系的五个构成要素，即治理主体、治理客体、治理目标、治理方法与治理制度。其中，治理主体包括党、政府、企业、社会组织、人民群众等；治理客体包括经济、政治、文化、社会、生态和党的建设等；治理目标包括实现治理的制度化、规范化、民主化、法治化等；治理方法是一系列治理手段和治理技术的总和；治理制度则涵盖了各治理领域的体制机制、法律法规、政策等。

结合县所具备的结构特点和功能特性以及治理体系的构成要素，可以对县域治理体系作出如下界定：县域治理体系是县级人民政府在上级人民政府的总体要求和县级党委领导下，统筹县域企业、社会组织和广大人民群众共同管理地方公共事务的制度体系，包括地方政治、经济、文化、社会、生态和党的建设等各领域体制机制、法律法规安排，是一套紧密相连、相互协调的县域法律法规、制度与政策。③

二 县域治理体系的构成

治理体系这一概念具有非常丰富的内涵，根据不同的标准，可以对治理体系作不同的分类，常见的分类方式包括：从组织行为学视角出发，将治理体系划分为组织体系、制度体系、运行体系、评价体系和保障体系；④ 从治理模式视角出发，将治理体系划分为政治体系、法治体系、自治体系、德治体系和智治体系；⑤ 从政府职能视角出发，将治理体系划分为经济治理体系、政治治理体系、文化治理体系、社会治理体系和生态治

---

① 《习近平谈治国理政》，外文出版社，2014，第91页。
② 俞可平：《论国家治理现代化》，社会科学文献出版社，2014，第6页。
③ 本概念界定参考了《地方政府与政治》编写组编《地方政府与政治》（第二版），高等教育出版社，2017，第275页。
④ 杨述明：《现代社会治理体系的五种基本构成》，《江汉论坛》2015年第2期。
⑤ 陈一新：《新时代市域社会治理理念体系能力现代化》，《社会治理》2018年第8期。

理体系。① 具体来看,组织行为学视角侧重于对治理主体的分析,治理模式视角侧重于对治理方法的分析,政府职能视角则侧重于对治理客体的分析。

综合以上分析视角,结合县域治理的内涵与特点,我们可以认为,县域治理体系主要由以下几个部分构成：县域党的领导体系、县域行政运行体系、县域权责配置体系、县域资源配置体系和县域数字治理体系。

(一) 县域党的领导体系

县域党的领导体系是指县级党委在党中央和省委、市委的领导下,在县域范围内发挥总揽全局、协调各方的领导作用,全面领导县域经济社会发展,全面负责县域党的建设,履行把方向、管大局、作决策、保落实职责的各类体制机制。② 县域党的领导体系主要涵盖四个方面的内容：一是贯彻落实党中央和省委、市委决策部署的制度安排;二是作出县域重大事项决策部署的体制机制;三是保障县域各项工作有效落实的体制机制;四是保障县域权力运行制约和监督的体制机制。县域党的领导体系在县域治理体系中居于统领地位,是推进县域治理现代化的核心所在。

(二) 县域行政运行体系

县域行政运行体系指的是县级人民政府为履行其职能、发挥其作用而建立的一系列工作制度的总和。县域行政运行体系主要包括：行政决策制度、行政考核制度、行政问责制度和行政监督制度。县域行政运行体系具有系统性、实践性与适应性等特点,是实现县域治理现代化的重要载体。

(三) 县域权责配置体系

县域权责配置体系主要是指在县域治理场域中,党和国家组织结构内部对于权力与责任划分所作出的规定与安排的总和。县域权责配置体系主要存在于几对关系之中：一是上下级块块之间的权责配置,主要是指市委市政府与县委县政府、县委县政府与乡镇党委政府之间的权责配置;二是条条与块块之间的权责配置,主要是指市直部门与县委县政府、县直部门

---

① 《中共中央关于全面深化改革若干重大问题的决定》,《人民日报》2013 年 11 月 16 日。
② 本概念界定参考了《中国共产党组织工作条例》。

与乡镇党委政府之间的权责配置；三是条条之间的权责配置，主要是指市直部门与县直部门、县直部门与乡镇部门之间以及县委县政府领导下各个条条之间的权责配置。合理有序的县域权责配置结构是县域治理体系中各主体能动性和积极性得以发挥的重要条件，也是实现县域治理现代化的体制性保障。

（四）县域资源配置体系

县域资源配置体系主要是指在县域治理过程中，县委县政府根据县域社会需求，对其所掌握的各类资源进行规划与排布的各类制度安排与体制机制。根据资源类型的不同，县域资源配置体系可以被分为三个子体系：县域自然资源配置体系、县域财政资源配置体系和县域权威资源配置体系。县域自然资源配置体系主要涉及"山水林田湖草沙"各个方面自然资源的开发和保护；县域财政资源配置体系主要是根据县级财力，通过调整和引导各类资金、项目流向与流量的方式来推动县域经济社会发展；县域权威资源配置主要依托县域党政权威，通过干部人事安排和领导注意力资源分配等方式推动县域各项工作的开展。科学高效的县域资源配置机制是满足县域社会需求，提升县域治理效能的重要前提。

（五）县域数字治理体系

县域数字治理体系指的是在县域范围内，县委县政府为提升县域治理有效性、回应性与透明性，通过整合各类信息资源，应用互联网、大数据、云计算、人工智能等各类数字技术，所形成的综合性数字化治理框架。县域数字治理体系主要由基础数据库系统、政务网络系统、政社交互系统与容灾备份系统四个部分构成。[1] 其中基础数据库系统包括人口基础信息库、法人基础信息库、自然资源和空间地理基础信息库以及经济治理基础信息库，这些数据库集成了与县域治理实践相关联的大量关键信息，在辅助县域党委政府决策以及优化县域政务服务方面起到了基础性的作用。政务网络系统是县域数字治理的业务中台，由政务内网和政务外网两个部分组成。在县域治理中，政务内网是县域党委政府内部业务办理和部

---

[1] 参见《国家发展改革委关于印发〈"十四五"推进国家政务信息化规划〉的通知》，中国政府网，https://www.gov.cn/zhengce/zhengceku/2022-01/06/content_5666746.htm。

门协同的基础性网络，主要用于内部的信息流通与管理；政务外网是面向县域民众提供的政务服务平台，主要服务于县域民众查阅信息和办理事项的需求。政社交互系统是县域数字治理的服务前端，是政府与公民互动的接口，主要包括智能手机 App、微信公众号、小程序、政府官方网站和实体政务大厅等。容灾备份系统是县域数字治理的重要保障，主要目的是保障数据的安全性与稳定性，在发生技术故障或自然灾害时，保障县域数字治理体系的有序运作。

三　县域治理体系现代化的重要性

县域治理体系现代化是县域治理现代化在结构层面的反映，其基本要求是县域各项制度设计的理性化、科学化与规范化。县域在国家治理结构中的独特位置及其自身所处场域的特殊性，是我们理解县域治理体系现代化重要性的出发点。

（一）县域治理体系现代化是发挥县一级承上启下作用的重要依托

县在我国的国家治理结构中具有特殊性。我国的行政区划体系由中央、省、市、县、乡、村这六个层级组成，其中，村一级不设政权组织，由基层群众性自治组织进行自我管理、自我教育、自我服务。乡镇是最基层的政权组织，但乡镇并非一级完整的政权体系，特别是自 20 世纪末开始国家在基层推行的一系列改革，包括农村税费改革、乡镇机构改革和县乡财政体制改革等，使乡镇一级的人权、财权与事权进一步被上收，乡镇政权的不完备性进一步凸显。与乡镇相比，县拥有除外交和军事以外的几乎所有职权，拥有相对独立的人权、财权与事权。作为块块的县委县政府有一定的统筹能力，可以有力控制其下属的各条线部门，避免市一级的过度干预，实现对县域各项工作的全面领导。相比之下，乡镇一级的决策权非常有限，主要承担执行上级决策的任务。由此可见，县在国家治理结构中的地位非常独特：一方面，县拥有相对完备的职权，承担着众多自上而下的治理事务，在落实上级决策部署方面发挥着重要作用；另一方面，县所处层级相对较低，直接面对广大基层社会，需要结合复杂的地方实际情况推行政策。政府和学界都对县这一层级给予了诸多关注，代表性的观点如"纽结说"①和"接点说"②等。

县域治理体系是由县域治理中的一系列制度安排、体制机制所构成的，结合县在国家治理结构中的特殊地位，可以认为，这些制度安排、体制机制是中央、省、市各项决策部署得以落实的重要载体，同时也是县一级发挥统筹作用，引领乡、村经济社会发展的重要载体，县域治理体系现代化是发挥县一级承上启下作用的重要依托。

（二）县域治理体系现代化是城乡融合发展的制度保障

县域指的是"以县城为中心、乡镇为纽带、农村为腹地的特定空间"，③乡镇和农村可以被统称为乡村，县域可以被理解为是县城和乡村基于空间关系所形成的共同体。县域在国家发展全局中具有重要战略地位，其重要性主要体现在两个方面。

第一，县城是我国新型城镇化建设的重要载体。④县城在县域空间中居于核心位置，是县域经济、政治中心，聚集了教育、医疗、文化娱乐等方面的公共服务资源，提供了大多数第三产业的就业岗位。在过去的很长一段时间内，我国在实践上走的是以大城市为主的城市化发展道路，这种城市化发展道路的问题在于：一方面，农民以家庭为单位通过代际接力的方式进入城市，这种城市化的道路需要农民家庭支付很高的成本，存在着巨大的风险；另一方面，大量涌入的农民对城市公共服务能力提出了挑战，城市难以为外来的农民提供均等化的公共服务，农民在城市化过程中也面临生存尊严的问题，这与"以人为本"的城市化发展理念是不相符合的。相比之下，以县城为重要载体的新型城镇化建设，农民需要支付的成本相对较低，更有可能享受到均等化的公共服务，并且可以保持家庭的完整性，满足农民的情感期待，是"以人为本"城镇化理念的具体体现。

---

① 习近平：《摆脱贫困》，福建人民出版社，1992，第24页。
② 徐勇：《"接点政治"：农村群体性事件的县域分析——一个分析框架及以若干个案为例》，《华中师范大学学报》（人文社会科学版）2009年第6期。
③ 杨发祥、郭科：《县域视角下乡村振兴的理论框架及行动方略》，《西北农林科技大学学报》（社会科学版）2022年第5期。
④ 《中办国办印发〈关于推进以县城为重要载体的城镇化建设的意见〉》，《人民日报》2022年5月7日。

第二，县域是推进乡村振兴的基本单元。① 从空间分布的角度看，"农业主要集中在县域，农村主体分布在县域，农民多数生活在县域"，② 以县域为基本单元推进乡村振兴有其自身的优势。一方面，我国相当一部分村庄，特别是中西部地区的村庄，人口外流已经成为不可逆转的趋势，绝大多数农村青壮年劳动力在城镇就业，继续以村庄为单位向农村投入大量资源，甚至按照城市的标准对农村进行改造，似无必要。在这种情况下，需要县一级对县域内各个村庄的具体情况进行研判，对村庄实施分类管理，集中精力发展县城、集镇和中心村，有序推进人口大量流失村庄的易地搬迁工作，提高资源使用的效率。另一方面，在我国经济转向高质量发展的大背景下，产业发展的准入门槛越来越高，规模化、集约化需求也越来越强烈。在此条件下，除极少数强镇、强村以外，乡、村两级推动产业发展的能力非常有限，而县一级拥有完备的职权，具备较强的统筹能力，可以有效应对产业发展的新趋势，集中资源在县域范围内打造产业集群，带动乡村经济的发展。

推进县域治理体系现代化建设，实际上就是要使县域治理各方面体制机制更加完善，为更好发挥县一级在城乡融合发展中的作用提供有力制度保障。

四　县域治理体系现代化面临的主要障碍

（一）县域党政体制运行的规范化程度不高

在县域范围内，党政体制与科层体制是两套主要的治理体制。县域党政体制的逻辑起点是中国共产党的全面领导，包括政治领导、思想领导和组织领导三个方面，其具体实现方式有两种：一是县委制定路线方针，各个职能部门党组织将路线方针融入业务工作当中，贯彻县级党委的意志；二是县委的主张通过人大会议上升为各个职能部门的法定行政事务。党政体制的结构由"一体三元"组成，"一体"指的是党委（组）制，"三元"分别是归口管理制、临时机构制和常委分管制。③ 县域科层体制的运

---

① 杨华：《论以县域为基本单元的乡村振兴》，《重庆社会科学》2019年第6期。
② 《全面推进乡村振兴"县域"是关键》，《中国县域经济报》2021年2月25日。
③ 杨华：《县域治理中的党政体制：结构与功能》，《政治学研究》2018年第5期。

作逻辑是，县级政府各个职能部门按照职级分层、权力分等、专业分工的原则，配置相应的人财物资源行使法定职权。在县域范围内，党政体制主要解决的是需要部门协同的、整体性的重大治理事务，科层体制主要解决的是职能划分明确的、日常性的一般行政事务。从治理实践上看，县域党政体制依托县委县政府的权威，可以调动和协调不同部门的资源，实现对县域重大事务的整体性治理，有利于降低治理成本，提高治理效率。

虽然党政体制有助于弥补科层体制的不足，提高县域治理效能，但是党政体制的不合理运行也可能会引发一些新的问题。首先，中心工作模式作为县域党政体制介入治理事务的主要机制，[①] 在实现县域有效治理方面发挥着重要作用。但近年来，县域中心工作泛化的趋势越来越明显，大大压缩了基层特别是乡镇一级的自主性与灵活性空间，使基层干部忙于应对各种考核和检查，滋生出诸多类型的形式主义问题。同时，县域中心工作的泛化也会使县域资源和领导的注意力被稀释，[②] 降低县委县政府的统筹效能。其次，以结果为导向的包干制依托县级党委权威，通过政治动员的方式整合各部门资源，在提升治理效率的同时也容易导致作为承包方的县域干部在治理过程中过分重视结果，偏好工具理性而忽视价值理性，这可能会对社会公共利益造成损害，损耗县域党委政府的权威，不利于推进县域治理体系的制度化、法治化、规范化进程。最后，县域党政体制效能的发挥与县委领导班子特别是县委书记的执政水平密切相关，而在县域党政体制下，县委书记权力过大，相应的权力监督和制约机制并不完善，这不利于提高党的科学执政、民主执政、依法执政水平，最终对县域经济社会发展产生不良影响。

（二）县乡条块关系未能理顺

条块关系指的是"我国行政组织体系中基本的结构性关系"。其中，条条指的是"从中央到地方各级政府业务内容的性质相同的职能部门"；

---

① 杨华、袁松：《中心工作模式与县域党政体制的运行逻辑——基于江西省D县调查》，《公共管理学报》2018年第1期。
② 田先红：《统合治理与中国县域治理现代化——基于县域议事协调机构的经验分析》，《甘肃社会科学》2023年第2期。

块块指的是"由不同职能部门组合而成的各个层级政府"。① 县域治理中的条块关系主要涉及市、县、乡这三个行政层级，其中县和乡镇之间条块关系不顺、权责配置不合理的问题最为突出。

首先，随着基层治理现代化进程加快，县一级对乡镇的工作在规范性、科学性方面的要求越来越高，乡镇治理事务大大增多，而与此相对应的，乡镇的财权、人权与事权并未显著增加，县乡之间权责不对等的问题突出。其次，在当前县域治理实践中，存在"属地管理"原则被滥用的现象。"属地管理"指的是"在行政管理中，按特定的标准和要求对属地内的管理对象进行组织、协调、领导和控制，并承担相应的管理责任"。② 县级部门在推进工作时，常常会通过压力传导的方式，将各类任务分配到乡镇，自己则居于"二线"，只负责督促乡镇完成任务，责任被下放到乡镇的同时，权力并没有被下放，这种两难境地很容易使乡镇产生出避责行为。最后，县级权力下放存在"一放了之"的问题。当前县级政府为推进简政放权，逐步将以行政执法权为代表的权力下放到乡镇，从逻辑上看，权力下放有利于县和乡镇达到权责对等的状态，但从事实上看，县一级往往只下放权力，较少过问权力运行所需要的配套资源，这就导致权力虽然下放到乡镇，但乡镇难以承接。与此同时，因为下放了权力，县一级有了更充分的理由去推诿、卸责，这无疑给乡镇政府带来了新的困难。

（三）县域治理主体间关系的规范化程度不高

县域治理主体可以大致分为政府、市场与社会三类。各治理主体之间关系的规范化程度会影响县域治理的成效。

首先，县域党委政府的权力运行的规范化程度不高，权力越轨与职能缺位等问题依然存在。作为最低一级的完备政权，县委县政府担负着县域经济社会发展的重任，是县域各项治理事务的最终负责者。受长期以来形成的体制惯性的影响，县域党委政府在履行职能时常常在各种因素的推动下延展自身权力边界，带来权力越轨的风险。县域党委政府权力越轨问题的典型表现包括乱发红头文件、乱设临时机构、乱下行政任务、乱设工作

---

① 马力宏：《论政府管理中的条块关系》，《政治学研究》1998 年第 4 期。
② 杨华：《基层治理的形式主义何以发生——从乡镇职能部门关系反思治理问题》，《文化纵横》2019 年第 2 期。

指标等，背离了依法执政、依法行政的原则。县域党委政府职能缺位的问题同样值得注意，部分县乡干部存在"躺平"、推诿、避责的现象，这同样是权力运行规范化程度不足的表现。

其次，县域范围内市场在资源配置中的决定性作用没有得到充分发挥。政商关系是政府与市场关系的集中体现，政商关系的健康程度与县域经济社会发展密切相关。在我国，县域经济是国民经济的基本单元，在长期以来计划经济体制的影响下，绝大部分县形成了一套较为完善的产业体系。改革开放初期，部分县依托自身产业结构，在经济增长目标的驱动下，采用地方保护主义手段来发展县域经济，县域范围内的政府官员和企业主之间形成了庇护式的利益同盟，一度形成了"诸侯经济"的格局，严重制约了国民经济的发展。分税制改革后，"诸侯经济"格局逐步瓦解，这一时期政商关系的主要问题表现为三个方面：一是部分县乡干部，特别是县乡主要领导干部（指的是县"四套班子"中的县级领导和各县直部门、乡镇的正科级领导），凭借其所能支配或影响的项目资源，与县域范围内实力雄厚的商人结成不正当的利益关系，[1] 严重影响了县域市场竞争机制和经济运行效率；二是部分掌握行政审批权、资源配置权和行政执法权的县级实权部门，如县住建局、县市监局、县公安局等，滥用手中的权力，在企业经营方面层层设槛，使得企业经营者不得不通过"托关系""走后门"的方式来处理相关事务；三是部分县级党委政府在招商引资、政府采购等过程中存在违约失信的问题，这也是目前阻碍县域民营企业发展的一个重要原因。

最后，县域范围内社会组织和人民群众参与治理的程度不足。长期以来，县域社会组织普遍面临资源匮乏等方面的问题，这类问题在我国中西部地区尤为突出。此外，县域社会组织在发挥治理效能方面存在的一个新问题是，随着治理现代化水平的不断提升，县域政府的治理任务大大增加，治理过程的精细化、专业化程度不断提高，社会组织逐渐被行政力量所吸纳，社会组织自身的职能存在被异化的风险。例如，我国部分地区的民办社工组织，其日常工作内容已逐步变成帮政府撰写材料、开展活动。

---

[1] 欧阳静：《治理体系中的能动者结构：县域的视角》，《文化纵横》2019年第2期。

人民群众在参与县域治理过程中存在参与意愿不高、参与能力不足等方面的问题。近年来,在精准扶贫和乡村振兴过程中,各类项目资源经县级部门统筹和乡镇政府协调之后,在农村地区落地,然而,国家层面的各类项目资源在此过程中却常常面临着"瞄不准"[①]的问题,农民参与的缺失是重要原因之一。

(四) 县域资源配置机制不完善

县一级是国家资源下沉基层过程中的关键层级,对辖区内的各类资源有一定的统筹自主权,县域资源配置机制的完善程度同资源的使用效率密切相关,直接影响着县域总体效能的发挥。当前,县域资源配置机制不完善是县域治理现代化面临的一个重要障碍,这种不完善主要表现为两种不良倾向:一是"撒胡椒面",二是"吃偏饭"。

"撒胡椒面"指的是在资源分配过程中不分主次与轻重,将有限资源平均分配的做法,这一倾向在财政资金分配方面体现得尤为明显。县域党委政府在资源统筹分配过程中出现"撒胡椒面"的倾向主要有两方面原因。一是懒政。部分县域领导干部为了省事,不愿意花费时间精力进行充分的调研论证。二是"怕得罪人"。资源统筹分配工作涉及诸多利益主体,部分县域领导干部也可能会出于"不得罪人"的目的,将资源平均分配,做"好好先生"。

"吃偏饭"描述的是一种在资源分配过程中,过于重视某个领域而忽视全局的做法。"吃偏饭"倾向的出现,或是与县域领导干部,特别是县委主要领导的个人偏好有关,或是出于打造政绩的需要。在县域治理中,"吃偏饭"的倾向在乡村振兴领域表现得较为明显,部分县域领导干部为了快速出政绩,集全县之力打造一两个亮点村,在资源分配方面对这一两个村极其照顾,一旦有迎检任务,就把上级领导安排到这些村,以展现自己的治理成效。"树典型"当然不失为一种良好的工作方法,但如果把握不好,就很容易变成"吃偏饭"。

(五) 县域数字治理体系尚不健全

县域数字化发展面临着新型城镇化建设、乡村振兴战略和全国统一大

[①] 王雨磊:《精准扶贫何以"瞄不准"?——扶贫政策落地的三重对焦》,《国家行政学院学报》2017年第1期。

市场建设三大战略态势，县域数字治理体系建设对于推进县域治理体系现代化具有重要战略意义。当前我国县域数字治理体系尚不健全，主要体现在三个方面。一是县域数字治理体系的"内卷化"问题。[①] 县域数字治理体系涵盖了县乡村三级，其中县一级通常在县委县政府的主导下，形成了较为翔实、完善的数字治理行动规划，相当一部分县还设立了主抓数字治理的大数据局，依托县一级所掌握的权威性资源和配置性资源，在县一级进行数据治理工作的统筹是比较恰当的。与此同时，部分乡镇甚至村庄，在绩效评价考核驱使下，受创建逻辑的支配，竞相投入大量资源开发和维护本级数字技术平台，而这些数字技术平台在治理实践中发挥的作用往往与投入不成正比。二是县域数字治理体系的"悬浮化"问题。数字治理的核心目标是优化政府运作流程并提高政府绩效，但从县域数字治理的实践上看，尤其是乡村治理实践中，存在数字技术与治理需求匹配不当的情况，[②] 具体表现为数字形式主义、数字工具泛滥化、数字平台空转、数据要素闲置、数字技术使用失灵等。[③] 三是县域数字治理体系的"碎片化"问题。县域科层体制具有职能同构、条块并存的结构特征，内部主体治理具有碎片化特征，这种特征使得"碎片化的数字化"现象伴随着数字治理从采集归集到开放共享的全过程。[④] 一个典型的例子是基层干部在工作中不断被不同层级、不同部门要求收集类似的数据，而许多数据内容其实是大同小异的，这种情况无疑是增加了基层干部的负担。究其根本，县域数字治理体系存在的碎片化问题的症结在于县域各层级各部门之间没有建立起有效的协同模式。

---

① 曹银山、刘义强：《技术适配性：基层数字治理"内卷化"的生发逻辑及超越之道》，《当代经济管理》2023 年第 6 期。
② 冯朝睿、徐宏宇：《当前数字乡村建设的实践困境与突破路径》，《云南师范大学学报》（哲学社会科学版）2021 年第 5 期。
③ 范炜烽、白云腾：《何以破解"数字悬浮"：基层数字治理的执行异化问题分析》，《电子政务》2023 年第 10 期。
④ 唐玉青：《从碎片化到整体性：基层政务服务数据的治理》，《行政论坛》2022 年第 1 期。

五　推进县域治理体系现代化的具体路径

（一）完善县域党的领导体系

完善县域党的领导体系，就是要加强和改善党的领导，优化党政体制的治理结构和治理方式，具体内容包括如下几方面。第一，要处理好县域党委和政府之间的关系。在县域党政体制下，必须确保党委的绝对领导地位。在一些具体事务上，可以改进党委的领导方式。党政统筹下决策、执行、监督三权分工的模式①是理顺县域党政关系，完善县域治理结构的重要举措。第二，合理确定进入中心工作机制的事务范畴。县域中心工作泛化引发了基层治理内卷化的新困境，县域党委政府在确定中心工作时，必须进行充分的调研论证，避免将各项工作都当成中心工作来抓。第三，县域党委政府在推行工作的时候，应该做到结果管理和过程管理"两手抓"。第四，必须贯彻落实好民主集中制原则，处理好集体领导和个人分工负责之间的关系，尤其是要加强对县域领导干部，特别是县委主要领导权力的监督。

（二）健全县域行政运行体系

健全县域行政运行体系，需要坚持法治原则，积极推进县域行政体制改革，建立职责明确、依法行政的政府治理体系，具体如下。第一，合理划分职能边界，转变县域党委政府大包大揽的全能主义倾向，深入推进"放管服"改革，建立廉洁高效的服务型政府。第二，积极推进机构改革，着力解决叠床架屋、人浮于事的问题，促进机构设置的科学化。第三，坚持法治原则，坚持严以用权，使县域行政权力在规范化、制度化的轨道上运行。

（三）规范县域权责配置体系

规范县域权责配置体系的重点在于建立权力清单制度。县域治理中，权力清单建设应该从三个层面入手。一是坚持"法定职责必须为，法无授权不可为"的原则，合理确定县域党委政府的职能范围，避免公权力

---

① 张国军、程同顺：《党政统筹下的三权分工：当代中国的国家治理结构及其调适》，《中南大学学报》（社会科学版）2022年第1期。

越轨、缺位的风险。二是按照科学分工的原则，明确各县级部门的职责范围，解决部门之间推诿、扯皮的问题。三是坚持权责对等的原则，规范县级部门和乡镇政府的权责分配机制，重点解决乡镇政府"有责无权""有权难用"的问题，使县域条块关系更加规范有序。

（四）优化县域资源配置体系

优化县域资源配置体系，需要从决策和监督这两个层面入手。在决策层面，应当建立起一套科学、民主、规范的资源分配决策制度。在重大资源分配决策作出前进行充分的调研论证，特别是要了解县域人民群众的意愿，在调研论证的基础上形成翔实的调研报告，之后由县域领导干部开会讨论，形成决策草案。之后继续收集全县社会各界的意见和建议，不断对决策草案进行修订和完善，最终形成科学、合理的决策方案。在监督层面，应重点完善财会监督体系和财政资金流向问责机制，倒逼县域财政资金的精准使用。

（五）改革县域数字治理体系

改革县域数字治理体系，需要从县域治理结构的角度出发。首先，要明确县域在国家数字治理体系中的角色定位。从整体上看，县域党委政府是我国绝大多数顶层制度的实施者与维护者，治理职能错综复杂，治理资源相对匮乏，在数字治理体系中，应突出"回应者"的角色定位，将数字治理体系建设重点放在与县域民众的互动方面。[1] 其次，要进一步明确县乡村三级在数字治理体系中的定位。县一级是县域数字治理体系的统筹者，主要负责制定县域数字治理的发展规划，进行资源配置与监管协调。乡镇一级是县域数字治理体系的执行者，主要负责实施数字治理项目、收集与管理数据、反馈与调整数字治理策略。村一级是县域数字治理体系的基础实践者，主要负责提供基础数据和反馈民众需求。最后，要建立不同层级部门的协同体系，以"一网通办""一网统管""一网协同"为导向，着力解决数据烟囱、数据丛林、数据鸿沟等问题。

---

[1] 赵娟、孟天广：《数字政府的纵向治理逻辑：分层体系与协同治理》，《学海》2021年第2期。

第二节　县域治理能力现代化

一　县域治理能力的内涵

　　治理能力的内涵非常丰富，与之相似的概念包括国家能力、政府能力和统治能力等。为更好地阐述县域治理能力概念的内涵，需要对这些基本概念进行辨析。国家能力是国家主义理论的一个常用概念，学界对国家能力这一概念也进行了相当充分的讨论。其中，斯考切波和米格代尔的观点较有代表性。斯考切波的定义具有国家中心主义的范式特质，她将国家视为一套具有自主性的宏观结构，认为国家"在任何地方都有摆脱支配阶级控制的潜在自主性"，故而她所理解的国家能力是国家在面对现存支配阶级或团体的实际或潜在的反对时，仍能贯彻其意志的能力。[①] 米格代尔从国家与社会互动的视角出发，将国家能力定义为"国家领导人通过国家的计划、政策和行动来实现其改造社会的目标的能力"。[②] 政府能力与国家能力的内涵比较类似，阿尔蒙德和鲍威尔将政府能力定义为"制定政策和在社会中执行政策，特别是维护公共秩序和维护合法性的能力"。[③] 施雪华认为政府能力是"为完成政府职能规范的目标和任务，拥有一定的公共权力的政府组织所具有的维持本组织的稳定存在和发展，有效地治理社会的能量和力量的总和"。[④] 统治能力主要指的是政府拥有的控制和支配社会的力量。随着治理理论的兴起，学者们对统治与治理的区别进行了大量的探讨，例如俞可平归纳了统治与治理的两大基本区别：一是统治的权威必然来自政府，而治理的权威则是多元化的；二是政府统治权力运行的方向总是自上而下的，而治理则是一个上下互动的管理过程。[⑤] 总的

[①] 〔美〕西达·斯考切波：《国家与社会革命——对法国、俄国和中国的比较分析》，何俊志、王学东译，上海人民出版社，2007，第28页。
[②] 〔美〕乔治·S. 米格代尔：《强社会与弱国家——第三世界的国家社会关系及国家能力》，张长东等译，江苏人民出版社，2012，第5页。
[③] 〔美〕加布里埃尔·A. 阿尔蒙德、小G. 宾厄姆·鲍威尔：《比较政治学——体系、过程和政策》，曹沛霖、郑世平、公婷、陈峰译，上海译文出版社，1987，第433页。
[④] 施雪华：《论政府能力及其特性》，《政治学研究》1996年第1期。
[⑤] 俞可平：《治理和善治引论》，《马克思主义与现实》1999年第5期。

来说，国家能力、政府能力和统治能力的概念主要强调国家对社会的控制与影响，而治理能力的内涵则更加凸显"治理"本身的特征，如权威的多元化、权力的分散化、国家与市场的双向互动等。

习近平总书记指出，国家治理能力"是运用国家制度管理社会各方面事务的能力，包括改革发展稳定、内政外交国防、治党治国治军等各个方面"。① 就县一级而言，周平对县域治理能力的定义是"县域党委政府的一种功能性力量，是指县域党委政府运用权力、履行职能、应对环境挑战、解决面临问题的能力"。②

结合对治理能力概念和县域特殊性的理解，我们可以认为，县域治理能力指的是在县级党委领导下，县级人民政府通过各种途径和方式统筹县域治理体系各方面，使其相互协调、共同发展，实现县域经济发展与社会稳定、增进县域民众福祉的本领与能力。③

二 县域治理能力的构成

县域治理能力主要由县域统筹引领能力、县域改革创新能力、县域发展规划能力、县域公共服务能力、县域风险控制能力和县域数字治理能力等构成。县域治理能力是国家治理能力的关键环节，其强弱程度会直接影响县域经济发展、社会稳定、人民幸福的状况。

（一）县域统筹引领能力

县域统筹引领能力主要是指县域党委政府把控县域发展方向、统筹县域资源分配和协调各方利益关系的能力。一方面，与乡镇相比，县域涵盖了从县城到乡村的广大区域，空间比较广阔，具有一定的战略高度。同时，县是最低一级的完备政权，各类资源在县级统筹已经成为一种常态，县域统筹引领能力成为影响国家资源使用效率的关键因素。另一方面，县级政府具备完备的职权，拥有"政策制定、转换、输出的权力，是一个

---

① 《习近平谈治国理政》，外文出版社，2014，第91页。
② 周平：《县级政府能力的构成和评估》，《云南行政学院学报》2002年第5期。
③ 本概念界定参考了《地方政府与政治》编写组编《地方政府与政治》（第二版），高等教育出版社，2017，第278页。

完整的公共政策单元"。① 县域党委政府在公共政策方面拥有决策权、转换权和统筹执行权，县域统筹引领能力的发挥对国家政策的顺利落地有着重要影响。

（二）县域改革创新能力

县域改革创新能力指的是县域党委政府在县域范围内调整原有的制度安排，用符合县域发展方向的制度安排取代阻碍县域发展旧制度的能力。长期以来，县域范围存在着一系列旧有的、不合时宜的制度安排，这些制度安排的存在有一定的历史原因，在过去时代其可能发挥了一定的作用，但当下已经成为阻碍县域发展的桎梏。县域党政领导干部，特别是县委书记和县长这两位主要领导的改革创新能力是破除县域制度藩篱和体制机制障碍，推动县域社会持续健康发展的重要保障。

（三）县域发展规划能力

县域发展规划能力指的是县域党委政府规划县域经济社会发展布局的能力。县域党委政府的规划工作是县域经济社会发展的"龙头"，为县域经济社会发展提供总体方向。县域发展规划体现了县域党委政府在一定时期内的施政思路和战略安排。县域党委政府发展规划能力的强弱会对县域经济社会发展全局产生深远影响。制定科学合理的发展规划，既要求县域党委政府领导班子尤其是主要领导具有远见卓识，又要求其充分掌握县域经济社会发展实际情况。

（四）县域公共服务能力

县域公共服务能力指的是县域党委政府通过各种机制向县域社会提供公共物品的能力。公共服务主要是指向社会公众提供的公共物品，既包括水、电、气、交通、道路、通信等物质性公共物品，也包括教育、医疗、文化娱乐等非物质性公共物品。因为公共物品至少具有非竞争性和非排他性之一的特性，所以政府必须在公共物品供给方面发挥主导作用，当然也可以引入市场、社会机制供给公共物品。

（五）县域风险控制能力

县域风险控制能力指的是县域党委政府管理和控制社会风险、维护社

---

① 田先红：《县域政策共同体：理解中国公共政策过程的一个新视角》，《学海》2023年第4期。

会稳定的能力。风险是现代社会的重要特征,"在现代化的进程中,生产力的指数式增长使危险和潜在的威胁释放达到了一个我们前所未知的程度"。① 当今时代,县域治理面临着诸多类型的风险,包括自然风险、社会风险、经济风险、政治风险、技术风险等,对于风险的控制能力直接影响县域社会的稳定情况。县域风险控制能力可以从风险管理过程的角度出发,分为三个部分:一是风险事前控制能力,也就是风险发生前,县域党委政府通过各种方式、手段,降低风险发生概率的能力;二是风险事中控制能力,也就是在风险发生时,县域党委政府根据紧急预案,减少风险危害的能力;三是风险事后控制能力,也就是在风险发生后,修复风险损失,恢复正常秩序的能力。

(六)县域数字治理能力

县域数字治理能力指的是县域党委政府利用互联网、大数据、云计算、人工智能等各类数字技术,建立数字应用平台、整合各类数据资源、对接社会公共需要、优化政府服务流程的能力。县域数字治理能力涵盖两个方面的内容:治理数字的能力和用数字进行治理的能力。治理数字的能力指的是对数字技术和数字资源的管理与规范,以确保数字可以得到安全、高效使用的能力。用数字进行治理的能力指的是利用数字技术和数字资源提升公共服务效率,改善决策流程,从而优化和改善政府治理工作的能力。

三 县域治理能力现代化的重要性

县域治理能力现代化是县域治理现代化在功能层面的反映,其基本要求是县域各项制度执行的合理化、高效化与权威化。县域在国家治理结构中所处的独特位置及其自身所处场域的特殊性,是我们理解县域治理能力现代化重要性的出发点。

(一)县域治理能力现代化是实现国家治理效能的关键环节

县一级在国家治理体系中的重要性主要体现在两个方面。

一是国家输入基层社会的各类资源需要各级政府进行统筹。县级政权

---

① 〔德〕乌尔里希·贝克:《风险社会》,何博闻译,译林出版社,2004,第15页。

是我国最低一级的完备政权，比县层级更低的乡镇并没有完整的职权，主要充当执行者的角色，而县则是决策与执行的统一体，在事实上成为国家资源输入基层社会的"最后一站"，县一级的资源统筹能力是影响国家资源分配效率的重要因素。

二是国家政策在基层社会有效落地需要各级政府对政策进行再规划。县的"接点"位置与其作为最低一级完备政权的特性，使县成为距离基层社会最近的完整公共政策单元，县一级结合地方实际对国家公共政策的转换能力是国家政策在基层有效落地的重要因素。[①]

可见，县一级在资源统筹、政策转换等方面的能力对国家治理效能的发挥有重要影响，县域治理能力现代化也由此成为实现国家治理效能的关键环节。

（二）县域治理能力现代化是县域各项制度安排得以落实的执行保障

"制度的生命力在于执行"，[②] 县域各项制度安排得以发挥作用的关键在于制度执行。在县域治理中，制度执行不力是制约治理效能发挥的重要原因。在治理过程中，县域党委政府本身具有一定的自主性，也需要一定的自主性。县域自主性指的是"县域政府为了实现特定治理目标而拥有的行动空间及所采取的相应行为"，主要包括"县域政府的自主决策权、政策转化权、资源整合权和能动性"四个组成要素。[③] 县域自主性对于实现县域有效治理，推进乡村振兴战略有重要影响，因此必须保证县域自主性能够被充分、适当地发挥。

在实践层面，部分县域领导干部在制度执行过程中，没有把握好国家制度统一性和县域治理自主性的关系，或是不对国家政策进行在地化转换，盲目落实国家政策；或是抱有"山高皇帝远"的心态变相落实、消极落实甚至不落实国家政策。县域治理能力现代化建设对于把握好国家政策统一性和县域治理自主性具有关键意义，也是提升县域制度执行力的重

[①] 田先红：《县域政策共同体：理解中国公共政策过程的一个新视角》，《学海》2023年第4期。

[②] 《关于〈中共中央关于坚持和完善中国特色社会主义制度 推进国家治理体系和治理能力现代化若干重大问题的决定〉的说明》，《中国民政》2019年第21期。

[③] 田先红：《论乡村振兴的县域自主性》，《新疆师范大学学报》（哲学社会科学版）2021年第3期。

要保障。

四 县域治理能力现代化面临的主要障碍

(一) 县域党委政府在谋全局、抓统筹方面本领不足

县域党委政府在谋全局、抓统筹方面本领不足主要体现在三个方面。第一，县域党委政府把控方向、谋划大局的能力不足。县域党委政府是县域社会治理的掌舵者，在把控县域发展方向、谋划县域发展大局方面具有无可替代的优势地位和不可推卸的使命责任。然而，部分县域党委政府所作的方向性决策和战略性部署在科学化、民主化、法治化程度上存在不足，不能满足县域发展需要。第二，县域党委政府资源统筹能力不足。如前所述，县域党委政府资源统筹能力不足的表现主要有两种：一是"撒胡椒面"，二是"吃偏饭"。第三，县域党委政府协调县域社会各方利益关系的能力不足。县域社会有着错综复杂的利益关系。部分地区的县域党委政府对各主体之间利益关系处理不当，导致县域利益联盟和治理结构失衡，在县域范围内形成了以攫取公共利益为目标的"分利秩序"，进而导致了基层治理的"内卷化"。[①]

(二) 县域干部改革创新存在意识薄弱和能力欠缺的问题

县域干部是县域治理事业的关键力量，肩负着推动县域社会改革创新的重要职责。县域干部在改革创新方面的主要问题出现在两个方面：一是改革创新意识薄弱，也就是"不愿创新"的问题；二是改革创新能力欠缺，也就是"不会创新"的问题。县域干部改革创新意识、能力欠缺的问题，阻碍了县域治理的适应性和创造性建设进程。

(三) 县域党委政府发展规划的科学性不足

县域党委政府发展规划的科学性不足，主要体现在项目盲目上马、资金盲目下拨这两个方面。部分地区县域党委政府在做发展规划工作时，或是受"造政绩"逻辑的支配，或是因为懒政，使项目、资金未经科学论证就匆匆进入执行环节，最终造成项目"悬浮"与资金浪费的问题。一些县级政府在缺乏前期调研论证的情况下，盲目举债搞建设，使得地方债

---

① 欧阳静：《治理体系中的能动者结构：县域的视角》，《文化纵横》2019年第2期。

务规模不断上升，最终损耗了政府的权威，影响了政府职能的正常履行，对社会稳定造成了负面影响。

（四）县域公共服务资源供给与配置能力不强

县域公共服务能力现代化面临的主要障碍涉及两个主要方面。一是县域公共服务资源的供给能力不强。虽然县域公共服务供给能力主要受县域经济实力的影响，但是部分地区县域党委政府在直接或间接提供公共物品方面科学化与规范化水平不足的状况也对县域公共服务供给能力产生了不良影响。二是县域公共服务资源的配置能力不强。部分地区县域党委政府在配置县域公共服务资源方面缺乏前瞻性与系统性思维，或者缺乏对县城引领县作用的认识，或是忽视了对农村地区基本公共服务资源的投入。

（五）县域风险控制能力不足

县域风险控制能力不足的问题主要表现在两个方面。一是从风险过程的角度看，县域党委政府在事前预防排查、事中干预控制和事后修复总结这三个阶段存在着能力不足的问题。二是从风险控制与资源投入关系的角度看，部分地区县域党委政府在上级强问责压力下，为防止小概率事件的发生，不仅自身投入大量的资源来预防风险，而且通过发出各种整改、排查通知的方式，将问责压力进一步传导到乡镇层面，以确保在事故发生时有推卸责任的依据。这又使得乡镇一级忙于应付县里的各种要求，将大量的时间和精力投入小概率事件的防控上，无暇顾及现实发展问题。从事实上看，小概率事件是防不住的，这种做法无疑是对治理资源的浪费。

（六）县域数字治理能力尚未达到理想水平

县域数字治理能力现代化面临的障碍主要表现在治理数字的能力和用数字进行治理的能力这两大方面。治理数字的能力方面所存在的问题主要表现在三个方面。一是部分县域各层级各部门协作不足，县域数据标准整合水平不高，致使一线干部面临采集数据的沉重压力，影响了数据的高效归纳和有效利用。二是部分县域，特别是中西部县域，在数字治理方面面临技术人才匮乏、基础设施落后、财政投入不足的状况，影响了数据的管理与维护。三是部分县域的容灾备份系统不完善，对政务信息的隐私性保护不足，影响了数据的安全性与稳定性。用数字进行治理的能力方面所存在问题主要表现在四个方面。一是数据分析与利用能力不足，数字治理过程中所产生的数据信息未能有效辅助县域政府决策。二是"简单数字化"的问题突出，县域各层级各部门政府出于满足自身利益而非公众需求的目的来推进数字治理实践，其结果是数字治理被异化为传统治理理念的"数字化版本"，未能从实质上优化政府内部流程，提高政务服务效率。[1] 三是在县域数字治理实践中存在"伪技术治理""伪创新"等现象。"伪技术治理"指的是"自称为运用新科技成果的技术治理，事实上却违背科学原理和技术方法的治理活动"。[2] "伪创新"则与"实质创新"相对，指的是政府在创新过程中基于自身利益所产生的选择偏差与行为异化，"伪创新"忽视了对民众需要和公共价值追求，将创新视为目的而非手段，最终使得创新陷入无效的境地。[3] 在县域数字治理实践中，"伪技术治理"集中体现在部分县域党委政府在治理信访问题时的不合理行为方面，"伪创新"则多体现在部分县域党委政府在政绩目标驱动下，投入大量资源与精力打造与维护展演性的数字治理平台方面。四是县域数字治理的适配能力有待提升。这里的适配能力主要是针对数字技术与基层社会的匹配关系而言的。一方面，数字治理所蕴含的理性化、标准化、规范化取向，与基层社会治理事务复杂性、模糊性、偶发性、连带性特征存在巨大张力，技术逻辑与乡土逻辑的冲突可能会导致数字治理在基层社会的失效。另一方面，数字治理需要相匹配的社会基础，县域空间范围内相当一部分老年人无法熟练使用智能手机，而当前的很多治理事务要依赖数字平台来运行，类似"两险"征缴这类主要在线上进行的工作，不得不由村干部来帮忙代缴，随着依赖数字平台的治理事务的增多，村干部的工作负担也相应加大。

五 推进县域治理能力现代化的具体路径

（一）提升县域统筹引领能力

提升县域党委政府统筹引领能力应当从三个方面入手。首先，在县域

---

[1] 郑磊：《数字治理的效度、温度和尺度》，《治理研究》2021年第2期。
[2] 刘永谋：《伪技术治理：类型、逻辑与应对》，《探索与争鸣》2022年第11期。
[3] 李婷：《注意力竞争与适应性选择：基层治理创新的内在逻辑——兼论"伪创新"现象》，《地方治理研究》2023年第2期。

党内政治生活中要坚持民主集中制原则，坚持集体领导与个人分工负责相结合，提升县域重大决策的科学化水平。其次，要完善县域资源配置机制，提升县域资源配置的效率。最后，县域党委政府要在法治框架下，正确处理自身与县域市场、社会主体的关系，提升自身处理县域社会复杂利益关系的能力。

（二）强化县域改革创新能力

强化县域改革创新能力，关键在于提升县域干部的改革创新意识和改革创新能力。首先，要加强和改善县域党的领导，从政治、组织、思想三方面的领导入手，提升干部改革创新的意识与能力。其次，要建立健全县域容错纠错机制，包容县域干部在改革创新过程中所犯的非原则性错误，保护县域干部改革创新的积极性。最后，要进一步完善改革创新激励机制，给敢于改革创新的干部提供经济与政治方面的正向激励。同时，要通过"树典型""立标杆"的工作方法，提升县域干部队伍投身改革创新实践的积极性。

（三）提高县域发展规划能力

提高县域发展规划能力，需要从两个方面入手。一方面，调查研究工作是制定发展规划的前提和基础，党委政府在制定县域发展规划前，要做好深入扎实的调查研究工作。另一方面，要积极调动市场和社会主体参与到县域发展规划的制定过程中，特别是要重视人民群众的意愿，积极寻求专家学者的智力支持。

（四）增强县域公共服务能力

县域公共服务能力可以反映在两个层面。一是公共服务资源的总量与品质。从根本上讲，一个县公共服务资源的总量与品质与其经济实力的关系最为密切，不过，政府公共服务供给机制的科学化、规范化程度也很重要，在经济实力有限的情况下，更需要政府在提供公共物品时精打细算，做好节流工作。二是公共服务资源在县域范围内的配置效率。在县域公共服务资源总量与品质不变的条件下，县域公共服务能力可以通过资源配置效率体现。县域党委政府在分配公共服务资源时，一方面要有所侧重，特别是要根据"县城为中心、乡镇为纽带、农村为腹地的"县域空间分布特征分配公共服务资源；另一方面也要推动实现基本公共服务均等化的目标，让基本公共服务资源进一步向农村倾斜，保障基本、质效优良、城乡均等的农村公共服务体系全面建立，进一步增强农民的获得感、幸福感、安全感。

（五）加强县域风险控制能力

加强县域风险控制能力可以从两个方面入手。一方面，县域党委政府可以从风险管理过程角度出发，分析自身在事前预防排查能力、事中干预控制能力和事后修复总结能力的情况，并根据自身能力短板，有针对性地提高某一阶段的风险控制能力。另一方面，县域党委政府也要平衡好风险控制和资源投入之间的关系，优化县域问责机制，把真正的小概率事件和苗头性事件区分开来，将风险控制的重点放在应对苗头性事件方面。①

（六）提高县域数字治理能力

提高县域数字治理能力，应该从四个方面发力。首先，应当以县为单位制定科学的数字治理发展规划，持续提升财政投入力度与精度，加强县域数字信息基础设施建设，大力培育与引进数字技术人才。其次，应当优化县域数字治理考核机制，消解压力型体制与数字治理间的制度张力，构建以客观评估数字治理实效为原则的立体化考评体系。② 再次，应当做好县域数字治理的顶层规划设计，纵向上要明确县乡村三级在数字治理体系中的角色定位，横向上要提升县域各条线部门的协同联动能力。最后，应当处理好"技术"与"价值"之间的关系，③ 坚持以人为中心的导向，避免对数字的迷信，推动数字技术与县域社会，尤其是与乡村社会传统治理秩序的有机结合。

---

① 贺雪峰：《乡镇治理中的二十五个定律》，《长白学刊》2021年第6期。
② 赵玉林、任莹、周悦：《指尖上的形式主义：压力型体制下的基层数字治理——基于30个案例的经验分析》，《电子政务》2020年第3期。
③ 王锋：《技术与价值：数字化治理的两个维度》，《行政论坛》2023年第4期。

参考文献

一　著作

〔美〕白瑞德：《爪牙：清代县衙的书吏与差役》，尤陈俊、赖骏楠译，广西师范大学出版社，2021。

班固：《史记·百官公卿表》，中华书局，2000。

蔡定剑：《中国人民代表大会制度》（第四版），法律出版社，2003。

陈邦瞻撰《宋代纪事本末》，中华书局，1977。

陈斯喜：《人民代表大会制度概论》，中国民主法制出版社，2008。

陈威主编《公共文化服务体系研究》，深圳报业集团出版社，2006。

陈文琼：《半城市化——农民进城策略研究》，社会科学文献出版社，2018。

〔澳〕戴维·思罗斯比：《经济学与文化》，王志标、张峥嵘译，中国人民大学出版社，2015。

《地方政府与政治》编写组编《地方政府与政治》（第二版），高等教育出版社，2017。

〔美〕杜赞奇：《文化、权力与国家——1900—1942年的华北农村》，王福明译，江苏人民出版社，1996。

樊红敏：《转型中的县域治理：结构、行为与变革——基于中部地区5个县的调查》，中国社会科学出版社，2013。

贺雪峰：《城市化的中国道路》，东方出版社，2014。

胡建淼主编《行政诉讼法学》，高等教育出版社，2003。

〔美〕加布里埃尔·A.阿尔蒙德、小G·宾厄姆·鲍威尔：《比较政治学——体系、过程和政策》，曹沛霖、郑世平、公婷、陈峰译，上海译文出版社，1987。

景跃进、陈明明、肖滨主编《当代中国政府与政治》，中国人民大学出版社，2016。

梁启超：《新大陆游记》，载《饮冰室合集·专集》（第五册），中华书局，1989。

刘伯龙、竺乾威主编《当代中国公共政策》，复旦大学出版社，2000。

刘文军、李顺广、张保明、张存俭等：《县级行政学》，中国劳动出版社，1991。

刘新成、张永新、张旭主编《中国公共文化服务发展报告（2014～2015）》，社会科学文献出版社，2015。

刘彦波主编《中国县域治理史》（近代卷），长江出版社，2019。

柳宗元：《封建论》，载《柳宗元集》，中华书局，1979。

卢智增：《我国地方政府异体问责机制研究》，武汉大学出版社，2020。

陆铭：《大国大城：当代中国的统一、发展与平衡》，上海人民出版社，2016。

吕文浩编《中国近代思想家文库·费孝通卷》，中国人民大学出版社，2015。

马怀德主编《行政诉讼法学》（第三版），北京大学出版社，2013。

《马克思恩格斯全集》（第二十六卷），人民出版社，2014。

《马克思恩格斯文集》（第一卷），人民出版社，2009。

《马克思恩格斯选集》（第四卷），人民出版社，2012。

〔德〕马克斯·韦伯：《法律社会学：非正当性的支配》，康乐、简惠美译，广西师范大学出版社，2011。

〔德〕马克斯·韦伯：《支配社会学》，康乐、简惠美译，广西师范大学出版社，2010。

〔英〕迈克尔·曼：《社会权力的来源》（第二卷）上，陈海宏等译，上海人民出版社，2007。

〔法〕孟德斯鸠：《论法的精神》（上册），张雁深译，商务印书馆，2009。

〔美〕Neil Gilbert、Paul Terrell：《社会福利政策导论》，黄晨熹等译，华东理工大学出版社，2003。

欧阳静：《强治理与弱治理：基层治理中的主体、机制和资源》，社会科学文献出版社，2018。

〔美〕乔治·S.米格代尔：《强社会与弱国家——第三世界的国家社会关系及国家能力》，张长东译，江苏人民出版社，2012。

全国干部培训教材编审指导委员会组织编写《公共行政概论》，人民出版社，2002。

荣敬本等：《从压力型体制向民主合作体制的转变：县乡两级政治体制改革》，中央编译出版社，1998。

司马彪：《续汉书》，中华书局，1965。

宋亚平：《中国县制》，中国社会科学出版社，2013。

孙立平：《转型与断裂：改革以来中国社会结构的变迁》，清华大学出版社，2004。

孙中山：《中华民国建设之基础》，载陈旭麓、郝盛潮主编《孙中山集外集》，上海人民出版社，1990。

汤可敬撰《说文解字今释》，岳麓书社，1997。

王成、谢新清：《中国地方政府发展史》，山东大学出版社，2011。

王军、张蕴萍编著《县域经济创新发展研究》，人民出版社，2011。

王诗宗：《治理理论及其中国适用性》，浙江大学出版社，2009。

王元俊、朱侗荣、陈奋林、顾善祥：《中国县域政治学》，南京出版社，1989。

王媛：《土地运作、政府经营与中国城市化》，华东师范大学出版社，2017。

王臻荣主编《行政监督概论》，高等教育出版社，2009。

〔德〕乌尔里希·贝克：《风险社会》，何博闻译，译林出版社，2004。

吴春华主编《行政管理学》，南开大学出版社，2008。

吴国成主编《县域治理史》（古代卷），长江出版社，2019。

吴理财等：《中国公共文化服务体系建设的实践探索》，高等教育出版社。

吴丕、袁刚、孙广厦：《政治监督学》，北京大学出版社，2007。

〔美〕西达·斯考切波：《国家与社会革命——对法国、俄国和中国的比较分析》，何俊志、王学东译，上海人民出版社，2007。

习近平：《摆脱贫困》，福建人民出版社，1992。

习近平：《论坚持党对一切工作的领导》，中央文献出版社，2019。

习近平：《做焦裕禄式的县委书记》，中央文献出版社，2015。

席文启：《人民代表大会工作十五讲》，红旗出版社，2016。

夏书章主编《行政管理学》（第四版），高等教育出版社，2009。

〔美〕熊彼特：《资本主义、社会主义和民主》，吴良健译，商务印书馆，1999。

徐海龙编著《文化产业基础理论》，高等教育出版社，2015。

徐双敏、李明强主编《行政管理学》，中国人民大学出版社，2020。

徐勇主编《地方政府与政治》，高等教育出版社，2017。

许安标主编《新编人大代表履职工作手册》（第三版），中国法制出版社，2020。

许慎：《说文解字注》，段玉裁注，中华书局，2013。

闫恩虎编著《县域经济论纲》，暨南大学出版社，2005。

杨伯峻编著《春秋左传注》，中华书局，1981。

杨华：《县乡中国：县域治理现代化》，中国人民大学出版社，2022。

杨宽：《从分封制到郡县制的发展演变》，《杨宽古史论文选集》，上海人民出版社。

杨雪冬：《市场发育、社会生长和公共权力构建——以县为微观分析单位》，河南人民出版社，2002。

俞可平：《论国家治理现代化》，社会科学文献出版社，2014。

俞可平：《治理与善治》，社会科学文献出版社，2000。

俞可平等：《中国公民社会的兴起与治理的变迁》，社会科学文献出版社，2002。

袁守定：《图民录》，载裴传永主编《为官思想录》，中共中央党校出版社，2005。

〔美〕约翰·罗尔斯：《正义论》，何怀宏、何包钢、廖申白译，中国社会科学出版社，1988。

张德美：《皇权下县：秦汉以来基层管理制度研究》，清华大学出版社，2017。

张平夫主编《人民政协概论》，中央编译出版社，2008。

张启春：《公共文化服务体系建设财政保障研究》，中国社会科学出版社，2019。

张树义主编《行政诉讼证据判例与理论分析》，法律出版社，2002。

章剑生：《行政监督研究》，人民出版社，2001。

赵尔巽等撰《清史稿》（卷一一六），中华书局，1977。

中共中央宣传部编《习近平新时代中国特色社会主义思想学习问答》，学习出版社、人民出版社，2021。

周飞舟：《以利为利：财政关系与地方政府行为》，上海三联出版社，2012。

周黎安：《转型中的地方政府：官员激励与治理》（第二版），格致出版社、上海三联书店、上海人民出版社，2017。

周平主编《当代中国地方政府与政治》，北京大学出版社，2015。

周庆智：《县政治理：权威、资源、秩序》，中国社会科学出版社，2014。

周振超：《当代中国政府"条块关系"研究》，天津人民出版社，2009。

周振鹤：《中国行政区划通史·总论》，复旦大学出版社，2009。

周正兵：《文化产业导论》（第二版），经济科学出版社，2014。

最高人民法院中国应用法学研究所编《人民法院案例选》，中国发展出版社，2000。

左丘明撰《国语》，凤凰出版社，2009。

二 期刊论文

白志礼、谭江蓉、曲晨：《县域城镇化问题的特异性与发展思路探究》，《城市发展研究》2007年第5期。

柏定国：《县域文化产业发展的关键问题及对策》，《科技进步与对策》2005 年第 3 期。

毕天云：《建设立体化的多层次社会保障体系》，《学术探索》2023 年第 4 期。

蔡则祥：《县域经济发展中的金融支持问题研究》，《南京社会科学》2003 年第 7 期。

曹雪松：《党的十八大以来党内监督理念与实践的新发展》，《社会主义研究》2016 年第 4 期。

曹银山、刘义强：《技术适配性：基层数字治理"内卷化"的生发逻辑及超越之道》，《当代经济管理》2023 年第 6 期。

曹正汉：《"强政权、弱国家"：中国历史上一种国家强弱观》，《开放时代》2019 年第 2 期。

陈成文、陈静、陈建平：《市域社会治理现代化：理论建构与实践路径》，《江苏社会科学》2020 年第 1 期。

陈成文、张江龙、陈宇舟：《市域社会治理：一个概念的社会学意义》，《江西社会科学》2020 年第 1 期。

陈道银：《风险社会的公共安全治理》，《学术论坛》2007 年第 4 期。

陈国权、李院林：《县域社会经济发展与府际关系的调整——以金华—义乌府际关系为个案研究》，《中国行政管理》2007 年第 2 期。

陈国权：《政治监督：形态、功能及理论阐释》，《政治学研究》1998 年第 4 期。

陈辉：《县域治理中的领导注意力分配》，《求索》2021 年第 1 期。

陈家建、赵阳：《"科级天花板"：县域治理视角下的基层官员晋升问题》，《开放时代》2020 年第 5 期。

陈朋：《优化县域政治生态的几个难点》，《红旗文稿》2018 年第 15 期。

陈石春：《县域社会治安防控体系建设研究》，《公安教育》2012 年第 1 期。

陈为雷：《新时期基层社会组织能力建设研究》，《中国城市经济》2011 年第 23 期。

陈文琼：《富人治村与不完整乡镇政权的自我削弱？——项目进村背

景下华北平原村级治理重构的经验启示》,《中国农村观察》2020年第1期。

陈一新:《新时代市域社会治理理念体系能力现代化》,《社会治理》2018年第8期。

〔澳〕戴维·思罗斯比:《什么是文化资本》,潘飞编译《马克思主义与现实》2004年第1期。

丁志刚、陆喜元:《论县级政府治理能力现代化》,《甘肃社会科学》2016年第4期。

丁志刚、陆喜元:《论县级政府治理能力现代化》,《甘肃社会科学》2016年第4期。

杜鹏:《一线治理:乡村治理现代化的机制调整与实践基础》,《政治学研究》2020年第4期。

樊红敏、刘晓凤:《模糊性治理:县域政府社会冲突治理运作逻辑》,《中国行政管理》2019年第10期。

樊红敏、张玉娇:《县域社会治理评价体系:建构理路与评估框架》,《河南师范大学学报》(哲学社会科学版)2017年第1期。

樊红敏、周勇振:《县域政府动员式社会治理模式及其制度化逻辑》,《中国行政管理》2016年第7期。

范炜烽、白云腾:《何以破解"数字悬浮":基层数字治理的执行异化问题分析》,《电子政务》2023年第10期。

费孝通:《论中国小城镇的发展》,《中国农村经济》1996年第3期。

冯朝睿、徐宏宇:《当前数字乡村建设的实践困境与突破路径》,《云南师范大学学报》(哲学社会科学版)2021年第5期。

符平、卢飞:《制度优势与治理效能:脱贫攻坚的组织动员》,《社会学研究》2021年第3期。

付伟、罗明灿、李娅:《基于"两山"理论的绿色发展模式研究》,《生态经济》2017年第11期。

高福安、刘亮:《基于高新信息传播技术的数字化公共文化服务体系建设研究》,《管理世界》2012年第8期。

谷志军:《问责乱象的生成机理及精准治理》,《深圳大学学报》(人文社会科学版）2021年第2期。

顾颉刚：《春秋时代的县》，《禹贡》卷七六、七合期，1937。

管悦：《资源配置、市场创造、品牌创新：推动县域文化产业发展的三个关键维度分析》，《中国文化产业评论》2023年第1期。

郭本勋：《对发展县域经济几个问题的认识》，《齐齐哈尔师范学院学报》（哲学社会科学版）1988年第6期。

郭远远：《县域文化治理的理论建构与实践创新》，《理论导刊》2017年第11期。

郝宇青：《"政治生态"的内涵解读》，《探索与争鸣》2015年第11期。

何康：《关于县域经济改革与发展的若干问题》，《农业经济问题》1991年第8期。

何晓斌：《以县域为基础的现代化和共同富裕》，《探索与争鸣》2021年第11期。

贺雪峰、卢青青、桂华：《扩权赋能与县域发展的定位》，《社会发展研究》2023年第2期。

贺雪峰：《大城市的"脚"还是乡村的"脑"？——中西部县域经济与县域城镇化的逻辑》，《社会科学辑刊》2022年第5期。

贺雪峰：《东西中国：中国区域差异的经济视角》，《开放时代》2023年第2期。

贺雪峰：《乡镇治理中的二十五个定律》，《长白学刊》2021年第6期。

洪明星、吴理财、朱懿：《文化体制改革的转型与出口》，《学术论坛》2015年第3期。

胡萧力、王锡锌：《基础性权力与国家"纵向治理结构"的优化》，《政治与法律》2016年第3期。

胡智锋、杨乘虎：《免费开放：国家公共文化服务体系的发展与创新》，《清华大学学报》（哲学社会科学版）2013年第1期。

黄福寿：《中国共产党领导人民政协的途径、载体、方式》，《探索与争鸣》2008年第9期。

黄英君、郑军：《我国二元化城乡社会保障体系反思与重构：基于城乡统筹的视角分析》，《保险研究》2010年第4期。

黄永涛：《关于县域公共服务体系建设的思考》，《科学与财富》2012年第1期。

姜晓萍：《行政问责的体系构建与制度保障》，《政治学研究》2007年第3期。

金海和、李利：《社会保障与政府责任——以中国农村社会保障体系建设为例》，《中国行政管理》2010年第3期。

李海青：《中国共产党：马克思主义的使命型政党》，《江西社会科学》2018年第2期。

李娉、杨宏山：《工作专班如何落实非常规任务？——重构科层制治理的一个分析框架》，《政治学研究》2023年第4期。

李婷：《注意力竞争与适应性选择：基层治理创新的内在逻辑——兼论"伪创新"现象》，《地方治理研究》2023年第2期。

李文政：《当前中国乡村治理的困境与策略探究》，《中国农学通报》2009年第16期。

李小三、徐鸣：《关于县域经济的理论思考》，《江西社会科学》2000年第3期。

李永萍：《"一家三制"：教育城镇化背景下的亲代陪读与农民家庭形态调适》，《经济社会体制比较》2022年第6期。

李元珍、吕德文：《县域治理中的纪检监察监督：过程、机制与功能——基于A县的经验研究》，《探索》2020年第4期。

廖楠：《县域社会保障城乡一体化：困境与出路——以湖北省A市为个案的调查研究》，《中共福建省委党校学报》2010年第10期。

林尚立：《协商政治：对中国民主政治发展的一种思考》，《学术月刊》2003年第4期。

凌耀初：《中国县域经济发展分析》，《上海经济研究》2003年第12期。

刘炳辉、熊万胜：《县城：新时代中国城镇化转型升级的关键空间布局》，《中州学刊》2021年第1期。

刘义强、陈明：《中国县政的断裂与政治科层化风险分析》，《领导科学》2010 年第 26 期。

刘义强：《从基层民主到地方民主：县域政治生态重构》，《探索》2008 年第 5 期。

刘永谋：《伪技术治理：类型、逻辑与应对》，《探索与争鸣》2022 年第 11 期。

卢青青：《家庭自主性与农民城市化的实践类型》，《农业经济问题》2020 年第 10 期。

罗云川、张彦博、阮平南：《"十二五"时期我国公共文化服务体系建设研究》，《图书馆建设》2011 年第 12 期。

吕德文：《运用公开监督重塑治理生态》，《中国党政干部论坛》2019 年第 3 期。

马骏：《共同富裕视域下城乡高质量融合发展论析》，《求索》2023 年第 2 期。

马力宏：《论政府管理中的条块关系》，《政治学研究》1998 年第 4 期。

马立、曹锦清：《基层社会组织生长的政策支持：基于资源依赖的视角》，《上海行政学院学报》2014 年第 6 期。

欧阳静：《"维控型"政权多重结构中的乡镇政权特性》，《社会》2011 年第 3 期。

欧阳静：《县域政府包干制：特点及社会基础》，《中国行政管理》2020 年第 1 期。

欧阳静：《政治统合制及其运行基础——以县域治理为视角》，《开放时代》2019 年第 2 期。

欧阳静：《治理体系中的能动者结构：县域的视角》，《文化纵横》2019 年第 2 期。

彭红心：《基于生态文明的县域绿色发展路径探析》，《农村经济与科技》2017 年第 13 期。

仇叶：《行政权集中化配置与基层治理转型困境——以县域"多中心工作"模式为分析基础》，《政治学研究》2021 年第 1 期。

渠敬东、周飞舟、应星:《从总体支配到技术治理——基于中国 30 年改革经验的社会学分析》,《中国社会科学》2009 年第 6 期。

荣仕星:《关于民主监督原则的若干思考》,《广西社会科学》1999 年第 1 期。

桑玉成:《拓展全过程民主的发展空间》,《探索与争鸣》2020 年第 12 期。

折晓叶:《县域政府治理模式的新变化》,《中国社会科学》2014 年第 1 期。

施雪华:《论政府能力及其特性》,《政治学研究》1996 年第 1 期。

史云贵、孟群:《县域生态治理能力:概念、要素与体系构建》,《四川大学学报》(哲学社会科学版) 2018 年第 2 期。

宋涛:《行政问责概念及内涵辨析》,《深圳大学学报》(人文社会科学版) 2005 年第 2 期。

宋亚平:《封建时代的县域治理及其历史启示》,《江汉论坛》2006 年第 5 期。

宋亚平:《中国封建社会的县域治理》,《决策与信息》2008 年第 9 期。

孙良顺、田泽:《迈向更高水平城乡融合的新型城镇化——基于"城乡两栖"的讨论》,《经济学家》2022 年第 6 期。

孙蔚:《县级党委决策机制分析与改进策略研究》,《求实》2010 年第 6 期。

孙永勇:《以县域为起点推进城乡社会保障一体化》,《城市》2009 年第 1 期。

唐玉青:《从碎片化到整体性:基层政务服务数据的治理》,《行政论坛》2022 年第 1 期。

田先红、张庆贺:《再造秩序:"元治理"视角下城市住宅小区的多元治理之道》,《社会科学》2020 年第 10 期。

田先红、吕德文:《"生活国家"的构建:中国国家建设的历史进程与基本经验——以乡村生活治理为讨论中心》,《社会科学》2023 年第 4 期。

田先红:《"目标管理"与"政治评价":县域官员二元评价体系研究》,《行政论坛》2022年第6期。

田先红:《从结果管理到过程管理:县域治理体系演变及其效应》,《探索》2020年第4期。

田先红:《基层信访治理中的"包保责任制":实践逻辑与现实困境 以鄂中镇为例》,《社会》2012年第4期。

田先红:《论乡村振兴的县域自主性》,《新疆师范大学学报》(哲学社会科学版)2021年第3期。

田先红:《属地管理与基层避责:一种理论解释——基于理性选择制度主义的分析》,《广西大学学报》(哲学社会科学版)2021年第2期。

田先红:《统合治理与中国县域治理现代化——基于县域议事协调机构的经验分析》,《甘肃社会科学》2023年第2期。

田先红:《县域末端治理的属性、困境及其破解之道——从条块关系的视角切入》,《理论月刊》2022年第7期。

田先红:《县域政策共同体:理解中国公共政策过程的一个新视角》,《学海》2023年第4期。

田先红:《中国基层治理:体制与机制——条块关系的分析视角》,《公共管理与政策评论》2022年第1期。

万博绅、闵维方:《教育影响城镇化水平的实证研究——基于中国2005—2020年省级面板数据》,《华东师范大学学报》(教育科学版)2023年第10期。

王宾:《县域城乡人居环境整治:关键问题与路径策略》,《当代经济管理》2023年第7期。

王锋:《技术与价值:数字化治理的两个维度》,《行政论坛》2023年第4期。

王国红、瞿磊:《县域治理研究述评》,《湖南师范大学社会科学学报》2010年第6期。

王敬尧、黄祥祥:《县域治理:中国之治的"接点"存在》,《行政论坛》2022年第4期。

王立峰、潘博:《党内基层巡察制度优化路径探析》,《长白学刊》

2017 年第 2 期。

王锐、倪星:《政党引领的权力监督模式:生成逻辑与内在机制》,《政治学研究》2022 年第 1 期。

王绍光:《国家汲取能力的建设——中华人民共和国成立初期的经验》,《中国社会科学》2002 年第 1 期。

王锡锌:《地方治理的"在地化"与国家治理能力建设》,《中国法律评论》2016 年第 1 期。

王彦林、姚和霞、曹万鹏:《县域文化产业发展方式的确定与培育》,《学术交流》2014 年第 1 期。

王莹、王义保:《社会公共安全治理中公众参与的模式与策略》,《城市发展研究》2015 年第 2 期。

王雨磊:《精准扶贫何以"瞄不准"?——扶贫政策落地的三重对焦》,《国家行政学院学报》2017 年第 1 期。

魏光奇:《官治与自治:中国近代的县乡行政体制》,《中国改革》2002 年第 11 期。

吴理财、解胜利:《中国公共文化服务体系建设 40 年:理念演进、逻辑变迁、实践成效与发展方向》,《上海行政学院学报》2019 年第 5 期。

吴理财:《把治理引入公共文化服务》,《探索与争鸣》2012 年第 6 期。

吴晓林、白一媚:《以考核促治理:基层治理专项考核的效能转化机制——来自四川省宜宾市的考察》,《华中师范大学学报》(人文社会科学版) 2022 年第 5 期。

武靖国、毛寿龙:《县域经济发展路径演进与政府治道变革》,《学术界》2015 年第 8 期。

夏柱智、贺雪峰:《半工半耕与中国渐进城镇化模式》,《中国社会科学》2017 年第 12 期。

项继权:《基本公共服务均等化:政策目标与制度保障》,《华中师范大学学报》(人文社会科学版) 2008 年第 1 期。

项继权:《中国乡村治理的层级及其变迁——兼论当前乡村体制的改革》,《开放时代》2008 年第 3 期。

肖陆军：《论县域基本公共服务均等化》，《理论学刊》2008 年第 6 期。

肖唐镖：《基层治理亟待走向系统性改革》，《国家行政学院学报》2015 年第 4 期。

谢林垚：《五大发展理念研究述要》，《北京交通大学学报》（社会科学版）2018 年第 4 期。

谢小芹：《市域社会治理现代化：理论视角与实践路径》，《理论学刊》2020 年第 6 期。

徐国冲：《会议：公共管理亟需研究的议题》，《中国行政管理》2021 年第 8 期。

徐汉明：《市域社会治理现代化：内在逻辑与推进路径》，《理论探索》2020 年第 1 期。

徐双敏、宋元武：《协同治理视角下的县域社会治理创新路径研究》，《学习与实践》2014 年第 9 期。

徐勇、刘义强：《我国基层民主政治建设的历史进程与基本特点探讨》，《政治学研究》2006 年第 4 期。

徐勇：《"接点政治"：农村群体性事件的县域分析——一个分析框架及以若干个案为例》，《华中师范大学学报》（人文社会科学版）2009 年第 6 期。

徐勇：《GOVERNANCE：治理的阐释》，《政治学研究》1997 年第 1 期。

徐勇：《县政、乡派、村治：乡村治理的结构性转换》，《江苏社会科学》2002 年第 2 期。

许宝健：《习近平关于县域治理的重要论述及其实践基础》，《行政管理改革》2022 年第 8 期。

闫恩虎：《中国传统县制的历史分析》，《社会科学论坛》2010 年第 16 期。

阎德民：《防止县域官员腐败与优化县域政治生态》，《中州学刊》2013 年第 2 期。

晏维龙、赵军锋、张淑缘：《推进审计监督融入民主监督全面提升监督治理效能》,《中国行政管理》2023 年第 2 期。

杨发祥、郭科:《县域视角下乡村振兴的理论框架及行动方略》,《西北农林科技大学学报》(社会科学版) 2022 年第 5 期。

杨华、袁松:《行政包干制:县域治理的逻辑与机制——基于华中某省 D 县的考察》,《开放时代》2017 年第 5 期。

杨华、袁松:《中心工作模式与县域党政体制的运行逻辑——基于江西省 D 县调查》,《公共管理学报》2018 年第 1 期。

杨华:《"制造流动":乡镇干部人事激励的一个新解释框架》,《探索》2020 年第 4 期。

杨华:《多中心工作与过程管理:县域治理结构变革的内在逻辑》,《政治学研究》2022 年第 6 期。

杨华:《基层治理的形式主义何以发生——从乡镇职能部门关系反思治理问题》,《文化纵横》2019 年第 2 期。

杨华:《论以县域为基本单元的乡村振兴》,《重庆社会科学》2019 年第 6 期。

杨华:《事务分类与激励匹配:对基层"干部分流"现象的新理解》,《江西师范大学学报》(哲学社会科学版) 2022 年第 2 期。

杨华:《县域治理中的党政体制:结构与功能》,《政治学研究》2018 年第 5 期。

杨华:《治理机制创新:县域体制优势转化为治理效能的路径》,《探索》2021 年第 5 期。

杨磊、许晓东:《市域社会治理的问题导向、结构功能与路径选择》,《改革》2020 年第 6 期。

杨述明:《现代社会治理体系的五种基本构成》,《江汉论坛》2015 年第 2 期。

叶敏:《增长驱动、城市化战略与市管县体制变迁》,《公共管理学报》2012 年第 2 期。

易小燕、陈印军、向雁、王恒:《县域乡村振兴指标体系构建及其评价——以广东德庆县为例》,《中国农业资源与区划》2020 年第 8 期。

于法稳:《当前县域生态环境治理困境及对策建议》,《国家治理》

2022 年第 4 期。

于伟、张鹏、姬志恒：《中国省域农村教育人力资本与农业全要素生产率的空间交互效应——基于空间联立方程的经验分析》，《中国农业大学学报》2020 年第 3 期。

俞可平：《治理和善治引论》，《马克思主义与现实》1999 年第 5 期。

郁建兴、高翔：《地方发展型政府的行为逻辑及制度基础》，《中国社会科学》2012 年第 5 期。

张春艳：《大数据时代的公共安全治理》，《国家行政学院学报》2014 年第 5 期。

张丹丹：《统合型治理：基层党政体制的实践逻辑》，《西北农林科技大学学报》（社会科学版）2020 年第 5 期。

张国军、程同顺：《党政统筹下的三权分工：当代中国的国家治理结构及其调适》，《中南大学学报》（社会科学版）2022 年第 1 期。

张君：《全过程人民民主：新时代人民民主的新形态》，《政治学研究》2021 年第 4 期。

张琳：《廉政建设，公民不能缺位》，《人民论坛》2017 年第 16 期。

张冉、楼鑫鑫：《中国基层社会组织发展的迭代逻辑与推进路径——基于组织生态学视角》，《甘肃社会科学》2023 年第 3 期。

张新：《五大发展理念是党对科学发展原则和规律的新认识》，《思想理论教育导刊》2016 年第 1 期。

张郁：《监察体制改革背景下行政监督的发展趋向》，《中国社会科学院大学学报》2022 年第 6 期。

张云飞、张晓欢、刘忠轶：《促进县域基本公共服务均等化》，《开放导报》2012 年第 4 期。

赵娟、孟天广：《数字政府的纵向治理逻辑：分层体系与协同治理》，《学海》2021 年第 2 期。

赵玉林、任莹、周悦：《指尖上的形式主义：压力型体制下的基层数字治理——基于 30 个案例的经验分析》，《电子政务》2020 年第 3 期。

郑才法：《深化县域行政执法体制改革的对策与建议》，《中国行政管理》2015 年第 10 期。

郑凤田、李明：《新农村建设视角下中国基层县乡村治理结构》，《中国人民大学学报》2006 年第 5 期。

郑磊：《数字治理的效度、温度和尺度》，《治理研究》2021 年第 2 期。

郑琦：《社会组织党建：目标取向与实践逻辑》，《求实》2017 年第 10 期。

郑炎成、陈文科：《县域经济在国民经济中的现实地位变迁：理论与实证》，《财经研究》2006 年第 3 期。

周海鸥、张云：《新时代县域文化产业的功能定位与发展路径》，《河北学刊》2020 年第 3 期。

周黎安：《中国地方官员的晋升锦标赛模式研究》，《经济研究》2007 年第 7 期。

周平：《县级政府能力的构成和评估》，《云南行政学院学报》2002 年第 5 期。

周望：《领导小组组成部门的职责履行：方式归类、动力系统与优化策略》，《行政论坛》2023 年第 5 期。

周振鹤：《县制起源三阶段说》，《中国历史地理论丛》1997 年第 3 期。

朱光磊、张志红：《"职责同构"批判》，《北京大学学报》（哲学社会科学版）2005 年第 1 期。

朱勤军：《中国政治文明建设中的协商民主探析》，《政治学研究》2004 年第 3 期。

竺乾威：《国家治理体系现代化与政府职能转变》，《求索》2023 年第 4 期。

三 硕博论文

曹任何：《治理的兴起与政府合法性重建》，博士学位论文，吉林大学，2004。

邓博：《当代中国县级政府权力配置研究》，博士学位论文，云南大学，2011。

杜春林：《农村公共服务项目制供给"碎片化"研究》，博士学位论文，南京农业大学，2016。

孔令路：《当前我国县级政府监督机制存在的问题及完善对策》，硕士学位论文，黑龙江大学，2016。

李伟南：《当代中国县政府行为逻辑研究》，博士学位论文，华中师范大学，2009。

马斌：《政府间关系：权力配置与地方治理——以浙江省、市、县政府间关系为研究案例》，博士学位论文，浙江大学，2008。

孙成军：《转型期的中国城乡统筹发展战略与新农村建设研究》，博士学位论文，东北师范大学，2006年。

王春英：《民国时期的县级行政权力与地方社会控制——以1928—1949年川康地区县政整改为例》，博士学位论文，四川大学，2004。

杨建军：《县域经济的可持续发展分析》，博士学位论文，东北大学，2006。

尤光付：《县政府行政监督研究》，博士学位论文，华中师范大学，2006。

赵成福：《社会转型中的县域农村公共服务供给机制研究——以河南省盐津县为表述对象》，博士学位论文，华中师范大学，2008。

后　记

这本《县域治理》教材是华中师范大学政治学一流学科建设的成果。早在2021年，徐勇教授在谋划我校政治学一流学科建设第二轮方案的时候，就将编写有关基层与地方治理系列教材作为其重要内容。其中，《县域治理》教材由我们县域治理研究团队负责编写。我们团队初次接触教材编写工作，在这方面缺乏经验，需要慢慢摸索。接受任务后，在我校政治学部的指导和支持下，我们迅速成立了教材编写工作小组，分头阅读有关教材和研究文献。徐勇教授、陈军亚教授为此召开数次会议，讨论和确定教材提纲，为教材编写和出版工作付出大量心血。经过历时数年的集体努力和攻关，这本教材最终得以完成。

教材各章节写作的具体分工如下：绪论由吴春来撰写；第一章由刘天文撰写；第二章由孙锦帆撰写；第三章由梁琦撰写；第四章由彭晓旭撰写；第五章由孙锦帆撰写；第六章由卢青青撰写；第七章由严启航撰写；第八章由何成兵撰写；第九章由庞广龙撰写；第十章由周展撰写；第十一章由孟庆渡撰写；第十二章由张庆贺撰写；第十三章由杨海峰撰写；第十四章由刘岩撰写。

在编写过程中，我们深感教材编写不易。要编写好一本教材，其难度甚至不亚于撰写一本学术专著。所幸的是，在我们团队全体研究人员的努力下，本教材编写工作得以画上一个圆满的句号。

最后，感谢华中师范大学政治学部的大力支持，感谢徐勇教授、陈军亚教授的精心指导。感谢任路老师为本教材出版所做的服务工作。感谢社会科学文献出版社黄金平编辑为本书工作付出的大量心血。

田先红

2024 年 12 月 30 日

图书在版编目(CIP)数据

县域治理/田先红主编. -- 北京：社会科学文献出版社，2025.3. -- （基层与地方治理系列教材）. ISBN 978-7-5228-4538-8

Ⅰ.D625

中国国家版本馆 CIP 数据核字第 2024GG0185 号

基层与地方治理系列教材
县域治理

主　　编 / 田先红

出 版 人 / 冀祥德
责任编辑 / 黄金平
文稿编辑 / 尚莉丽
责任印制 / 岳　阳

出　　版 / 社会科学文献出版社·文化传媒分社（010）59367156
　　　　　　地址：北京市北三环中路甲 29 号院华龙大厦　邮编：100029
　　　　　　网址：www.ssap.com.cn
发　　行 / 社会科学文献出版社（010）59367028
印　　装 / 三河市龙林印务有限公司

规　　格 / 开本：787mm×1092mm　1/16
　　　　　　印张：19.5　字数：309 千字
版　　次 / 2025 年 3 月第 1 版　2025 年 3 月第 1 次印刷
书　　号 / ISBN 978-7-5228-4538-8
定　　价 / 118.00 元

读者服务电话：4008918866

▲ 版权所有 翻印必究